十四届全国人大二次会议
《政府工作报告》
学习问答

2024

国务院研究室编写组

中国言实出版社

图书在版编目(CIP)数据

十四届全国人大二次会议《政府工作报告》学习问答 / 国务院研究室编写组著. -- 北京：中国言实出版社，2024.3
 ISBN 978-7-5171-4782-4

Ⅰ.①十… Ⅱ.①国… Ⅲ.①政府工作报告 - 中国 - 2024 - 学习参考资料 Ⅳ.①D623

中国国家版本馆 CIP 数据核字（2024）第 053364 号

十四届全国人大二次会议《政府工作报告》学习问答

责任编辑：朱艳华　史会美
责任校对：王建玲　张国旗

出版发行：中国言实出版社
　　　　地　　址：北京市朝阳区北苑路180号加利大厦5号楼105室
　　　　邮　　编：100101
　　　　编辑部：北京市海淀区花园路6号院B座6层
　　　　邮　　编：100088
　　　　电　　话：010-64924853（总编室）　010-64924716（发行部）
　　　　网　　址：www.zgyscbs.cn　电子邮箱：zgyscbs@263.net

经　　销：新华书店
印　　刷：北京温林源印刷有限公司
版　　次：2024年3月第1版　2024年3月第1次印刷
规　　格：850毫米×1168毫米　1/32　15.25印张
字　　数：300千字

定　　价：40.00元
书　　号：ISBN 978-7-5171-4782-4

本书编委会

主　任：黄守宏
副主任：康旭平　肖炎舜　陈昌盛
编　委：（以下按姓氏笔画排序）
　　　　王汉章　王胜谦　牛发亮
　　　　冯文礼　朱艳华　乔尚奎
　　　　刘日红　李攀辉　宋　立
　　　　姜秀谦　秦青山

目 录

政府工作报告 ………… 国务院总理 李 强 / 1

着力推动高质量发展
  巩固和增强经济回升向好态势（代序）…… 黄守宏 / 1

第一部分　2023年工作回顾

1. 2023年我国经济社会发展取得哪些标志性成就？… 3
2. 在实施积极的财政政策方面采取了哪些措施？…… 8
3. 在实施稳健的货币政策方面做了哪些工作？……… 11
4. 防范化解经济金融风险做了哪些工作？…………… 14
5. 科技创新实现哪些新突破？………………………… 17

6. 在推动产业升级方面实施了哪些举措？ ········· 21
7. 实现农业稳产增产的主要措施有哪些？ ········· 25
8. 乡村振兴取得哪些新进展？ ················· 29
9. 推进新型城镇化取得什么新进展？ ············· 33
10. 区域协调发展取得了哪些新成效？ ············ 36
11. 重点领域改革有哪些新突破？ ················ 40
12. 稳外贸稳外资做了哪些工作？ ················ 44
13. 拓展制度型开放取得哪些成效？ ·············· 48
14. 强化生态环境保护治理采取了哪些新举措？ ······ 51
15. 加快发展方式绿色转型取得什么新成效？ ········ 54
16. 稳就业方面采取了哪些措施？ ················ 57
17. 教育改革发展推出了哪些新举措？ ············· 60
18. 医疗卫生事业取得哪些新进展？ ·············· 64
19. 抓好民生兜底保障做了哪些工作？ ············· 68
20. 文化事业和文化产业发展取得哪些新进展？ ······ 71
21. 支持旅游市场恢复方面采取了哪些政策措施？ ···· 75
22. 体育事业取得哪些新成绩？ ················· 78
23. 政府自身建设取得哪些新成效？ ·············· 82
24. 基层社会治理方面主要做了哪些工作？ ········· 86
25. 2023年中国外交取得哪些新成果？ ············ 90

目 录

第二部分　2024年经济社会发展总体要求和政策取向

26. 如何理解政府工作的总体要求和需要把握的重点？ …………………………… 97
27. 怎样认识今年经济增长预期目标？ ………… 101
28. 怎样把握2024年国内外形势？ …………… 105
29. 如何理解要坚持稳中求进、以进促稳、先立后破？ …………………………………… 108
30. 今年积极的财政政策适度加力主要体现在哪些方面？ ……………………… 111
31. 如何优化财政支出结构？ ………………… 115
32. 如何切实保障基层财政平稳运行？ ……… 120
33. 如何落实好结构性减税降费政策？ ……… 123
34. 稳健的货币政策如何灵活适度、精准有效？ … 126
35. 如何促进社会综合融资成本稳中有降？ … 130
36. 畅通货币政策传导机制应采取哪些措施？ … 133
37. 如何做好金融五篇大文章？ ……………… 136
38. 如何增强宏观政策取向一致性？ ………… 140

第三部分 2024年政府工作任务

39. 推动产业链供应链优化升级有哪些措施？ …………… 147
40. 如何培育新兴产业和未来产业？ …………………… 151
41. 推进数字经济创新发展有哪些措施？ ……………… 155
42. 如何加快义务教育优质均衡发展和城乡一体化？ … 159
43. 实施高等教育综合改革试点有哪些措施？ ………… 163
44. 怎样提高职业教育质量？ …………………………… 167
45. 如何推进关键核心技术协同攻关？ ………………… 170
46. 怎样强化企业科技创新主体地位？ ………………… 173
47. 深化科技体制改革有哪些新举措？ ………………… 176
48. 怎样推进高水平人才高地和吸引集聚人才平台建设？ ……………………………………………… 180
49. 在加快建设国家战略人才力量上有哪些举措？ …… 183
50. 如何进一步建立健全人才评价体系？ ……………… 187
51. 培育壮大新型消费将采取哪些措施？ ……………… 190
52. 如何提振大宗消费？ ………………………………… 193
53. 怎样发展服务消费？ ………………………………… 196
54. 激发消费潜能要在哪些方面发力？ ………………… 199

目 录

55. 扩大有效投资的方向和重点是什么? ……… 202
56. 如何发挥政府投资的带动放大效应? ……… 206
57. 稳定和扩大民间投资有什么措施? ………… 210
58. 如何深化国资国企改革? …………………… 214
59. 支持民营经济发展壮大有什么措施? ……… 217
60. 如何健全防范化解拖欠企业账款长效机制? … 220
61. 怎样加快全国统一大市场建设? …………… 223
62. 财税金融领域改革的方向是什么? ………… 227
63. 社会民生领域改革的方向是什么? ………… 231
64. 如何推动外贸质升量稳? …………………… 235
65. 怎样加大吸引外资力度? …………………… 238
66. 如何推动高质量共建"一带一路"走深走实? … 241
67. 在深化多双边和区域经济合作方面
    会有哪些新举措? ………………………… 243
68. 如何进一步化解房地产风险? ……………… 245
69. 怎样统筹好地方债务风险化解和稳定发展? … 248
70. 防范化解金融风险有哪些具体举措? ……… 251
71. 如何抓好粮食和重要农产品生产? ………… 255
72. 如何提升粮食和重要农产品稳产保供能力? … 259
73. 巩固拓展脱贫攻坚成果有哪些重点工作? … 263

74. 在推进农村改革发展方面有哪些具体举措？ ………… 267
75. 新型城镇化建设如何推进？ ………………………… 270
76. 如何提高我国城市安全韧性水平？ ………………… 275
77. 如何提高区域协调发展水平？ ……………………… 278
78. 怎样深入实施主体功能区战略？ …………………… 282
79. 生态环境综合治理如何加强？ ……………………… 284
80. 加强生态环境分区管控有哪些具体措施？ ………… 288
81. 如何进一步推进以国家公园为主体的
    自然保护地建设？ …………………………………… 290
82. 怎样发展绿色低碳经济？ …………………………… 292
83. 如何积极稳妥推进碳达峰碳中和？ ………………… 296
84. 稳就业促增收有哪些措施？ ………………………… 300
85. 如何促进高校毕业生等重点群体就业？ …………… 303
86. 加强就业服务和权益保障有哪些具体措施？ ……… 307
87. 如何抓好新冠疫情等重点传染病防控？ …………… 310
88. 如何促进医保、医疗、医药协同发展和治理？ …… 313
89. 促进中医药传承创新有哪些支持政策？ …………… 317
90. 如何做好养老服务保障工作？ ……………………… 321
91. 发展银发经济有哪些发力点？ ……………………… 325
92. 从哪些方面健全生育支持政策？ …………………… 328

目 录

93. 如何进一步织密扎牢民生兜底保障安全网？ ……… 331
94. 如何丰富人民群众精神文化生活？ ……………… 334
95. 如何加强文化遗产保护传承？ …………………… 338
96. 从哪些方面加强国家安全体系和能力建设？ …… 342
97. 提高安全生产水平要重点抓好哪些工作？ ……… 345
98. 如何完善社会治理体系？ ………………………… 349
99. 如何做好 2024 年外交工作？ …………………… 353

附录：《政府工作报告》起草组负责人介绍起草情况
  并答记者问 ……………………………………… 357

后　记 ……………………………………………… 387

政府工作报告

——2024年3月5日在第十四届全国人民代表大会第二次会议上

国务院总理 李 强

各位代表：

现在，我代表国务院，向大会报告政府工作，请予审议，并请全国政协委员提出意见。

一、2023年工作回顾

过去一年，是全面贯彻党的二十大精神的开局之年，是本届政府依法履职的第一年。面对异常复杂的国际环境和艰巨繁重的改革发展稳定任务，以习近平同志为核心的党中央团结带领全国各族人民，顶住外部压力、克服内部困难，付出艰辛努力，新冠疫情防控实现平稳转段、取得重大决定性胜利，全年经济社会发展主要目标任务圆满完成，高质量发展扎实推进，社会大局保持稳定，全面建设社会主义现代化国家迈出坚实步伐。

——经济总体回升向好。国内生产总值超过126万亿元，增长5.2%，增速居世界主要经济体前列。城镇新增就业1244万人，城镇调查失业率平均为5.2%。居民消费价格上涨0.2%。国际收支基本平衡。

——现代化产业体系建设取得重要进展。传统产业加快转型升级，战略性新兴产业蓬勃发展，未来产业有序布局，先进制造业和现代服务业深度融合，一批重大产业创新成果达到国际先进水平。国产大飞机C919投入商业运营，国产大型邮轮成功建造，新能源汽车产销量占全球比重超过60%。

——科技创新实现新的突破。国家实验室体系建设有力推进。关键核心技术攻关成果丰硕，航空发动机、燃气轮机、第四代核电机组等高端装备研制取得长足进展，人工智能、量子技术等前沿领域创新成果不断涌现。技术合同成交额增长28.6%。创新驱动发展能力持续提升。

——改革开放向纵深推进。新一轮机构改革中央层面基本完成，地方层面有序展开。加强全国统一大市场建设。实施国有企业改革深化提升行动，出台促进民营经济发展壮大政策。自贸试验区建设布局进一步完善。出口占国际市场份额保持稳定，实际使用外资结构优化，共建"一带一路"的国际影响力、感召力更为彰显。

——安全发展基础巩固夯实。粮食产量1.39万亿斤，再创历史新高。能源资源供应稳定。重要产业链供应链自主可控能力提升。经济金融重点领域风险稳步化解。现代化基础设施建设不断加强。

——生态环境质量稳中改善。污染防治攻坚战深入开展，主要污染物排放量继续下降，地表水和近岸海域水质持续好转。"三北"工程攻坚战全面启动。可再生能源发电装机规模历史性超过火电，全年新增装机超过全球一半。

——民生保障有力有效。居民人均可支配收入增长6.1%，城乡居民收入差距继续缩小。脱贫攻坚成果巩固拓展，脱贫地区农村居民收入增长8.4%。加大义务教育、基本养老、基本医疗等财政补助力度，扩大救助保障对象范围。提高"一老一小"个人所得税专项附加扣除标准，6600多万纳税人受益。加强城镇老旧小区改造和保障性住房供给，惠及上千万家庭。

回顾过去一年，多重困难挑战交织叠加，我国经济波浪式发展、曲折式前进，成绩来之不易。从国际看，世界经济复苏乏力,地缘政治冲突加剧,保护主义、单边主义上升,外部环境对我国发展的不利影响持续加大。从国内看,经历三年新冠疫情冲击,经济恢复发展本身有不少难题,长期积累的深层次矛盾加速显现,很多新情况新问题又接踵而至。外需下滑和内需不足碰头,周期性和结构性问题并存,一些地方的房地产、地方债务、中小金融机构等风险隐患凸显,部分地区遭受洪涝、台风、地震等严重自然灾害。在这种情况下,政策抉择和工作推进面临的两难多难问题明显增加。经过全国上下共同努力,不仅实现了全年预期发展目标,许多方面还出现积极向好变化。特别是我们深化了新时代做好经济工作的规律性认识,积累了克服重大困难的宝贵经验。实践充分表明,在以习近平同志为核心的党中央坚强领导下,中国人民有勇气、有智慧、有能力战胜任何艰难险阻,中国发展必将长风破浪、未来可期!

一年来,我们深入学习贯彻党的二十大和二十届二中全会精神,按照党中央决策部署,主要做了以下工作。

一是加大宏观调控力度,推动经济运行持续好转。针对严峻挑战和疫后经济恢复特点,我们统筹稳增长和增后劲,突出固本培元,注重精准施策,把握宏观调控时、度、效,加强逆周期调节,不搞"大水漫灌"和短期强刺激,更多在推动高质量发展上用力,全年经济运行呈现前低中高后稳态势。围绕扩大内需、优化结构、提振信心、防范化解风险,延续优化一批阶段性政策,及时推出一批新政策,打出有力有效的政策组合拳。财政政策加力提效,加强重点领域支出保障,全年新增税费优惠超过2.2万亿元,增发1万亿元国债支持灾后恢复重建、提升防灾减灾救灾能力。货币政策精准有力,两次降低存款准备金率、两次下调政策利率,科技创新、先进制造、普惠小微、绿色发展等贷款大幅增长。出台支持汽车、家居、电子产品、旅游等消费政策,大宗消费稳步回升,生活服务消费加快恢复。发挥政府投资撬动作用,制定促进民间投资政策,能源、水利等基础设施和制造业投资较快增长。因城施策优化房地产调控,推动降低房贷成本,积极推进保交楼工作。制定实施一揽子化解地方债务方案,分类处置金融风险,守住了不发生系统性风险的底线。

　　二是依靠创新引领产业升级,增强城乡区域发展新动能。强化国家战略科技力量,加快实施重大科技项目。全面部署推进新型工业化。出台稳定工业经济运行、支持先进制造业举措,提高重点行业企业研发费用加计扣除比例,推动重点产业链高质量发展,工业企业利润由降转升。数字经济加快发展,5G用户普及率超过50%。深入实施新型城镇化战略,进一步放宽放开城市落户条件，增强县城综合承载能力，常住人口城镇化率提高到66.2%。强化农业发展支持政策，有力开展抗灾夺丰收，实施新一轮千亿斤粮食产能提升行动，乡村振兴扎实推进。完善区域协调发展体制机制，在落实区域重大战略方面推出一批新举措，实施一批重大项目，区域发展协调性、平衡性不断增强。

三是深化改革扩大开放，持续改善营商环境。出台建设全国统一大市场总体工作方案，清理一批妨碍公平竞争的政策规定。分别推出支持国有企业、民营企业、外资企业发展政策，建立政企常态化沟通交流机制，开展清理拖欠企业账款专项行动，加强违规收费整治。深化财税金融、农业农村、生态环保等领域改革。推动外贸稳规模、优结构，电动汽车、锂电池、光伏产品"新三样"出口增长近30%。完善吸引外资政策，拓展制度型开放。扎实推进共建"一带一路"高质量发展，与共建国家贸易投资较快增长。

四是强化生态环境保护治理，加快发展方式绿色转型。深入推进美丽中国建设。持续打好蓝天、碧水、净土保卫战。加快实施重要生态系统保护和修复重大工程。抓好水土流失、荒漠化综合防治。加强生态环保督察。制定支持绿色低碳产业发展政策。推进重点行业超低排放改造。启动首批碳达峰试点城市和园区建设。积极参与和推动全球气候治理。

五是着力抓好民生保障，推进社会事业发展。聚焦群众关切，办好民生实事。高度重视稳就业，出台支持企业稳岗拓岗政策，加强高校毕业生等重点群体就业促进服务，脱贫人口务工规模超过3300万。强化义务教育薄弱环节建设，做好"双减"工作，国家助学贷款提标降息惠及1100多万学生。落实新冠病毒感染"乙类乙管"措施，扎实做好流感、支原体肺炎等传染病防治。实施职工医保普通门诊统筹。加强社区综合服务设施建设，大力发展老年助餐服务。提高优抚标准。强化困难群众兜底保障。有效应对海河等流域特大洪涝灾害，做好甘肃积石山地震等抢险救援，加强灾后恢复重建。推动文化传承发展，旅游市场全面恢复。群众体育蓬勃开展，成都大运会、杭州亚运会和亚残运会成功举办，我国体育健儿勇创佳绩。

六是全面加强政府建设，大力提升治理效能。坚定维护以习近平同志为核心的党中央权威和集中统一领导，当好贯彻党中央决策部署的执行者、行动派、实干家。深入开展学习贯彻习近平新时代中国特色社会主义思想主题教育。坚持把政治建设摆在首位，全面提高政府履职能力。深入推进法治政府建设。提请全国人大常委会审议法律议案10件，制定修订行政法规25部，实施提升行政执法质量三年行动。自觉依法接受监督。认真办理人大代表建议和政协委员提案。注重调查研究，努力使政策和工作符合实际、贴近群众。优化督查工作机制。加强党风廉政建设和反腐败斗争。严格落实中央八项规定精神，持续纠治"四风"，有力推进金融单位、国有企业等巡视整改工作。创新和完善城乡基层治理。扎实做好信访工作。狠抓安全生产和应急管理，开展重大事故隐患专项排查整治。推动完善国家安全体系。加强社会治安综合治理，有效打击电信网络诈骗等违法犯罪活动，平安中国建设取得新进展。

一年来，中国特色大国外交全面推进。习近平主席等党和国家领导人出访多国，出席金砖国家领导人会晤、亚太经合组织领导人非正式会议、东亚合作领导人系列会议等重大多双边活动。成功举办中国—中亚峰会、第三届"一带一路"国际合作高峰论坛等重大主场外交活动。推动构建人类命运共同体，落实全球发展倡议、全球安全倡议、全球文明倡议，深化拓展全球伙伴关系，在解决国际和地区热点问题中发挥积极建设性作用。中国为促进世界和平与发展作出了重要贡献。

各位代表！

过去一年取得的成绩，根本在于习近平总书记领航掌舵，在于习近平新时代中国特色社会主义思想科学指引,是以习近平同志为核心的党中央坚强领导的结果,是全党全军全国各族人民团结奋斗的结果。我代表国务院,向全国各族人民,向各民主党派、各人民团体和各界人士,表示衷心感谢!向香港特别行政区同胞、澳门特别行政区同胞、台湾同胞和海外侨胞,表示衷心感谢!向关心和支持中国现代化建设的各国政府、国际组织和各国朋友,表示衷心感谢!

在肯定成绩的同时,我们也清醒看到面临的困难和挑战。世界经济增长动能不足,地区热点问题频发,外部环境的复杂性、严峻性、不确定性上升。我国经济持续回升向好的基础还不稳固,有效需求不足,部分行业产能过剩,社会预期偏弱,风险隐患仍然较多,国内大循环存在堵点,国际循环存在干扰。部分中小企业和个体工商户经营困难。就业总量压力和结构性矛盾并存,公共服务仍有不少短板。一些地方基层财力比较紧张。科技创新能力还不强。重点领域改革仍有不少硬骨头要啃。生态环境保护治理任重道远。安全生产的薄弱环节不容忽视。政府工作存在不足,形式主义、官僚主义现象仍较突出,一些改革发展举措落实不到位。有的干部缺乏担当实干精神,消极避责、做表面文章。一些领域腐败问题仍然多发。我们一定直面问题和挑战,尽心竭力做好工作,决不辜负人民期待和重托!

二、2024年经济社会发展总体要求和政策取向

今年是中华人民共和国成立75周年，是实现"十四五"规划目标任务的关键一年。做好政府工作，要在以习近平同志为核心的党中央坚强领导下，以习近平新时代中国特色社会主义思想为指导，全面贯彻落实党的二十大和二十届二中全会精神，按照中央经济工作会议部署，坚持稳中求进工作总基调，完整、准确、全面贯彻新发展理念，加快构建新发展格局，着力推动高质量发展，全面深化改革开放，推动高水平科技自立自强，加大宏观调控力度，统筹扩大内需和深化供给侧结构性改革，统筹新型城镇化和乡村全面振兴，统筹高质量发展和高水平安全，切实增强经济活力、防范化解风险、改善社会预期，巩固和增强经济回升向好态势，持续推动经济实现质的有效提升和量的合理增长，增进民生福祉，保持社会稳定，以中国式现代化全面推进强国建设、民族复兴伟业。

综合分析研判，今年我国发展面临的环境仍是战略机遇和风险挑战并存，有利条件强于不利因素。我国具有显著的制度优势、超大规模市场的需求优势、产业体系完备的供给优势、高素质劳动者众多的人才优势，科

技创新能力在持续提升,新产业、新模式、新动能在加快壮大,发展内生动力在不断积聚,经济回升向好、长期向好的基本趋势没有改变也不会改变,必须增强信心和底气。同时要坚持底线思维,做好应对各种风险挑战的充分准备。只要我们贯彻落实好党中央决策部署,紧紧抓住有利时机、用好有利条件,把各方面干事创业的积极性充分调动起来,一定能战胜困难挑战,推动经济持续向好、行稳致远。

今年发展主要预期目标是:国内生产总值增长5%左右;城镇新增就业1200万人以上,城镇调查失业率5.5%左右;居民消费价格涨幅3%左右;居民收入增长和经济增长同步;国际收支保持基本平衡;粮食产量1.3万亿斤以上;单位国内生产总值能耗降低2.5%左右,生态环境质量持续改善。

提出上述预期目标,综合考虑了国内外形势和各方面因素,兼顾了需要和可能。经济增长预期目标为5%左右,考虑了促进就业增收、防范化解风险等需要,并与"十四五"规划和基本实现现代化的目标相衔接,也考虑了经济增长潜力和支撑条件,体现了积极进取、奋发有为的要求。实现今年预期目标并非易事,需要政策聚焦发力、工作加倍努力、各方面齐心协力。

我们要坚持稳中求进、以进促稳、先立后破。稳是大局和基础,各地区各部门要多出有利于稳预期、稳增长、稳就业的政策,谨慎出台收缩性抑制性举措,清理和废止有悖于高质量发展的政策规定。进是方向和动力,该立的要积极主动立起来,该破的要在立的基础上坚决破,特别是要在转方式、调结构、提质量、增效益上积极进取。强化宏观政策逆周期和跨周期调节,继续实施积极的财政政策和稳健的货币政策,加强政策工具创新和协调配合。

积极的财政政策要适度加力、提质增效。综合考虑发展需要和财政可持续,用好财政政策空间,优化政策工具组合。赤字率拟按3%安排,赤字规模4.06万亿元,比上年年初预算增加1800亿元。预计今年财政收入继续恢复增长,加上调入资金等,一般公共预算支出规模28.5万亿元、比上年增加1.1万亿元。拟安排地方政府专项债券3.9万亿元、比上年增加1000亿元。为系统解决强国建设、民族复兴进程中一些重大项目建设的资金问题,从今年开始拟连续几年发行超长期特别国债,专项用于国家重大战略实施和重点领域安全能力建设,今年先发行1万亿元。现在很多方面都需要增加财政投入,要大力优化支出结构,强化国家重大战略任务和基本民生财力保障,严控一般性支出。中央财政加大对地方均衡性转移支付力度、适当向困难地区倾斜，省级政府要推动财力下沉，兜牢基层"三保"底线。落实好结构性减税降费政策，重点支持科技创新和制造业发展。严肃财经纪律，加强财会监督，严禁搞面子工程、形象工程，坚决制止铺张浪费。各级政府要习惯过紧日子，真正精打细算，切实把财政资金用在刀刃上、用出实效来。

稳健的货币政策要灵活适度、精准有效。保持流动性合理充裕，社会融资规模、货币供应量同经济增长和价格水平预期目标相匹配。加强总量和结构双重调节，盘活存量、提升效能，加大对重大战略、重点领域和薄弱环节的支持力度。促进社会综合融资成本稳中有降。畅通货币政策传导机制，避免资金沉淀空转。增强资本市场内在稳定性。保持人民币汇率在合理均衡水平上的基本稳定。大力发展科技金融、绿色金融、普惠金融、养老金融、数字金融。优化融资增信、风险分担、信息共享等配套措施，更好满足中小微企业融资需求。

增强宏观政策取向一致性。围绕发展大局，加强财政、货币、就业、产业、区域、科技、环保等政策协调配合，把非经济性政策纳入宏观政策取向一致性评估，强化政策统筹，确保同向发力、形成合力。各地区各部门制定政策要认真听取和吸纳各方面意见，涉企政策要注重与市场沟通、回应企业关切。实施政策要强化协同联动、放大组合效应，防止顾此失彼、相互掣肘。研究储备政策要增强前瞻性、丰富工具箱，并留出冗余度，确保一旦需要就能及时推出、有效发挥作用。加强对政策执行情况的跟踪评估，以企业和群众满意度为重要标尺，及时进行调整和完善。精准做好政策宣传解读，营造稳定透明可预期的政策环境。

完成今年发展目标任务，必须深入贯彻习近平经济思想，集中精力推动高质量发展。强化系统观念，把握和处理好重大关系，从整体上深入谋划和推进各项工作。坚持质量第一、效益优先，继续固本培元，增强宏观调控针对性有效性，注重从企业和群众期盼中找准工作着眼点、政策发力点，努力实现全年增长目标。坚持高质量发展和高水平安全良性互动，在坚守安全底线的前提下，更多为发展想办法、为企业助把力。坚持在发展中保障和改善民生，注重以发展思维看待补民生短板问题，在解决人民群众急难愁盼中培育新的经济增长点。从根本上说，推动高质量发展要靠改革。我们要以更大的决心和力度深化改革开放，促进有效市场和有为政府更好结合，持续激发和增强社会活力，推动高质量发展取得新的更大成效。

三、2024年政府工作任务

党中央对今年工作作出了全面部署，我们要深入贯彻落实，紧紧抓住主要矛盾，着力突破瓶颈制约，扎实做好各项工作。

（一）大力推进现代化产业体系建设，加快发展新质生产力。 充分发挥创新主导作用，以科技创新推动产业创新，加快推进新型工业化，提高全要素生产率，不断塑造发展新动能新优势，促进社会生产力实现新的跃升。

推动产业链供应链优化升级。保持工业经济平稳运行。实施制造业重点产业链高质量发展行动，着力补齐短板、拉长长板、锻造新板，增强产业链供应链韧性和竞争力。实施制造业技术改造升级工程，培育壮大先进制造业集群，创建国家新型工业化示范区，推动传统产业高端化、智能化、绿色化转型。加快发展现代生产性服务业。促进中小企业专精特新发展。弘扬工匠精神。加强标准引领和质量支撑，打造更多有国际影响力的"中国制造"品牌。

积极培育新兴产业和未来产业。实施产业创新工程，完善产业生态，拓展应用场景，促进战略性新兴产业融合集群发展。巩固扩大智能网联新能源汽车等产业领先优势,加快前沿新兴氢能、新材料、创新药等产业发展,积极打造生物制造、商业航天、低空经济等新增长引擎。制定未来产业发展规划,开辟量子技术、生命科学等新赛道,创建一批未来产业先导区。鼓励发展创业投资、股权投资,优化产业投资基金功能。加强重点行业统筹布局和投资引导,防止产能过剩和低水平重复建设。

深入推进数字经济创新发展。制定支持数字经济高质量发展政策,积极推进数字产业化、产业数字化,促进数字技术和实体经济深度融合。深化大数据、人工智能等研发应用,开展"人工智能+"行动,打造具有国际竞争力的数字产业集群。实施制造业数字化转型行动,加快工业互联网规模化应用,推进服务业数字化,建设智慧城市、数字乡村。深入开展中小企业数字化赋能专项行动。支持平台企业在促进创新、增加就业、国际竞争中大显身手。健全数据基础制度,大力推动数据开发开放和流通使用。适度超前建设数字基础设施,加快形成全国一体化算力体系,培育算力产业生态。我们要以广泛深刻的数字变革,赋能经济发展、丰富人民生活、提升社会治理现代化水平。

(二)深入实施科教兴国战略,强化高质量发展的基础支撑。坚持教育强国、科技强国、人才强国建设一体统筹推进,创新链产业链资金链人才链一体部署实施,深化教育科技人才综合改革，为现代化建设提供强大动力。

加强高质量教育体系建设。全面贯彻党的教育方针，坚持把高质量发展作为各级各类教育的生命线。制定实施教育强国建设规划纲要。落实立德树人根本任务，推进大中小学思想政治教育一体化建设。开展基础教育扩优提质行动，加快义务教育优质均衡发展和城乡一体化，改善农村寄宿制学校办学条件，持续深化"双减"，推动学前教育普惠发展，加强县域普通高中建设。减轻中小学教师非教学负担。办好特殊教育、继续教育，引导规范民办教育发展，大力提高职业教育质量。实施高等教育综合改革试点，优化学科专业和资源结构布局，加快建设中国特色、世界一流的大学和优势学科，建强应用型本科高校，增强中西部地区高校办学实力。加强学生心理健康教育。大力发展数字教育。弘扬教育家精神，建设高素质专业化教师队伍。我们要坚持教育优先发展，加快推进教育现代化，厚植人民幸福之本，夯实国家富强之基。

加快推动高水平科技自立自强。充分发挥新型举国体制优势，全面提升自主创新能力。强化基础研究系统布局，长期稳定支持一批创新基地、优势团队和重点方向，增强原始创新能力。瞄准国家重大战略需求和产业发展需要，部署实施一批重大科技项目。集成国家战略科技力量、社会创新资源，推进关键核心技术协同攻关，加强颠覆性技术和前沿技术研究。完善国家实验室运行管理机制，发挥国际和区域科技创新中心辐射带动作用。加快重大科技基础设施体系化布局，推进共性技术平台、中试验证平台建设。强化企业科技创新主体地位，激励企业加大创新投入，深化产学研用结合，支持有实力的企业牵头重大攻关任务。加强健康、养老、助残等民生科技研发应用。加快形成支持全面创新的基础制度，深化科技评价、科技奖励、科研项目和经费管理制度改革，健全"揭榜挂帅"机制。加强知识产权保护，制定促进科技成果转化应用的政策举措。广泛开展科学普及。培育创新文化，弘扬科学家精神，涵养优良学风。扩大国际科技交流合作，营造具有全球竞争力的开放创新生态。

全方位培养用好人才。实施更加积极、更加开放、更加有效的人才政策。推进高水平人才高地和吸引集聚人才平台建设，促进人才区域合理布局和协调发展。加快建设国家战略人才力量，努力培养造就更多一流科技领军人才和创新团队，完善拔尖创新人才发现和培养机制，建设基础研究人才培养平台，打造卓越工程师和高技能人才队伍，加大对青年科技人才支持力度。积极推进人才国际交流。加快建立以创新价值、能力、贡献为导向的人才评价体系，优化工作生活保障和表彰奖励制度。我们要在改善人才发展环境上持续用力，形成人尽其才、各展其能的良好局面。

（三）着力扩大国内需求，推动经济实现良性循环。把实施扩大内需战略同深化供给侧结构性改革有机结合起来，更好统筹消费和投资，增强对经济增长的拉动作用。

促进消费稳定增长。从增加收入、优化供给、减少限制性措施等方面综合施策，激发消费潜能。培育壮大新型消费，实施数字消费、绿色消费、健康消费促进政策，积极培育智能家居、文娱旅游、体育赛事、国货"潮品"等新的消费增长点。稳定和扩大传统消费，鼓励和推动消费品以旧换新，提振智能网联新能源汽车、电子产品等大宗消费。推动养老、育幼、家政等服务扩容提质，支持社会力量提供社区服务。优化消费环境，开展"消费促进年"活动，实施"放心消费行动"，加强消费者权益保护，落实带薪休假制度。实施标准提升行动，加快构建适应高质量发展要求的标准体系，推动商品和服务质量不断提高，更好满足人民群众改善生活需要。

积极扩大有效投资。发挥好政府投资的带动放大效应，重点支持科技创新、新型基础设施、节能减排降碳，加强民生等经济社会薄弱领域补短板，推进防洪排涝抗灾基础设施建设,推动各类生产设备、服务设备更新和技术改造,加快实施"十四五"规划重大工程项目。今年中央预算内投资拟安排7000亿元。合理扩大地方政府专项债券投向领域和用作资本金范围,额度分配向项目准备充分、投资效率较高的地区倾斜。统筹用好各类资金,防止低效无效投资。深化投资审批制度改革。着力稳定和扩大民间投资,落实和完善支持政策,实施政府和社会资本合作新机制,鼓励民间资本参与重大项目建设。进一步拆除各种藩篱,在更多领域让民间投资进得来、能发展、有作为。

(四)坚定不移深化改革,增强发展内生动力。推进重点领域和关键环节改革攻坚,充分发挥市场在资源配置中的决定性作用,更好发挥政府作用,营造市场化、法治化、国际化一流营商环境,推动构建高水平社会主义市场经济体制。

激发各类经营主体活力。国有企业、民营企业、外资企业都是现代化建设的重要力量。要不断完善落实"两个毫不动摇"的体制机制,为各类所有制企业创造公平竞争、竞相发展的良好环境。完善中国特色现代企业制度,打造更多世界一流企业。深入实施国有企业改革深化提升行动,做强做优主业,增强核心功能、提高核心竞争力。建立国有经济布局优化和结构调整指引制度。

全面落实促进民营经济发展壮大的意见及配套举措,进一步解决市场准入、要素获取、公平执法、权益保护等方面存在的突出问题。提高民营企业贷款占比、扩大发债融资规模,加强对个体工商户分类帮扶支持。实施降低物流成本行动,健全防范化解拖欠企业账款长效机制,坚决查处乱收费、乱罚款、乱摊派。弘扬优秀企业家精神,积极支持企业家专注创新发展、敢干敢闯敢投、踏踏实实把企业办好。

加快全国统一大市场建设。制定全国统一大市场建设标准指引。着力推动产权保护、市场准入、公平竞争、社会信用等方面制度规则统一。深化要素市场化配置综合改革试点。出台公平竞争审查行政法规,完善重点领域、新兴领域、涉外领域监管规则。专项治理地方保护、市场分割、招商引资不当竞争等突出问题,加强对招投标市场的规范和管理。坚持依法监管,严格落实监管责任,提升监管精准性和有效性,坚决维护公平竞争的市场秩序。

推进财税金融等领域改革。建设高水平社会主义市场经济体制改革先行区。谋划新一轮财税体制改革,落实金融体制改革部署,加大对高质量发展的财税金融支持。深化电力、油气、铁路和综合运输体系等改革,健全自然垄断环节监管体制机制。深化收入分配、社会保障、医药卫生、养老服务等社会民生领域改革。

（五）扩大高水平对外开放，促进互利共赢。主动对接高标准国际经贸规则，稳步扩大制度型开放，增强国内国际两个市场两种资源联动效应，巩固外贸外资基本盘，培育国际经济合作和竞争新优势。

推动外贸质升量稳。加强进出口信贷和出口信保支持，优化跨境结算、汇率风险管理等服务，支持企业开拓多元化市场。促进跨境电商等新业态健康发展，优化海外仓布局，支持加工贸易提档升级，拓展中间品贸易、绿色贸易等新增长点。积极扩大优质产品进口。完善边境贸易支持政策。全面实施跨境服务贸易负面清单。出台服务贸易、数字贸易创新发展政策。加快内外贸一体化发展。办好进博会、广交会、服贸会、数贸会、消博会等重大展会。加快国际物流体系建设，打造智慧海关，助力外贸企业降本提效。

加大吸引外资力度。继续缩减外资准入负面清单，全面取消制造业领域外资准入限制措施，放宽电信、医疗等服务业市场准入。扩大鼓励外商投资产业目录，鼓励外资企业境内再投资。落实好外资企业国民待遇，保障依法平等参与政府采购、招标投标、标准制定，推动解决数据跨境流动等问题。加强外商投资服务保障，打造"投资中国"品牌。提升外籍人员来华工作、学习、旅游便利度，优化支付服务。深入实施自贸试验区提升战略，赋予自贸试验区、海南自由贸易港等更多自主权，推动开发区改革创新，打造对外开放新高地。

推动高质量共建"一带一路"走深走实。抓好支持高质量共建"一带一路"八项行动的落实落地。稳步推进重大项目合作，实施一批"小而美"民生项目，积极推动数字、绿色、创新、健康、文旅、减贫等领域合作。加快建设西部陆海新通道。

深化多双边和区域经济合作。推动落实已生效自贸协定，与更多国家和地区商签高标准自贸协定和投资协定。推进中国—东盟自贸区3.0版谈判，推动加入《数字经济伙伴关系协定》、《全面与进步跨太平洋伙伴关系协定》。全面深入参与世贸组织改革，推动建设开放型世界经济，让更多合作共赢成果惠及各国人民。

（六）**更好统筹发展和安全，有效防范化解重点领域风险。**坚持以高质量发展促进高水平安全，以高水平安全保障高质量发展，标本兼治化解房地产、地方债务、中小金融机构等风险，维护经济金融大局稳定。

稳妥有序处置风险隐患。完善重大风险处置统筹协调机制，压实企业主体责任、部门监管责任、地方属地责任，提升处置效能，牢牢守住不发生系统性风险的底线。优化房地产政策，对不同所有制房地产企业合理融资需求要一视同仁给予支持，促进房地产市场平稳健康发展。统筹好地方债务风险化解和稳定发展，进一步落实一揽子化债方案，妥善化解存量债务风险、严防新增债务风险。稳妥推进一些地方的中小金融机构风险处置。严厉打击非法金融活动。

健全风险防控长效机制。适应新型城镇化发展趋势和房地产市场供求关系变化，加快构建房地产发展新模式。加大保障性住房建设和供给，完善商品房相关基础性制度，满足居民刚性住房需求和多样化改善性住房需求。建立同高质量发展相适应的政府债务管理机制，完善全口径地方债务监测监管体系，分类推进地方融资平台转型。健全金融监管体制，提高金融风险防控能力。

加强重点领域安全能力建设。完善粮食生产收储加工体系，全方位夯实粮食安全根基。推进国家水网建设。强化能源资源安全保障，加大油气、战略性矿产资源勘探开发力度。加快构建大国储备体系，加强重点储备设施建设。提高网络、数据等安全保障能力。有效维护产业链供应链安全稳定，支撑国民经济循环畅通。

（七）坚持不懈抓好"三农"工作，扎实推进乡村全面振兴。锚定建设农业强国目标，学习运用"千村示范、万村整治"工程经验，因地制宜、分类施策、循序渐进、久久为功，推动乡村全面振兴不断取得实质性进展、阶段性成果。

加强粮食和重要农产品稳产保供。稳定粮食播种面积，巩固大豆扩种成果，推动大面积提高单产。适当提高小麦最低收购价，在全国实施三大主粮生产成本和收入保险政策，健全种粮农民收益保障机制。加大产粮大县支持力度，完善主产区利益补偿机制。扩大油料生产，稳定畜牧业、渔业生产能力，发展现代设施农业。支持节水农业、旱作农业发展。加强病虫害和动物疫病防控。加大种业振兴、农业关键核心技术攻关力度，实施农机装备补短板行动。严守耕地红线，完善耕地占补平衡制度，加强黑土地保护和盐碱地综合治理，提高高标准农田建设投资补助水平。各地区都要扛起保障国家粮食安全责任。我们这样一个人口大国，必须践行好大农业观、大食物观，始终把饭碗牢牢端在自己手上。

毫不放松巩固拓展脱贫攻坚成果。加强防止返贫监测和帮扶工作，确保不发生规模性返贫。支持脱贫地区发展特色优势产业，推进防止返贫就业攻坚行动，强化易地搬迁后续帮扶。深化东西部协作和定点帮扶。加大对国家乡村振兴重点帮扶县支持力度，建立健全农村低收入人口和欠发达地区常态化帮扶机制，让脱贫成果更加稳固、成效更可持续。

稳步推进农村改革发展。深化农村土地制度改革，启动第二轮土地承包到期后再延长30年整省试点。深化集体产权、集体林权、农垦、供销社等改革，促进新型农村集体经济发展。着眼促进农民增收，壮大乡村富民产业，发展新型农业经营主体和社会化服务，培养用好乡村人才。繁荣发展乡村文化，持续推进农村移风易俗。深入实施乡村建设行动，大力改善农村水电路气信等基础设施和公共服务，加强充电桩、冷链物流、寄递配送设施建设，加大农房抗震改造力度，持续改善农村人居环境，建设宜居宜业和美乡村。

（八）**推动城乡融合和区域协调发展，大力优化经济布局**。深入实施区域协调发展战略、区域重大战略、主体功能区战略，把推进新型城镇化和乡村全面振兴有机结合起来，加快构建优势互补、高质量发展的区域经济格局。

积极推进新型城镇化。我国城镇化还有很大发展提升空间。要深入实施新型城镇化战略行动，促进各类要素双向流动，形成城乡融合发展新格局。把加快农业转移人口市民化摆在突出位置，深化户籍制度改革，完善"人地钱"挂钩政策，让有意愿的进城农民工在城镇落户，推动未落户常住人口平等享受城镇基本公共服务。培育发展县域经济，补齐基础设施和公共服务短板，使县城成为新型城镇化的重要载体。注重以城市群、都市圈为依托，促进大中小城市协调发展。推动成渝地区双城经济圈建设。稳步实施城市更新行动，推进"平急两用"公共基础设施建设和城中村改造，加快完善地下管网，推动解决老旧小区加装电梯、停车等难题，加强无障碍环境、适老化设施建设，打造宜居、智慧、韧性城市。新型城镇化要处处体现以人为本，提高精细化管理和服务水平，让人民群众享有更高品质的生活。

提高区域协调发展水平。充分发挥各地区比较优势，按照主体功能定位，积极融入和服务构建新发展格局。深入实施西部大开发、东北全面振兴、中部地区加快崛起、东部地区加快推进现代化等战略，提升东北和中西部地区承接产业转移能力。支持京津冀、长三角、粤港澳大湾区等经济发展优势地区更好发挥高质量发展动力源作用。抓好标志性项目在雄安新区落地建设。持续推进长江经济带高质量发展，推动黄河流域生态保护和高质量发展。支持革命老区、民族地区加快发展，加强边疆地区建设，统筹推进兴边富民行动。优化重大生产力布局，加强国家战略腹地建设。制定主体功能区优化实施规划，完善配套政策。大力发展海洋经济，建设海洋强国。

（九）加强生态文明建设，推进绿色低碳发展。深入践行绿水青山就是金山银山的理念，协同推进降碳、减污、扩绿、增长,建设人与自然和谐共生的美丽中国。

推动生态环境综合治理。深入实施空气质量持续改善行动计划,统筹水资源、水环境、水生态治理,加强土壤污染源头防控,强化固体废物、新污染物、塑料污染治理。坚持山水林田湖草沙一体化保护和系统治理,加强生态环境分区管控。组织打好"三北"工程三大标志性战役,推进以国家公园为主体的自然保护地建设。加强重要江河湖库生态保护治理。持续推进长江十年禁渔。实施生物多样性保护重大工程。完善生态产品价值实现机制,健全生态保护补偿制度,充分调动各方面保护和改善生态环境的积极性。

大力发展绿色低碳经济。推进产业结构、能源结构、交通运输结构、城乡建设发展绿色转型。落实全面节约战略,加快重点领域节能节水改造。完善支持绿色发展的财税、金融、投资、价格政策和相关市场化机制,推动废弃物循环利用产业发展,促进节能降碳先进技术研发应用,加快形成绿色低碳供应链。建设美丽中国先行区,打造绿色低碳发展高地。

积极稳妥推进碳达峰碳中和。扎实开展"碳达峰十大行动"。提升碳排放统计核算核查能力,建立碳足迹管理体系,扩大全国碳市场行业覆盖范围。深入推进能源革命,控制化石能源消费,加快建设新型能源体系。加强大型风电光伏基地和外送通道建设，推动分布式能源开发利用，提高电网对清洁能源的接纳、配置和调控能力，发展新型储能，促进绿电使用和国际互认，发挥煤炭、煤电兜底作用，确保经济社会发展用能需求。

（十）切实保障和改善民生，加强和创新社会治理。坚持以人民为中心的发展思想，履行好保基本、兜底线职责，采取更多惠民生、暖民心举措，扎实推进共同富裕，促进社会和谐稳定，不断增强人民群众的获得感、幸福感、安全感。

多措并举稳就业促增收。就业是最基本的民生。要突出就业优先导向，加强财税、金融等政策对稳就业的支持，加大促就业专项政策力度。落实和完善稳岗返还、专项贷款、就业和社保补贴等政策，加强对就业容量大的行业企业支持。预计今年高校毕业生超过1170万人，要强化促进青年就业政策举措，优化就业创业指导服务。扎实做好退役军人就业安置工作，积极促进农民工就业，加强对残疾人等就业困难人员帮扶。分类完善灵活就业服务保障措施，扩大新就业形态就业人员职业伤害保障试点。坚决纠正性别、年龄、学历等就业歧视，保障农民工工资支付，完善劳动关系协商协调机制，维护劳动者合法权益。适应先进制造、现代服务、养老照护等领域人才需求，加强职业技能培训。多渠道增加城乡居民收入，扩大中等收入群体规模，努力促进低收入群体增收。

提高医疗卫生服务能力。继续做好重点传染病防控。居民医保人均财政补助标准提高30元。促进医保、医疗、医药协同发展和治理。推动基本医疗保险省级统筹，完善国家药品集中采购制度，强化医保基金使用常态化监管，落实和完善异地就医结算。深化公立医院改革，以患者为中心改善医疗服务，推动检查检验结果互认。着眼推进分级诊疗，引导优质医疗资源下沉基层，加强县乡村医疗服务协同联动，扩大基层医疗卫生机构慢性病、常见病用药种类。加强罕见病研究、诊疗服务和用药保障。加快补齐儿科、老年医学、精神卫生、医疗护理等服务短板，加强全科医生培养培训。促进中医药传承创新，加强中医优势专科建设。完善疾病预防控制体系。深入开展健康中国行动和爱国卫生运动，筑牢人民群众健康防线。

加强社会保障和服务。实施积极应对人口老龄化国家战略。城乡居民基础养老金月最低标准提高20元，继续提高退休人员基本养老金，完善养老保险全国统筹。在全国实施个人养老金制度，积极发展第三支柱养老保险。做好退役军人、军属和其他优抚对象服务保障。加强城乡社区养老服务网络建设，加大农村养老服务补短板力度。加强老年用品和服务供给，大力发展银发经济。推进建立长期护理保险制度。健全生育支持政策，优化生育假期制度，完善经营主体用工成本合理共担机制，多渠道增加托育服务供给，减轻家庭生育、养育、教育负担。做好留守儿童和困境儿童关爱救助。加强残疾预防和康复服务，完善重度残疾人托养照护政策。健全分层分类的社会救助体系，统筹防止返贫和低收入人口帮扶政策，把民生兜底保障安全网织密扎牢。

丰富人民群众精神文化生活。深入学习贯彻习近平文化思想。广泛践行社会主义核心价值观。发展哲学社会科学、新闻出版、广播影视、文学艺术和档案等事业。制定推动文化传承发展的政策举措。深入推进国家文化数字化战略。深化全民阅读活动。完善网络综合治理，培育积极健康、向上向善的网络文化。创新实施文化惠民工程，提高公共文化场馆免费开放服务水平。大力发展文化产业。开展第四次全国文物普查，加强文物系统性保护和合理利用。推进非物质文化遗产保护传承。深化中外人文交流，提高国际传播能力。加大体育改革力度。做好2024年奥运会、残奥会备战参赛工作。建好用好群众身边的体育设施，推动全民健身活动广泛开展。

维护国家安全和社会稳定。贯彻总体国家安全观，加强国家安全体系和能力建设。提高公共安全治理水平，推动治理模式向事前预防转型。着力夯实安全生产和防灾减灾救灾基层基础,增强风险防范、应急处置和支撑保障能力。扎实开展安全生产治本攻坚三年行动,加强重点行业领域风险隐患排查整治,压实各方责任,坚决遏制重特大事故发生。做好洪涝、干旱、台风、森林草原火灾、地质灾害、地震等防范应对,加强气象服务。严格食品、药品、特种设备等安全监管。完善社会治理体系。强化城乡社区服务功能。引导支持社会组织、人道救助、志愿服务、公益慈善等健康发展。保障妇女、儿童、老年人、残疾人合法权益。坚持和发展新时代"枫桥经验",推进矛盾纠纷预防化解,推动信访工作法治化。加强公共法律服务。强化社会治安整体防控,推进扫黑除恶常态化,依法打击各类违法犯罪活动,建设更高水平的平安中国。

各位代表!

新征程新使命,对政府工作提出了新的更高要求。各级政府及其工作人员要深刻领悟"两个确立"的决定性意义,增强"四个意识"、坚定"四个自信"、做到"两个维护",自觉在思想上政治上行动上同以习近平同志为核心的党中央保持高度一致,不断提高政治判断力、政治领悟力、政治执行力,把党的领导贯穿政府工作各方面全过程。要把坚持高质量发展作为新时代的硬道理,把为民造福作为最重要的政绩，努力建设人民满意的法治政府、创新政府、廉洁政府和服务型政府，全面履行好政府职责。

深入推进依法行政。严格遵守宪法法律。自觉接受同级人大及其常委会的监督，自觉接受人民政协的民主监督，自觉接受社会和舆论监督。加强审计监督。坚持科学、民主、依法决策，制定政策要遵循规律、广聚共识、于法有据。完善政务公开制度。全面推进严格规范公正文明执法。支持工会、共青团、妇联等群团组织更好发挥作用。发扬自我革命精神，持之以恒正风肃纪反腐，纵深推进党风廉政建设和反腐败斗争。政府工作人员要遵守法纪、廉洁修身、勤勉尽责，干干净净为人民做事。

全面提高行政效能。围绕贯彻好、落实好党中央决策部署，坚持优化协同高效，深入推进政府职能转变，不断提高执行力和公信力。坚持正确的思想方法和工作方法，勇于打破思维定势和路径依赖，积极谋划用好牵引性、撬动性强的工作抓手，在抓落实上切实做到不折不扣、雷厉风行、求真务实、敢作善为，确保最终效果符合党中央决策意图，顺应人民群众期待。巩固拓展主题教育成果，大兴调查研究，落实"四下基层"制度。加快数字政府建设。以推进"高效办成一件事"为牵引，提高政务服务水平。坚决纠治形式主义、官僚主义，进一步精简文件和会议，完善督查检查考核，持续为基层和企业减负。落实"三个区分开来"，完善干部担当作为激励和保护机制。广大干部要增强"时时放心不下"的责任感，并切实转化为"事事心中有底"的行动力，提振干事创业的精气神，真抓实干、埋头苦干、善作善成，努力创造无愧于时代和人民的新业绩。

各位代表！

我们要以铸牢中华民族共同体意识为主线，坚持和完善民族区域自治制度，促进各民族广泛交往交流交融，推动民族地区加快现代化建设步伐。坚持党的宗教工作基本方针，深入推进我国宗教中国化，积极引导宗教与社会主义社会相适应。加强和改进侨务工作，维护海外侨胞和归侨侨眷合法权益，汇聚起海内外中华儿女共同致力民族复兴的磅礴力量。

过去一年，国防和军队建设取得新的成绩和进步，人民军队出色完成担负的使命任务。新的一年，要深入贯彻习近平强军思想，贯彻新时代军事战略方针，坚持党对人民军队的绝对领导，全面深入贯彻军委主席负责制，打好实现建军一百年奋斗目标攻坚战。全面加强练兵备战，统筹推进军事斗争准备，抓好实战化军事训练，坚定捍卫国家主权、安全、发展利益。构建现代军事治理体系，抓好军队建设"十四五"规划执行，加快实施国防发展重大工程。巩固提高一体化国家战略体系和能力，优化国防科技工业体系和布局，加强国防教育、国防动员和后备力量建设。各级政府要大力支持国防和军队建设，深入开展"双拥"工作，巩固发展军政军民团结。

我们要继续全面准确、坚定不移贯彻"一国两制"、"港人治港"、"澳人治澳"、高度自治的方针，坚持依法治港治澳，落实"爱国者治港"、"爱国者治澳"原则。支持香港、澳门发展经济、改善民生，发挥自身优势和特点，积极参与粤港澳大湾区建设，更好融入国家发展大局，保持香港、澳门长期繁荣稳定。

我们要坚持贯彻新时代党解决台湾问题的总体方略，坚持一个中国原则和"九二共识"，坚决反对"台独"分裂和外来干涉，推动两岸关系和平发展，坚定不移推进祖国统一大业，维护中华民族根本利益。深化两岸融合发展，增进两岸同胞福祉，同心共创民族复兴伟业。

我们要坚持独立自主的和平外交政策，坚持走和平发展道路，坚定奉行互利共赢的开放战略，倡导平等有序的世界多极化和普惠包容的经济全球化，推动构建新型国际关系，反对霸权霸道霸凌行径，维护国际公平正义。中国愿同国际社会一道，落实全球发展倡议、全球安全倡议、全球文明倡议，弘扬全人类共同价值，推动全球治理体系变革，推动构建人类命运共同体。

各位代表！

使命重在担当，奋斗创造未来。我们要更加紧密地团结在以习近平同志为核心的党中央周围，高举中国特色社会主义伟大旗帜，以习近平新时代中国特色社会主义思想为指导，坚定信心、开拓进取，努力完成全年经济社会发展目标任务，为以中国式现代化全面推进强国建设、民族复兴伟业不懈奋斗！

着力推动高质量发展
巩固和增强经济回升向好态势
（代　序）

黄　守　宏

今年全国两会已胜利闭幕。习近平总书记在会议期间发表一系列重要讲话，思想深邃、内涵丰富，具有重大指导意义。在去年底召开的中央经济工作会议上，习近平总书记发表重要讲话，全面分析了国内外经济形势，提出了今年经济发展的总体要求、主要目标、政策取向和重点任务。李强总理所作的《政府工作报告》（以下简称《报告》），以习近平新时代中国特色社会主义思想为指导，深入贯彻党的二十大和二十届二中全会精神、中央经济工作会议精神，总结了过去一年政府工作，对今年重点工作作出了具体安排。这里，浅谈一些个人的学习体会。

一、深刻认识2023年我国发展来之不易的成就，倍加珍惜积累的宝贵经验

过去一年，是全面贯彻党的二十大精神的开局之年，是本届政府依法履职的第一年。面对异常复杂的国际环境和艰巨繁重的改革发展稳定任务，以习近平同志为核心的党中央团结带领全国各族人民，顶住外部压力、克服内部困难，付出艰辛努力，新冠疫情防控实现平稳转段、取得重大决定性胜利，全年经济社会发展主要目标任务圆满完成，高质量发展扎实推进，社会大局保持稳定，全面建设社会主义现代化国家迈出坚实步伐。

去年我国发展取得新的重大成就，让人倍感振奋、备受鼓舞。国内生产总值超过126万亿元，增长5.2%。经济增量超过6万亿元，相当于一个中等国家一年的经济总量。就业形势总体改善，城镇新增就业1244万人，全年城镇调查失业率平均为5.2%，比上年下降0.4个百分点。物价总体保持温和上涨，居民消费价格上涨0.2%，扣除食品和能源价格的核心居民消费价格指数上涨0.7%。居民收入继续增加，全年全国居民人均可支配收入超过3.9万元，扣除价格因素实际增长6.1%，快于经济增速。国际收支基本平衡，年末外汇储备超过3.2万亿美元。经济总体回升向好的同时，我国现代化产业体系建设取得重要

进展，科技创新实现新的突破，改革开放向纵深推进，安全发展基础巩固夯实，生态环境质量稳中改善，民生保障有力有效。这些可圈可点的成绩，昭示着我国发展必将长风破浪、未来可期！

"道有夷险，履之者知。"过去一年，多重困难挑战交织叠加，工作的复杂性艰巨性多年少有，取得的成绩来之不易。《报告》对此作了简练而深刻的阐述。

《报告》从六个方面总结回顾了过去一年所做的主要工作。

一是加大宏观调控力度，推动经济运行持续好转。针对严峻挑战和疫后经济恢复特点，突出固本培元，更多在推动高质量发展上用力，没有搞"大水漫灌"和短期强刺激，而是保持耐心和定力，支持疫情中受到损伤的经营主体休养生息、恢复元气。这样做，既有利于当前，也有利于今后的发展。发挥组合效应，围绕扩大内需、优化结构、提振信心、防范化解风险，延续优化一批阶段性政策，及时推出一批新政策，打出有力有效的政策组合拳。加强财政、货币、就业、产业等政策协调配合，形成共促高质量发展的合力。注重精准施策，把握宏观调控时、度、效，加大逆周期调节。加力提效实施财政政策，强化重点领域支出保障，包括增发1万亿元国债支持灾后恢复重建、提升防灾减灾救灾能力等。精准有力实施货币政策，两次降低存款准备金率、两次下调政策利率，引导金融"活水"流向科技创新、先进制造、普惠小微、绿色发展等领域。聚焦总需求不足这个突出矛盾,坚定实施扩大内需战略,内需对经济增长的贡献率达到111.4%。坚持底线思维,积极稳妥处置房地产、地方债务等风险隐患,守住了不发生系统性风险的底线。

二是依靠创新引领产业升级,增强城乡区域发展新动能。 推动国家创新体系整体效能持续提升,全社会研发经费投入增长8.1%,与国内生产总值之比达到2.64%。关键核心技术攻关成果丰硕,航空发动机、燃气轮机、第四代核电机组等高端装备研制取得长足进展,人工智能、量子技术等前沿领域创新成果不断涌现。全面部署推进新型工业化,传统产业加快转型升级,战略性新兴产业蓬勃发展,未来产业有序布局,先进制造业和现代服务业深度融合,一批重大产业创新成果达到国际先进水平。国产大飞机C919投入商业运营,国产大型邮轮成功建造,新能源汽车产销量占全球比重超过60%。出台稳定工业经济运行、支持先进制造业举措,规模以上工业增加值增长4.6%,增速比上年提高1个百分点。深入推进新型城镇化,常住人口城镇化率提高到66.2%。实施新一轮千亿斤粮食产能提升行动,粮食产量1.39万亿斤,再创历史新高。完善区域协调发展体制机制,区域发展协调性、平衡性不断增强。

三是深化改革扩大开放,持续改善营商环境。 新一轮机构改革中央层面基本完成,地方层面有序展开。加快建设全国统一大市场，清理一批妨碍公平竞争的政策规定，开展工程建设招投标等重点领域专项整治。实施国有企业改革深化提升行动，推动国有经济布局优化和结构调整。出台促进民营经济发展壮大的意见，在投资促进、金融支持、市场监管、便民办税等方面协同加大支持力度。推动外贸稳规模、优结构，出口占国际市场份额保持稳定，电动汽车、锂电池、光伏产品"新三样"出口额增长近30%。完善吸引外资政策，新设外商投资企业增长39.7%，实际使用外资金额1.1万亿元。在上海等自由贸易试验区对接高标准国际经贸规则推进制度型开放，设立新疆自由贸易试验区，高标准自贸区建设稳步推进。成功举办第三届"一带一路"国际合作高峰论坛，形成458项合作成果。

四是强化生态环境保护治理，加快发展方式绿色转型。持续打好蓝天、碧水、净土保卫战，全国地级及以上城市细颗粒物（$PM_{2.5}$）平均浓度为30微克/立方米，优于"十四五"规划设定的年度目标；地表水水质优良断面比例达到89.4%，上升1.5个百分点。加快实施重要生态系统保护和修复重大工程，完成造林、种草改良1.25亿亩，完成水土流失治理面积6.3万平方公里、全国水土保持率达到72.5%。能源结构持续调整，可再生能源发电装机规模历史性超过火电，全年发电量近3万亿千瓦时。

五是着力抓好民生保障，推进社会事业发展。出台支持企业稳岗拓岗政策，加强高校毕业生等重点群体就业促进服务。加大义务教育、基本养老、基本医疗等财政补助力度，扩大救助保障对象范围，年末全国基本养老、失业、工伤保险参保人数分别达到10.66亿人、2.44亿人和3.02亿人。提高"一老一小"个人所得税专项附加扣除标准，6600多万纳税人受益。新开工改造城镇老旧小区5.37万个、开工建设和筹集保障性租赁住房213万套（间），共惠及上千万家庭。有效应对海河等流域特大洪涝灾害，做好甘肃积石山地震等抢险救援，扎实推进灾后恢复重建。推动旅游市场全面恢复，国内出游人次、居民出游花费分别增长93.3%和140.3%。成都大运会、杭州亚运会和亚残运会成功举办，我国体育健儿勇创佳绩。

六是全面加强政府建设，大力提升治理效能。坚定维护以习近平同志为核心的党中央权威和集中统一领导，当好贯彻党中央决策部署的执行者、行动派、实干家。深入开展学习贯彻习近平新时代中国特色社会主义思想主题教育。坚持把政治建设摆在首位，全面提高政府履职能力。加强党风廉政建设和反腐败斗争，严格落实中央八项规定精神。创新和完善城乡基层治理。加强社会治安综合治理，有效打击电信网络诈骗等违法犯罪活动，平安中国建设取得新进展。

过去一年我国发展取得的成绩，根本在于习近平总书记领航掌舵,在于习近平新时代中国特色社会主义思想科学指引,是以习近平同志为核心的党中央坚强领导的结果,是全党全军全国各族人民团结奋斗的结果。在应对风险挑战的实践中,我们进一步深化了新时代做好经济工作的规律性认识,积累了克服重大困难的宝贵经验,中央经济工作会议对此作了概括。这些规律性认识,进一步丰富和发展了习近平经济思想,是我们做好各项工作的重要认识论和方法论,今后要全面贯彻到推动高质量发展的实践中。

在肯定成绩的同时,《报告》也客观指出了经济社会发展面临的困难和挑战。从国际看,世界经济增长动能不足,地区热点问题频发,大宗商品价格走势存在不确定性,经济逆全球化、产业链供应链区域化碎片化更趋明显,外部环境的复杂性、严峻性、不确定性上升。从国内看,经济持续回升向好的基础还不稳固。有效需求不足、社会预期偏弱,居民和企业的投资意愿不够强;部分行业产能过剩,新兴领域存在重复建设和"内卷式"竞争;一些地方基层财力比较紧张;部分中小企业和个体工商户经营困难;就业总量压力和结构性矛盾并存;防范化解风险隐患、畅通国内大循环、增强科技创新能力、推进重点领域改革、生态环境保护治理等还要持续努力。政府工作自身也存在多方面不足。《报告》强调,我们一定直面问题和挑战,尽心竭力做好工作,决不辜负人民期待和重托!

二、准确把握2024年经济社会发展总体要求和政策取向，努力营造良好发展环境

今年是中华人民共和国成立75周年，是实现"十四五"规划目标任务的关键一年。做好政府工作，要在以习近平同志为核心的党中央坚强领导下，以习近平新时代中国特色社会主义思想为指导，全面贯彻落实党的二十大和二十届二中全会精神，按照中央经济工作会议部署，坚持稳中求进工作总基调，完整、准确、全面贯彻新发展理念，加快构建新发展格局，着力推动高质量发展，全面深化改革开放，推动高水平科技自立自强，加大宏观调控力度，统筹扩大内需和深化供给侧结构性改革，统筹新型城镇化和乡村全面振兴，统筹高质量发展和高水平安全，切实增强经济活力、防范化解风险、改善社会预期，巩固和增强经济回升向好态势，持续推动经济实现质的有效提升和量的合理增长，增进民生福祉，保持社会稳定，以中国式现代化全面推进强国建设、民族复兴伟业。

准确研判国内外形势，是正确制定发展目标和宏观政策取向、明确重点工作任务的基础。《报告》指出，"综合分析研判，今年我国发展面临的环境仍是战略机遇和风险挑战并存，有利条件强于不利因素"。这是坚持运用习近平新时代中国特色社会主义思想的世界观和方法论，深入

分析我国发展面临的主要矛盾和矛盾的主要方面，统筹考虑国内外形势中的"不变"因素与"变化"因素、阶段性因素与趋势性因素、确定性因素与不确定性因素、积极因素与消极因素等，作出的科学判断。当今世界变乱交织，世界百年变局全方位、深层次加速演进。但和平和发展仍然是时代主题，新一轮科技革命和产业变革加速发展，绿色发展推动生产消费加速转型，世界经济复苏趋势继续延续。今年我国经济发展确实面临不少困难和挑战，必须正视并采取有力有效的措施加以解决。但也要看到，这些困难和挑战是近几年一直存在的，经过去年努力，总体上是在缓解的、趋势是向好的，至少不是恶化的。长期以来支撑我国经济持续发展的基本动因、显著优势继续保持而且不少方面在不断增强，发展新动能在加快壮大。总体来看，今年我国发展的有利条件在增多，经济回升向好、长期向好的基本趋势没有改变也不会改变。《报告》强调，只要我们贯彻落实好党中央决策部署，紧紧抓住有利时机、用好有利条件，把各方面干事创业的积极性充分调动起来，一定能战胜困难挑战，推动经济持续向好、行稳致远。

按照党中央决策部署，综合考虑国内外形势和各方面因素，兼顾需要和可能，《报告》提出了今年经济社会发展的主要预期目标和政策取向。

今年发展主要预期目标是：国内生产总值增长5%左右；城镇新增就业1200万人以上，城镇调查失业率5.5%

左右；居民消费价格涨幅3%左右；居民收入增长和经济增长同步；国际收支保持基本平衡；粮食产量1.3万亿斤以上；单位国内生产总值能耗降低2.5%左右，生态环境质量持续改善。

今年的发展主要预期目标与去年相比，总体上保持了稳定，同时根据国内外形势变化和推动高质量发展需要，对就业、居民收入、能耗等指标提出了新的要求。国内生产总值增速、物价等指标虽然与去年一致，但也有新的内涵和要求。这些指标相互关联，是一个有机的整体。

（一）关于经济增速目标。经济增速预期目标作为基础性、综合性指标，各方面历来都比较关注。今年经济增长预期目标定为5%左右，统筹考虑了当前和长远需要。一是考虑促进就业增收、防范化解风险等需要。没有一定的经济增长，就业增收、结构优化、防范化解风险就缺乏支撑。根据当前就业与经济增长的关联性，实现今年的就业目标，经济增速需要保持5%左右。二是考虑基本实现现代化的需要。到2035年基本实现现代化、达到中等发达国家水平，只有12年时间了，发展的任务很重，未来一个时期经济增速需要保持在5%左右。三是考虑稳定预期、提振信心、凝聚力量的需要。市场经济条件下，社会预期具有自我强化、自我实现的特点和内在机制。经济增长目标具有很强的预期引导作用，如果定得过高难以实现不行，如果定得偏低也会导致社会预期走弱。将今年增长预期目标设定为5%左右，保持了年度预期目标连续性稳定性，与社会各方面的期盼相吻合，是较为合适的。同时，制定这一目标也充分考虑了可能性，包括去年以来的经济增长态势、潜在经济增速和支撑条件等。去年在多重困难挑战交织叠加背景下，经济增速达到5.2%，今年我国发展的"有利条件强于不利因素"，实现5%左右的增速是完全可能的。当然，实现这一目标并不容易，需要政策聚焦发力、工作加倍努力、各方面齐心协力。

（二）关于**就业目标**。就业是最基本的民生。今年就业压力加大，需要在城镇就业的新成长劳动力约1700万人，其中高校毕业生1179万人、创历史新高。今年将就业目标设定为"城镇新增就业1200万人以上"，与去年"城镇新增就业1200万人左右"相比，要求更高。这体现了就业优先的政策导向，也体现党和政府进一步加强稳就业工作的力度和决心。

（三）关于**居民收入增长目标**。这个目标直接关系居民生活改善和内需扩大。党的十八大以来，随着经济发展，居民收入保持较快增长，2023年比2012年实际增长94.4%，年均增速快于经济增速。但目前居民收入在国民收入分配中的比重、劳动报酬在初次分配中的比重依然偏低，这也是影响居民消费能力和意愿的重要因素。今年居民收入增长目标是"和经济增长同步"，与前些年一直提的"和经济增长基本同步"相比，删去了"基本"二字。这贯彻了党的二十大报告关于"完善分配制度"的相关要求，体现了着力改善人民生活的鲜明导向，也有利于引导消费预期、激发内需潜力。随着经济持续回升向好和促增收政策力度加大,今年居民收入还会持续稳定增长。

(四)**关于物价目标**。价格水平是宏观经济的温度计。国际国内的实践表明,物价太高或太低都不好,不仅会影响经济持续发展和人民生活改善,也会积聚或引发风险。物价涨幅过高、出现通货膨胀的危害显而易见,人们的感受也比较直接,但物价持续偏低会导致总需求收缩、债务风险加剧,对经济增长、居民增收的危害更大,解决起来也更为困难。去年我国居民消费价格上涨0.2%,一些人认为已经出现了"通缩",这是不符合实际的,但也确实需要防范通缩风险。今年将居民消费价格涨幅目标定为3%左右,属于温和适度水平,符合物价企稳回升的总体态势,旨在发出积极推动价格稳步回升的政策信号,引导市场预期,并为加大宏观调控力度和深化价格改革留有一定余地。

(五)**关于能耗强度目标**。去年对单位国内生产总值能耗提出"继续下降"的定性要求,实际结果是比上年下降了0.5%。今年提出"降低2.5%左右"的量化目标,综合考虑了经济社会发展用能和绿色低碳转型需要,也考虑了耗能较低的服务业回归正常发展和可再生能源替代扩大等支撑条件,是积极稳妥、经过努力能够完成的。

实现今年发展目标,要坚持稳中求进、以进促稳、先立后破。这是党中央确定的重要原则,具有很强的指导性和针对性。我们要深入学习领会,正确把握和处理好稳与进、立与破的关系。稳是大局和基础。在当前有效需求不足、社会预期特别是民营企业预期偏弱的情况下，各项政策和工作都要着眼于稳。各地区各部门要多出有利于稳预期、稳增长、稳就业的政策，谨慎出台收缩性抑制性举措，清理和废止有悖于高质量发展的政策规定。经济发展犹如逆水行舟、不进则退，必须把进作为方向和动力，以进促稳，着力在转方式、调结构、提质量、增效益上积极进取，激发和增强发展内生动力活力。当前，我国发展正处在新旧动能转换的关键期，必须先立后破，不能未立先破，否则就会出现空挡断档、影响经济社会发展大局。对该立的要积极主动立起来，该破的要在立的基础上坚决破，不断巩固稳中向好的基础。习近平总书记深刻指出，新形势下发展不能穿新鞋走老路，不能再走大呼隆、粗放型发展的路子。我国长期以来主要依靠投资、出口拉动经济增长的方式已难以为继，必须按照构建新发展格局要求，统筹扩大内需和深化供给侧结构性改革，加快形成主要依靠消费、科技创新驱动经济增长的新方式，逐步推动"投资社会"、"生产社会"向"消费社会"转型。宏观政策取向也要相应作出转变，以提振消费驱动内需扩大，以培育壮大新动能促进结构调整，以防范化解重大风险守住底线。今年要强化宏观政策逆周期和跨周期调节，继续实施积极的财政政策和稳健的货币政策，加强政策工具创新和协调配合。

积极的财政政策要适度加力、提质增效。积极的财政政策要根据不同年份情况，综合权衡政策力度，合理搭配政策工具，以取得最佳效果。今年统筹考虑发展需要和财政可持续，用好财政政策空间，对积极的财政政策作出了符合实际的安排。

财政政策"适度加力"，主要体现在以下两个方面。一方面，财政支出强度总体扩大。去年年初预算将赤字率按3%安排，由于四季度增发的1万亿元国债列入赤字，赤字率调整为3.8%左右。今年的赤字率拟按3%安排，由于国内生产总值增加了，赤字规模也相应扩大至4.06万亿元，比去年年初预算增加1800亿元。预计今年财政收入继续恢复增长，加上调入资金等，一般公共预算支出规模28.5万亿元、比去年增加1.1万亿元。另一方面，政府债券规模明显增加。今年安排地方政府专项债券3.9万亿元、比去年增加1000亿元，发行超长期特别国债1万亿元，还有去年四季度增发的1万亿元国债大部分在今年使用。需要指出的是，发行超长期特别国债是着眼长远的重大战略举措。我国在科技创新、新型工业化、乡村振兴、区域协调发展、新型城镇化等重大战略实施中仍有不少薄弱环节，在粮食、能源、产业链供应链等领域安全能力建设方面也存在不少短板制约。这些领域的突出问题都是强国建设、民族复兴进程中必须解决的，但其中很多重大项目投资周期长、收益低，现有资金渠道难以充分满足需求。为系统解决资金供给问题，从今年开始拟连续几年发行超长期特别国债，不列入赤字，专项用于国家重大战略实施和重点领域安全能力建设，今年先发行1万亿元。这样的安排，统筹当前和长远，有利于增强各方对我国发展的预期和信心，也有利于控制政府负债率、增强财政可持续。

财政政策"提质增效"，主要是大力优化支出结构，保障重点支出，减少一般性支出，加强绩效管理，提高财政资金效益和政策效果。今年财政保障的重点是两个方面。一方面，强化国家重大战略任务财力保障。主要是支持加快现代化产业体系建设、科教兴国、扩大内需、乡村振兴、区域协调发展、新型城镇化、加强生态文明建设等重大战略实施。另一方面，加强基本民生保障。坚持尽力而为、量力而行，加强基础性、普惠性、兜底性民生保障建设，加大对就业、医疗、社会保障等民生领域的财政支持力度，提高基本公共服务水平和可及性、均衡性。现在各级财力都比较紧张，但最紧张的是在市县基层。今年中央对地方转移支付安排10.2万亿元，剔除不可比因素后同口径增长4.1%。其中，安排均衡性转移支付2.6万亿元、增长8.8%，适当向困难地区和欠发达地区倾斜。省级政府要加强统筹，推动财力下沉，增强基层保基本民生、保工资、保运转能力，兜牢"三保"底线。2013年以来，我国实施大规模减税降费，目前宏观税负在全球处于中等偏低水平。统筹考虑支持高质量发展需要、财政承受能力和优化税制等方面因素，今后要在保持宏观税负总体稳定基础上，实施结构性减税降费，提高政策的精准性、针对性、有效性。在落实好去年延续和优化的税费优惠政策基础上，今年将有针对性地研究出台结构性减税降费政策，重点支持科技创新和制造业发展。《报告》强调，各级政府要习惯过紧日子，真正精打细算，严肃财经纪律，加强财会监督，切实把财政资金用在刀刃上、用出实效来。

稳健的货币政策要灵活适度、精准有效。稳定经济运行、推动高质量发展，必须营造良好的货币金融环境。今年《报告》中稳健的货币政策取向没有变，对总量、结构、价格等方面提出了新要求。一是加强货币政策总量调节。今年《报告》提出，"保持流动性合理充裕，社会融资规模、货币供应量同经济增长和价格水平预期目标相匹配"。与近些年相比，有两点新变化，即把"社会融资规模"放到了"货币供应量"前面，把"同名义经济增速基本匹配"改为"同经济增长和价格水平预期目标相匹配"。前者主要是考虑到社会融资规模与货币供应量相比，涵盖的范围更广，除金融机构的贷款外，还包括金融机构表外业务及金融市场的债券、股票融资等，可以更全面地反映经济活动中的总体融资情况。后者主要是考虑更好统筹实现经济增长和保持合理物价水平的目标。二是加强货币政策结构调节。《报告》强调加大对重大战略、重点领域和薄弱环节的支持力度。要用好再贷款、再贴现、窗口指导等政策手段和阶段性、长期性的结构性货币政策工具，合理引导资金流向，支持国家重大战略实施和重点领域发展。当前中小微企业融资难问题依然存在，要优化融资增信、风险分担、信息共享等配套措施，更好满足中小微企业融资需求。三是促进社会综合融资成本稳中有降。近几年实际贷款利率不断下降，但目前社会综合融资成本还有压降空间。要多渠道增加银行低成本资金，完善利率形成和传导机制，继续规范相关收费行为，压减不必要的收费项目，降低或减免企业续贷、过桥、融资担保等方面的费用。四是畅通货币政策传导机制。当前企业融资需求与金融机构资金供给之间存在不对称，反映货币政策传导面临一些阻滞。一方面，部分企业特别是民营中小微企业融资难融资贵问题仍然存在。另一方面，一些资金存在沉淀空转问题。比如，有的企业从大银行获取低息贷款，再将贷款存到利率更高的小银行吃息差，小银行则使用存款资金购买二级市场债券，这些资金并未转化为实体企业的生产投资。要着力打通资金进入实体经济的"最后一公里"，加强信贷投放窗口指导和监管指引，促进信贷投放与实体经济实际需要相匹配。五是增强资本市场内在稳定性。直接融资是社会融资规模的重要组成部分，资本市场稳定健康发展具有牵一发动全身的重要作用。要针对影响资本市场平稳运行的突出问题，深化资本市场改革，健全资本市场基础制度，大力提升上市公司质量和投资价值，健全有利于中长期资金入市的政策环境。加强资本市场监管，保护投资者特别是中小投资者合法权益，持续优化资本市场生态。六是做好金融五篇大文章。这是习近平总书记在中央金融工作会议上提出的明确要求。要大力发展科技金融、绿色金融、普惠金融、养老金融、数字金融，加快完善激励机制、标准体系、配套政策、风险管控等相关基础制度。

增强宏观政策取向一致性。这是提高政策整体效能、实现今年乃至今后发展目标任务的客观需要，也是当前影响社会预期特别是经营主体预期的突出问题。财政、货币政策被公认为是宏观政策，就业、产业、区域、科技、环保等政策因对经济发展具有全局性影响，也属于宏观政策的范畴。各项政策都有其特定的政策目标，《报告》要求"取向一致"，就是都要围绕实现今年发展目标来制定和实施，把握好时、度、效，加强统筹衔接、协调联动，放大政策组合效应。同时，鉴于许多非经济性政策对社会预期、经济运行会产生直接或间接的影响，中央经济工作会议和《报告》要求将其纳入宏观政策取向一致性评估。这就意味着，无论是经济政策还是非经济性政策，如果对经济发展有明显的收缩性抑制性效应，就要缓出或不出，即便是亟须出台的，也要采取相应措施，尽可能降低对经济发展的负面影响。要建立健全政策统筹机制，发挥好评估、把关、协调作用，防止出现相互掣肘、效应对冲或合成谬误等问题，确保同向发力、形成合力。各部门要增强发展大局意识，围绕经济建设这一中心工作和高质量发展这一首要任务，对本部门拟出台的政策措施进行宏观政策一致性评估。在此基础上，国家发展改革委牵头的政策文件评估机制进行再评估。政策行不行、好不好、有用没用，要看社会反响和实际效果，企业和群众是直接感受者、最有发言权。各地区各部门在政策研究和制定中要开门问策、集思广益，最大限度减少片面性、主观随意性。研究制定涉企政策，要注重与市场沟通，回应企业关切，解决突出问题。政策出台时要精准做好宣传解读，防止误读误解。要加强对政策执行情况的跟踪评估，以企业和群众满意度为重要标尺，及时进行调整和完善。对实践证明不当的政策要及时叫停，对政策执行中存在的偏差要及时纠正。总之，要将党中央关于增强宏观政策取向一致性的要求，贯穿到政策研究、制定、实施全过程，哪个方面、哪个环节出问题都要及时加以解决，努力营造稳定透明可预期的政策环境。

《报告》提出，要研究储备政策。基于对当前国内外形势和经济运行态势的分析判断，《报告》中提出了宏观政策举措。如果将来国际环境发生超预期变化，我国经济遭遇超预期冲击或经济运行出现大的问题，就要及时采取新的政策措施。我国政府法定负债率不到60%、低于主要市场经济国家和新兴市场国家，金融总体稳健，宏观政策仍有较大空间。要增强底线思维、极限思维，加强储备政策预研、丰富工具箱，确保一旦需要就能及时推出、有效发挥作用。需要指出的是，受国际环境变化因素和国内周期性、结构性、体制性因素以及突发性因素等影响，经济增速在月度、季度间有一定波动是正常的。只要经济运行的总体状况和走势向好，就要保持定力，在贯彻落实既定政策上下功夫。要增强宏观调控的前瞻性、针对性、有效性，防止经济增长出现大的起伏，努力巩固和增强经济回升向好态势，推动高质量发展不断取得新的成效。

三、突出重点、把握关键，扎实做好政府重点工作

今年政府工作任务重、要求高、挑战多，必须按照党中央决策部署，紧紧抓住主要矛盾，着力突破瓶颈制约，有力有序向前推进。《报告》提出了十个方面的重要任务和政策举措。

（一）大力推进现代化产业体系建设，加快发展新质生产力。现代化产业体系是现代化国家的物质技术基础。加快建设以实体经济为支撑的现代化产业体系，关系我国在未来发展和国际竞争中赢得战略主动。发展新质生产力是推动高质量发展的内在要求和重要着力点。习近平总书记自去年9月份以来对发展新质生产力作出一系列重要论述，深刻阐明了新质生产力的基本理论问题，强调要因地制宜发展新质生产力。《报告》深入贯彻落实习近平总书记重要指示精神，要求充分发挥创新主导作用，以科技创新推动产业创新，加快推进新型工业化，提高全要素生产率，不断塑造发展新动能新优势，促进社会生产力实现新的跃升。

推动产业链供应链优化升级。经过长期努力，我国建成了配套完备的产业体系，这是建设现代化产业体系的

基础。要依靠创新推动结构优化、产业升级，加快迈向全球价值链中高端。一要保持工业经济平稳运行。当前工业经济稳步恢复，但仍面临有效需求不足、市场预期偏弱等困难。要促消费、稳外贸等多管齐下，充分发挥重点行业和工业大省带动作用，巩固工业经济回升向好态势。二要推动制造业高质量发展。我国制造业"大而不强、全而不优"问题依然突出，要深入实施制造业重点产业链高质量发展行动，着力补齐短板、拉长长板、锻造新板。先进制造业是现代化产业体系的骨干，我国已经建成45个国家级先进制造业集群，要优化行业和区域布局，推动其向世界级集群提升。传统产业在我国制造业中占比超过80%，经过改造升级也能形成新质生产力。要深入实施制造业技术改造升级工程，积极实施大规模设备更新，推动高端化、智能化、绿色化转型。三要强化制造业发展支撑引领。我国生产性服务业发展相对滞后，占经济总量只有18%左右，而发达国家多在40%—50%。要加快发展研发设计、检验检测、智慧物流等现代生产性服务业，深化先进制造业和现代服务业融合。实施大中小企业融通创新"携手行动"，促进中小企业专精特新发展。加强标准引领和质量支撑，推动标准与国际先进水平对接，加强全面质量管理，打造更多具有国际影响力的"中国制造"品牌。

积极培育新兴产业和未来产业。这是加快发展新质生产力的内在要求，事关国家发展战略全局。《报告》对此作出部署。一要分类分业、精准施策培育壮大新兴产业。我国战略性新兴产业占国内生产总值比重已超过13%，发展潜力巨大。要实施产业创新工程，完善产业生态，拓展应用场景，促进融合集群发展。智能网联新能源汽车等产业在全球处于领先地位，要着力做强做优，不断提升核心竞争力。氢能、新材料、创新药等前沿新兴领域创新活跃，要完善支持政策，促进其加快成长壮大。生物制造、商业航天、低空经济等产业潜在市场规模大，要加快打造成为新增长引擎。二要前瞻谋划、加快布局未来产业。未来产业创新持续涌现、发展前景广阔，已成为世界主要国家的战略必争之地。要面向国家战略需求，制定未来产业发展规划，加强前瞻部署、创新驱动、应用牵引、梯次培育，积极开辟量子技术、生命科学等新赛道，创建一批未来产业先导区。三要优化新兴产业和未来产业发展环境。产业创新发展离不开长期稳定的资金投入。要鼓励发展创业投资、股权投资，引导更多资本投早投小投硬科技。现在产业投资基金数量很多，一定程度存在资金投向同质化、使用效率不高等问题，要进一步明确功能定位，更好发挥引领撬动作用。目前很多地方发展新兴产业和未来产业积极性很高，要加强重点行业统筹布局和投资引导，引导各地根据资源禀赋、产业基础、科研条件等错位发展，防止一哄而上和低水平重复建设。

深入推进数字经济创新发展。我国数字经济规模连续多年位居世界第二，但在关键核心技术、产业基础能力等方面存在短板。要制定支持数字经济高质量发展政策，促进数字技术和实体经济深度融合，巩固和增强我国数字经济优势。一要积极推进数字产业化。数字产业化是发展数字经济的动力和支撑。要深化大数据、人工智能等研发应用，加快突破算力、算法等底层技术，构建自主可控的产业生态。发挥我国应用场景丰富等优势，开展"人工智能+"行动，赋能千行百业。数字经济规模效应明显，要引导优质要素资源高效集聚，打造具有国际竞争力的数字产业集群。二要大力推进产业数字化。产业数字化是发展数字经济的主战场。要实施制造业数字化转型行动，分行业制定转型路线图，加快工业互联网规模化应用，推动"智改数转网联"。大力推进商贸、物流、金融等服务业数字化，加快建设智慧城市、数字乡村。三要加快推进企业数字化转型。企业是数字化转型的主体，其中量大面广的中小企业是重点和难点。要深入开展中小企业数字化赋能专项行动，切实解决企业"不愿转、不敢转、不会转"等问题。这些年，我国平台企业迅速发展壮大，在推动数字经济发展中发挥了重要作用。要提升常态化监管水平，支持平台企业在促进创新、增加就业、国际竞争中大显身手。四要筑牢数字经济发展基础。数据是数字经济的基础要素。要健全数据产权、流通交易、收益分配、安全治理等基础制度，推动数据开放共享和开发利用。继续适度超前建设5G等数字基础设施，深化实施"东数西算"工程，加快形成全国一体化算力体系。

（二）深入实施科教兴国战略，强化高质量发展的基础支撑。党的二十大报告指出，教育、科技、人才是全面建设社会主义现代化国家的基础性、战略性支撑。《报告》强调，坚持教育强国、科技强国、人才强国建设一体统筹推进，创新链产业链资金链人才链一体部署实施，深化教育科技人才综合改革，对做好今年的教育、科技、人才工作提出明确要求。

加强高质量教育体系建设。教育兴则国家兴，教育强则国家强。我国教育已由规模扩张阶段转向高质量发展阶段。《报告》要求全面贯彻党的教育方针，坚持把高质量发展作为各级各类教育的生命线。一要落实立德树人根本任务。培养什么人、怎样培养人、为谁培养人是教育的根本问题。《报告》围绕这个建设教育强国的核心课题，要求推进大中小学思想政治教育一体化建设。二要统筹各级各类教育发展。我国已建成世界上规模最大的教育体系，各学段普及程度已达到或超过中高收入国家平均水平。《报告》提出开展基础教育扩优提质行动，就是要多措并举推动基础教育质量整体提高，"双管齐下"改善薄弱学校办学水平和增加优质学位供给。建设教育强国，龙头是高等教育。要围绕提高人才自主培养质量和科技创新能力，实施高等教育综合改革试点，推动高校建设特色优势专业集群，开展好有组织科研。《报告》还要求大力提高职业教育质量，培养高素质技能人才。三要着力解决教育发展中的突出问题。比如，《报告》提出要改善农村寄宿制学校办学条件。全国义务教育阶段寄宿制学校有6.5万所，寄宿学生有3154万人、占义务教育学生总数的19.6%。虽然这些年农村寄宿制学校的条件有了很大改善，但还存在很多薄弱环节，需要补上这个短板。又如，《报告》提出加强学生心理健康教育。近年来，心理健康问题呈现"低龄化"发展趋势，引发社会关注。要坚持健康第一的教育理念，多措并举加强和改进心理健康工作。四要推动教育更好服务高质量发展。当前，经济社会发展对人才培养提出新的更高要求。《报告》要求优化学科专业和资源结构布局，建强应用型本科高校，就是要有的放矢培养国家战略人才和急需紧缺人才。

　　加快推动高水平科技自立自强。习近平总书记指出，"实现高水平科技自立自强，是中国式现代化建设的关键"。《报告》强调要充分发挥新型举国体制优势，全面提升自主创新能力。一要持续强化基础研究。我国面临的很多"卡脖子"技术问题，根子是基础研究跟不上。《报告》对强化基础研究系统布局作出安排。突出前瞻性、战略性需求导向，优化基础研究资源配置和布局结构，长期稳定支持一批创新基地、优势团队和重点方向。基础研究具有长期性和不确定性，需要有力度的持续投入。去年我国基础研究经费占全社会研发经费的比重为6.65%，而发达国家通常在15%以上。各级财政要继续加大投入，同时引导企业和社会力量增加投入。二要提升创新体系整体效能。我国有国家实验室、国家科研机构、高水平研究型大学、科技领军企业等战略科技力量，有世界上数量最多的企业，关键是优化资源配置，推动形成功能互补、良性互动的协同创新新格局。《报告》要求集成国家战略科技力量、社会创新资源，推进关键核心技术协同攻关，加强颠覆性技术和前沿技术研究。三要强化企业科技创新主体地位。近些年来，国家在支持企业发挥创新主体作用方面采取了很多措施。目前国家重点研发计划中，企业参加或牵头的占比已接近80%。企业的科技投入增长也很快，但投入强度与发达国家相比还有很大差距。要激励企业加大创新投入，深化产学研用结合，促进科技成果转移转化。四要健全完善体制机制。目前，制约科技创新、影响科技人员积极性的体制机制障碍依然不少。要加快形成支持全面创新的基础制度，深化科技评价、科技奖励、科研项目和经费管理制度改革，健全"揭榜挂帅"机制，加强知识产权保护，不断激发创新创造活力。扩大国际科技交流合作，更加积极融入全球创新网络。

全方位培养用好人才。推动高质量发展，人才是第一资源。2023年，我国具有大学文化程度人口超过2.5亿，劳动年龄人口平均受教育年限达11.05年，人才资源总量、科技人力资源、研发人员总量均居全球首位，但人才队伍结构性矛盾依然突出，人才发展机制还不健全。《报告》提出，实施更加积极、更加开放、更加有效的人才政策，就是要广育各类人才、广纳天下英才，形成人尽其才、各展其能的良好局面。一要加强平台建设。《报告》

提出推进高水平人才高地和吸引集聚人才平台建设，主要考虑是发挥国际和区域科技创新中心等在科教资源、产业基础等方面的优势，以更大力度引才聚才，加快形成人才发展的战略支点和雁阵格局。二要把握工作重点。我国发展需要各领域各层次人才，《报告》围绕一流科技领军人才和创新团队、拔尖创新人才、基础研究人才、卓越工程师和高技能人才等的选育、引进、使用等提出明确要求。青年时期是创造力最旺盛的时期。有研究表明，自然科学发明创造的最佳年龄段是25—45岁。要加大对青年科技人才支持力度，着力解决薪酬待遇、住房、子女入学等方面的实际困难，为他们的成长创造良好环境。三要健全科技评价机制。评价体系对人才成长发展具有重要"指挥棒"作用。要加快建立以创新价值、能力、贡献为导向的人才评价体系，在继续深入"破四唯"的同时，更加注重"立新标"。我国有世界上最大规模的人才队伍，倾力打造良好人才生态，一定能在新一轮科技革命和产业变革中占据先机、赢得主动。

（三）**着力扩大国内需求，推动经济实现良性循环。**我国有14亿多人口，人均国内生产总值达1.2万美元，中等收入群体超过5亿，居民消费正在优化升级，拥有全球最大最有潜力的消费市场。同时，我国正处于新型工业化、信息化、城镇化、农业现代化深入发展阶段，有效投资需求潜力很大。这两个方面的结合就是巨大的内需潜力，这是我们大国经济的最大优势所在。要把实施扩大内需战略同深化供给侧结构性改革有机结合起来，更好统筹消费和投资，增强对经济增长的拉动作用。

促进消费稳定增长。目前消费增长动力不足，原因是多方面的。其中，有疫情以来部分群体收入增速放缓、消费能力减弱因素，有供给结构和能力因素，有消费环境障碍因素，也有预期不稳带来的预防性储蓄增多、即期消费减少因素。比如，2022年、2023年住户存款分别新增17.8万亿元和16.7万亿元，较2019—2021年10万亿元的年均增量上升了60%至80%。《报告》提出，要从增加收入、优化供给、减少限制性措施等方面综合施策，激发消费潜能。新型消费正在蓬勃兴起，要因势利导，加快培育壮大。实施数字消费、绿色消费、健康消费促进政策，发展网上零售、直播电商等新业态新模式，积极培育智能家居、文娱旅游、体育赛事、国货"潮品"等新的消费增长点。要稳定和扩大传统消费，实施大规模消费品以旧换新行动，提振智能网联新能源汽车、电子产品等大宗消费。随着居民收入和生活水平提高，服务消费需求持续增长。要推动养老、育幼、家政等服务扩容提质，支持社会力量提供社区服务，在用房、用电、用水等方面给予更多扶持。要优化产品和服务供给，通过推动供给创新培育消费新增长点，通过加快停车场、充电桩和医疗等服务设施建设，拓展消费需求空间。要优化消费环境，开展"消费促进年"活动，加快调整制约消费的过时政策，采取合理增加消费信贷等支持政策，实施"放心消费行动"，加强消费者权益保护，营造便利、安全、放心的消费环境。

积极扩大有效投资。发展新质生产力、推动经济转型升级离不开投资，基础设施和社会民生领域还有许多薄弱环节亟待加强，有效投资潜力很大。要采取有力措施，推动多渠道增加投资，优化投资结构，保持投资合理增长。一方面，要发挥好政府投资的带动放大效应。今年中央预算内投资、地方专项债、国债资金等加在一起，政府投资规模比去年明显增加。要重点支持科技创新、新型基础设施、节能减排降碳，加强民生等经济社会薄弱领域补短板，推进防洪排涝抗灾基础设施建设，推动各类生产设备、服务设备更新和技术改造，加快实施"十四五"规划重大工程项目。合理扩大地方政府专项债券投向领域和用作资本金范围，额度分配向项目准备充分、投资效率较高的地区倾斜。要统筹用好各类资金，科学规划布局建设项目，避免重复投资，防止低效无效投资，提高投资效益。另一方面，要着力稳定和扩大民间投资。近些年民间投资占全社会投资的比重持续下滑，2021—2023年分别为56.5%、54.2%和50.4%。针对这一问题，我们已经出台了一批促进民间投资政策措施。今年要在抓好已有政策落实基础上，进一步完善相关政策措施，提振民间投资预期和信心。要实施好政府和社会资本合作新机制，鼓励民间资本参与重大项目建设。进一步拆除各种藩篱，在更多领域让民间投资进得来、能发展、有作为。

（四）坚定不移深化改革，增强发展内生动力。推动高质量发展，根本要靠改革。要推进重点领域和关键环节改革攻坚，充分发挥市场在资源配置中的决定性作用，更好发挥政府作用，营造市场化、法治化、国际化一流营商环境，推动构建高水平社会主义市场经济体制。

激发各类经营主体活力。习近平总书记多次强调，公有制经济和非公有制经济都是社会主义市场经济的重要组成部分，应该相辅相成、相得益彰，而不是相互排斥、相互抵消。《报告》指出，国有企业、民营企业、外资企业都是现代化建设的重要力量。要不断完善落实"两个毫不动摇"的体制机制，依法平等保护企业产权和自主经营权，为各类所有制企业创造公平竞争、竞相发展的良好环境。国有企业主要分布在关系国民经济命脉的重要行业和关键领域，大多是行业龙头企业，不少处于产业链供应链"链长"地位。要深入实施国有企业改革深化提升行动，建立国有经济布局优化和结构调整指引制度，推动国有企业做强做优主业，增强核心功能、提高核心竞争力。民营经济在国民经济中占有重要地位，全国50%以上的税收、60%左右的国内生产总值、70%以上的技术创新成果、80%以上的城镇劳动力就业，都来自于民营经济。当前民营经济发展遇到一些困难，预期不稳、信心不足问题突出。中共中央、国务院去年印发《关于促进民营经济发展壮大的意见》提出31条举措，有关部门制定了28条配套措施，各地方也出台了支持政策。今年要继续把这些政策落实落细，还要聚焦企业关切推出一些新举措，进一步解决市场准入、要素获取、公平执法、权益保护等方面存在的突出问题。比如，融资难融资贵的问题，目前民营企业银行贷款余额占比不到25%、信用债发行规模占比仅约5%，融资环境与民营经济的规模、地位、作用还不够匹配，《报告》提出要提高民营企业贷款占比、扩大发债融资规模。针对拖欠账款问题，《报告》要求健全防范化解拖欠企业账款长效机制。改革开放以来，很多民营企业敢拼敢闯敢干，在促进增长、增加就业、改善民生等方面发挥了积极作用。《报告》强调要弘扬优秀企业家精神，积极支持企业家专注创新发展、敢干敢闯敢投、踏踏实实把企业办好。

加快全国统一大市场建设。党的二十大对构建全国统一大市场、深化要素市场化改革、建设高标准市场体系作出战略部署。2022年，中共中央、国务院印发《关于加快建设全国统一大市场的意见》，明确了总体要求、工作原则、主要目标和重点任务。去年国务院制定了总体工作方案。今年《报告》又作了具体安排。一要建立统一的基础制度规则。制定全国统一大市场建设标准指引，着力推动产权保护、市场准入、公平竞争、社会信用等方面制度规则统一，出台公平竞争审查条例，保障各类所有制企业公平参与竞争。二要着力解决突出问题。当前对市场的非正常干预依然存在，不少老问题没有完全解决，同时又出现一些新情况新问题，比如在政府采购和招投标领域，以安全、信用、技术标准等为名的隐性壁垒依然存在。要破除障碍掣肘，专项治理地方保护、市场分割、招商引资不当竞争等突出问题，加强对招投标市场的规范和管理。三要实施公平统一的市场监管。市场监管与经营主体息息相关，目前在资质、环保、质监、卫生、消防等方面还存在不少监管不到位、不统一的情况。要加快健全统一市场监管规则，加强市场监管标准化规范化建设，增强市场监管制度和政策的稳定性、可预期性。《报告》强调要坚持依法监管，严格落实监管责任，提升监管精准性和有效性，坚决维护公平竞争的市场秩序。

推进财税金融等领域改革。按照党中央决策部署，《报告》对此作出具体安排。要谋划新一轮财税体制改革，落实金融体制改革部署，加大对高质量发展的财税金融支持。电力、油气、铁路、通信等行业的网络环节具有自然垄断属性，要坚持改革与监管并重，着力深化改革，健全自然垄断环节监管体制机制，推动自然垄断行业和环节健康发展。当前社会民生领域还有不少短板和薄弱环节，《报告》强调要深化收入分配、社会保障、医药卫生、养老服务等社会民生领域改革。

（五）**扩大高水平对外开放，促进互利共赢**。对外开放是我国现代化建设不断取得新成就的成功之道，也为全球经济增添了强劲动力。我们要主动对接高标准国际经贸规则，稳步扩大制度型开放，以高水平对外开放促进全面深化改革、推动高质量发展，培育国际经济合作和竞争新优势。

推动外贸质升量稳。今年我国对外贸易面临的困难挑战较多，国际贸易增长面临较大不确定性，国际循环存在干扰，一些国家对我设置多种贸易壁垒。同时，我国外贸发展仍具备多方面优势和条件。我们要巩固和增强已有优势，培育外贸发展新动能。要加强进出口信贷和出口信保支持，优化跨境结算、汇率风险管理等服务，加快国际物流体系建设，支持外贸企业降本提效、开拓多元化市场。近年来我国跨境电商进出口持续快速增长，成为外贸发展新亮点。要完善配套政策，提升监管便利化水平，支持企业通过跨境电商拓展销售渠道、培育自主品牌，优化海外仓布局。加工贸易仍是我国深入参与国际分工的重要方式。要支持加工贸易提档升级，鼓励开展高附加值加工贸易。中间品贸易在我国外贸中占比较大，去年我国中间品出口占出口总值的45%以上，中间品进口占进口总值的近80%。近些年"新三样"等绿色产品贸易增长较快，发展潜力也很大。要继续采取措施，拓展中间品贸易、绿色贸易等新增长点。积极扩大优质产品进口，更好满足高质量发展和人民生活品质提升需要，促进对外贸易平衡发展。实施全国版和自贸试验区版跨境服务贸易负面清单，出台服务贸易、数字贸易创新发展政策，进一步推动我国外贸稳规模、优结构、提升国际竞争力。

加大吸引外资力度。现在外资企业占全国各类企业总数不到2%，贡献了全国货物贸易额的十分之三、技术进出口的十分之六、税收收入的七分之一、城镇就业的十二分之一。保持经济平稳运行、促进产业优化升级、推动高质量发展，必须高度重视和更好发挥外资作用。当前，全球外商直接投资总体低迷、招商引资竞争激烈，对我国吸引外资带来压力。但我国市场规模大、产业配套能力强和较高的投资回报率，仍对外资具有较强的吸引力。据有关方面统计，近五年外商在华直接投资收益率为9%左右，在国际上处于比较高的水平。要更大力度吸引和利用外资，增强外商投资信心。一要继续缩减外资准入负面清单。今年要全面取消制造业领域外资准入限制措施，放宽电信、医疗等服务业市场准入。扩大鼓励外商投资产业目录，鼓励外资企业境内再投资。在重视吸引重大外资项目的同时，注重引进技术含量高的中小外资项目。二要落实好外资企业国民待遇。保障依法平等参与政府采购、招标投标、标准制定，推动解决数据跨境流动等问题。加强外商投资服务保障，优化支付服务，提升外籍人员来华工作、学习、旅游便利度。三要深入实施自贸试验区提升战略。赋予自贸试验区、海南自由贸易港等更多自主权，推动开发区改革创新，打造开放层次更高、营商环境更优、辐射作用更强的对外开放新高地。

推动高质量共建"一带一路"走深走实。习近平总书记提出"一带一路"倡议十年多来，共建"一带一路"取得丰硕成果。习近平总书记去年在第三届"一带一路"国际合作高峰论坛上宣布了中国支持高质量共建"一带一路"八项行动。我们要抓好八项行动落实落地，稳步推进重大项目合作，实施一批"小而美"民生项目，积极推动数字、绿色、创新、健康、文旅、减贫等领域合作，推动共建"一带一路"实现更高质量、更高水平的新发展。

深化多双边和区域经济合作。我国对外签署的自贸协定已覆盖三分之一以上外贸额。要推动落实《区域全面经济伙伴关系协定》等已生效协定，深挖贸易投资合作潜力，同时积极与更多国家和地区商签高标准自贸协定和投资协定。推进中国—东盟自贸区3.0版谈判，推动加入《数字经济伙伴关系协定》、《全面与进步跨太平洋伙伴关系协定》。全面深入参与世贸组织改革，坚定维护以世贸组织为核心的多边贸易体制权威性和有效性，积极推动恢复世贸组织争端解决机制正常运转，推动建设开放型世界经济。

（六）更好统筹发展和安全，有效防范化解重点领域风险。我国经济金融风险总体可控，但一些领域的风险隐患仍然比较突出。要增强系统观念，坚持以高质量发展促进高水平安全，以高水平安全保障高质量发展，标本兼治化解房地产、地方债务、中小金融机构等风险，维护经济金融大局稳定。

稳妥有序处置风险隐患。《报告》作出了具体部署。一要完善重大风险处置统筹协调机制。财政、金融、产业等领域的风险相互关联，特定条件下会相互转化、相互传染。防范化解重大风险，需要多方面协同配合，关键是落实各方责任。要压实企业主体责任、部门监管责任、地方属地责任，提升处置效能，统筹化解房地产、地方债务、中小金融机构等风险。二要促进房地产市场平稳健康发展。去年以来，房地产市场出现积极向好变化。要继续优化房地产政策，因城施策用好政策工具箱，对不同所有制房地产企业合理融资需求要一视同仁给予支持，促进金融与房地产良性循环。三要统筹好地方债务风险化解和稳定发展。要进一步落实一揽子化债方案，通过安排财政资金、压减支出、盘活存量资产资源等方式逐步化解风险。在稳妥推进债务化解的同时，要努力保持地方经济稳定发展。国家综合采取中央预算内投资适度倾斜、增加均衡性转移支付、强化基层基本财力保障等措施，对困难地区予以支持。这些地区要着力在优化营商环境、激发民间投资活力、更多吸引外资等方面下功夫，在债务化解过程中找到符合实际的新的发展路径。四要稳妥推进中小金融机构风险处置。经过几年持续处置，高风险中小金融机构数量已大幅下降。要继续深入推进高风险中小金融机构改革化险，持续提升金融体系稳健性。

健全风险防控长效机制。推动源头防控、标本兼治，从根本上减少重大风险隐患。一要加快构建房地产发展新模式。适应新型城镇化发展趋势和房地产市场供求关系变化，完善房地产相关基础性制度。加大保障性住房建设和供给，完善商品房相关基础性制度，满足居民刚性住房需求和多样化改善性住房需求。二要建立同高质量发展相适应的政府债务管理机制。完善全口径地方债务监测监管体系,坚决遏制新增隐性债务,有序化解存量隐性债务。持续压减融资平台数量,撤销各类仅作为融资通道的"空壳类"平台,把平台企业按功能分类转变为市场化运作的国有企业。三要健全金融监管体制。增强金融监管有效性,完善风险监测预警机制,提高金融风险防控能力。

加强重点领域安全能力建设。当今世界并不平静,地缘冲突和自然灾害时有发生。我们这样一个人口和工业大国,维护好粮食、能源、产业链供应链等安全至关重要。我国粮食连年丰收,但进口量也不小,去年进口了1.6亿吨、增长11.7%,相当于国内产量的23%。去年还进口了价值近3500亿美元的集成电路,进口原油、天然气分别占国内消费量的70%和40%左右。要完善粮食生产收储加工体系,全方位夯实粮食安全根基。强化能源资源安全保障,加大油气、战略性矿产资源勘探开发力度。加快构建大国储备体系,加强重点储备设施建设,优化储备品种、规模和结构布局,确保平时备得足、储得好,关键时刻调得出、用得上。产业链供应链在关键时刻不能掉链子,这是大国经济必须具备的重要能力。要有效维护产业链供应链安全稳定,支撑国民经济循环畅通。

(七)坚持不懈抓好"三农"工作,扎实推进乡村全面振兴。习近平总书记强调,推进中国式现代化,必须坚持不懈夯实农业基础,推进乡村全面振兴。《报告》指出,要锚定建设农业强国目标,学习运用"千村示范、万村整治"工程经验,因地制宜、分类施策,循序渐进、久久为功,推动乡村全面振兴不断取得实质性进展、阶段性成果。

加强粮食和重要农产品稳产保供。这些年粮食等主要农产品持续丰收,为稳定物价、改善民生提供了有力保障。目前我国粮食供给是充裕的,但粮食生产能力基础尚不稳固。要毫不放松抓好粮食和重要农产品生产,确保国家粮食安全。一要坚持稳面积、提单产两手发力,努力夺取全年粮食丰收。多措并举稳定粮食播种面积,不误农时抓好粮食播种和田间管理,夯实丰收基础。加快推动大面积提高粮食单产,立足现有良田良种良机良法良制,分品种加强集成配套推广,提高关键增产技术到位率和覆盖面。近两年我国大豆扩种成效明显,但也出现了局部地区卖豆难、效益不高、重迎茬等问题。要尊重规律、实事求是,巩固大豆扩种成果。二要强化农业发展支持政策,充分调动种粮抓粮积极性。农民种粮能挣钱,粮食生产才有保障。去年以来,农产品价格普遍走低,对种粮抓粮积极性造成不利影响。今年适当提高小麦和早籼稻最低收购价,把三大主粮生产成本和收入保险政策的实施范围扩大到全国,有利于引导带动农民多种粮。完善主产区利益补偿机制方面,要加大产粮大县支持力度,提高高标准农田建设中央和省级投资补助水平,取消对产粮大县资金配套要求,让主产区抓粮更有动力。三要强化藏粮于地、藏粮于技,提升农业综合生产能力。紧紧扭住耕地和种子两个要害,扎实推进新一轮千亿斤粮食产能提升行动。加大耕地保护和建设力度,优先把东北黑土地区、平原地区、具备水利灌溉条件地区的耕地建成高标准农田,加强黑土地保护和盐碱地综合治理。要扎实推动种业振兴行动,加大种源关键核心技术攻关,加快把种业创新成果转变为现实生产力。近些年我国农业自然灾害多发重发,要加强灾害预警和趋势研判,加快完善水利基础设施,全面提升农业防灾减灾救灾能力。《报告》强调,各地区都要扛起保障国家粮食安全责任。要全面落实粮食安全党政同责,严格耕地保护和粮食安全责任制考核。各地无论是粮食主产区还是主销区、产销平衡区,都要把责任真正扛起来,主销区尤其要下大力气保面积、保产量,共同保障粮食和重要农产品稳定安全供给,确保始终把饭碗牢牢端在自己手上。

毫不放松巩固拓展脱贫攻坚成果。今年是巩固拓展脱贫攻坚成果同乡村振兴有效衔接五年过渡期的第四年,必须强化责任、政策和工作落实,确保不发生规模性返贫。要抓好防止返贫监测,落实针对性帮扶举措,及时消除返贫风险隐患。推动各类资源、帮扶措施向促进产业发展和扩大就业聚焦聚力,强化易地搬迁后续帮扶,促进脱贫群众持续增收、脱贫地区加快发展,增强内生动力。深化东西部协作和定点帮扶。加大对国家乡村振兴重点帮扶县支持力度,建立健全农村低收入人口和欠发达地区常态化帮扶机制,让脱贫成果更加稳固、成效更可持续。

稳步推进农村改革发展。今年农村改革的一个重点是实施第二轮土地承包到期后再延长30年整省试点，这项工作既关系农村基本经营制度，又关系广大农民切身利益，要坚持"大稳定、小调整"，扎实稳妥推进改革试点任务落地。要着眼促进农民增收，壮大乡村富民产业，发展新型农业经营主体和社会化服务，培养用好乡村人才。当前，乡村建设还有不少短板弱项。比如县域内新能源汽车公共充电桩保有量只占全国的12.1%；生鲜农产品冷链运输率较低导致损耗率远高于发达国家；还有约40%的行政村尚未建成寄递物流综合服务站；等等。《报告》提出深入实施乡村建设行动，强调加强充电桩、冷链物流、寄递配送设施建设。要从各地实际和农民需求出发，加强重点村镇新能源汽车充换电设施规划建设，加快建设骨干冷链物流基地，健全县乡村物流配送体系，更好满足农业农村发展需要。

（八）推动城乡融合和区域协调发展，大力优化经济布局。 党的十八大以来，我国城乡、区域协调发展迈出坚实步伐，为构建新发展格局、推动高质量发展发挥了重要支撑作用。要深入实施区域协调发展战略、区域重大战略、主体功能区战略，把推进新型城镇化和乡村全面振兴有机结合起来，加快构建优势互补、高质量发展的区域经济格局。

积极推进新型城镇化。我国城镇化还有很大发展提升空间，常住人口城镇化率比发达国家城镇化率低10多个百分点，户籍人口城镇化率更低。要深入实施新型城镇化战略行动,促进各类要素双向流动,形成城乡融合发展新格局。一要把加快农业转移人口市民化摆在突出位置。目前,全国城区常住人口300万以下城市的落户限制已基本取消,但据调查统计仍有1.7亿进城农民工及其随迁家属尚未在城镇落户。要深化户籍制度改革,完善"人地钱"挂钩政策,促进公共资源配置与常住人口规模相匹配,让有意愿的进城农民工及其家属在城镇落户,推动未落户常住人口平等享受城镇基本公共服务。二要推动县城成为新型城镇化的重要载体。全国县城及县级市城区的常住人口超过2.5亿人,占城镇常住人口的比重约为27%,越来越多的农村居民到县城就学就业、居住生活。要培育发展县域经济,补齐基础设施和公共服务短板,提高县城综合承载能力。注重以城市群、都市圈为依托,促进大中小城市协调发展。三要稳步实施城市更新行动。推进"平急两用"公共基础设施建设,在相关设施建设中嵌入疫情防控、应急减灾需求,"平时"可用作旅游、康养、休闲等,"急时"可迅速转换利用,从而提升城市应急保障能力。目前,一些超大特大城市的城中村存在房屋安全和消防安全隐患多、配套设施落后等突出问题。要积极稳步推进城中村改造,着力改善城市居住环境,推动城市高质量发展。现在很多城市存在防洪排涝能力不足、水电气热管道老化等问题,要加快完善地下管网等工程建设,强化城市运行安全保障。老旧小区改造直接关系人民安居乐业。党的十九大以来,我国累计投资约9000亿元,开工改造22

万个老旧小区，惠及居民约1亿人。要继续推动老旧小区改造，解决加装电梯、停车等难题，加强无障碍环境、适老化设施建设。《报告》强调，新型城镇化要处处体现以人为本，提高精细化管理和服务水平，让人民群众享有更高品质的生活。

提高区域协调发展水平。《报告》指出，要充分发挥各地区比较优势，按照主体功能定位，积极融入和服务构建新发展格局。改革完善相关机制和政策，推动东北全面振兴取得新突破，促进中部地区加快崛起，鼓励东部地区加快推进现代化，推动西部大开发形成新格局，提升东北和中西部地区承接产业转移能力。支持经济发展优势地区更好发挥高质量发展动力源作用，深入推进京津冀协同发展，出台实施持续深入推进长三角一体化高质量发展的政策措施，加快推动粤港澳大湾区建设。持续推进长江经济带高质量发展，推动黄河流域生态保护和高质量发展。支持革命老区、民族地区加快发展，加强边疆地区建设，统筹推进兴边富民行动。优化重大生产力布局，加强国家战略腹地建设。大力发展海洋经济，建设海洋强国。今年将研究制定深化落实主体功能区战略政策文件，出台主体功能区优化实施规划，以主体功能区战略引导经济合理布局。

（九）加强生态文明建设，推进绿色低碳发展。去年7月党中央召开全国生态环境保护大会，12月印发《关于全面推进美丽中国建设的意见》，作出系统部署。要深入践行绿水青山就是金山银山的理念，协同推进降碳、减污、扩绿、增长，建设人与自然和谐共生的美丽中国。

推动生态环境综合治理。近年来，我国深入开展污染防治攻坚战，成效有目共睹。同时，生态环境质量稳中向好的基础还不牢固，需要继续加强综合治理，持续改善生态环境质量。一要持续深入打好污染防治攻坚战。我国大气环境形势依然严峻，部分地区秋冬季空气污染突出。去年国务院印发《空气质量持续改善行动计划》，明确了新的目标任务和行动举措，要着力抓好落地落实。近年来我国水污染防治扎实推进，要继续围绕促进"人水和谐"，统筹水资源、水环境、水生态治理，持续深入打好碧水保卫战。《报告》还强调，要加强土壤污染源头防控，强化固体废物、新污染物、塑料污染治理。二要着力提升生态系统多样性、稳定性、持续性。生态是统一的自然系统，是相互依存、紧密联系的有机整体。《报告》强调，要坚持山水林田湖草沙一体化保护和系统治理，加强生态环境分区管控。组织打好"三北"工程三大标志性战役，推进以国家公园为主体的自然保护地建设。加强重要江河湖库生态保护治理，持续推进长江十年禁渔。实施生物多样性保护重大工程。三要完善生态产品价值实现机制。今年中央财政重点生态功能区转移支付安排1121亿元，较上年增加30亿元。还要出台生态保护补偿条例，充分调动各方面保护和改善生态环境的积极性。

大力发展绿色低碳经济。我国经济社会发展绿色转型取得扎实进展,同时产业结构偏重、能源结构偏煤等问题仍较为突出,需要持续推进产业结构、能源结构、交通运输结构、城乡建设发展绿色转型。一要落实全面节约战略。近年来我国资源利用效率不断提高,但仍有很大提升空间,目前单位国内生产总值用水量是高收入国家的2倍多,单位国内生产总值能耗约为世界平均水平的1.5倍。今年将出台节约用水条例,强化水资源节约集约利用。加快重点领域节能节水改造,制定节能降碳行动方案,分行业分领域实施节能降碳专项行动。二要完善支持绿色发展的政策举措和相关市场化机制。加强财税、金融、投资、价格等政策支持,健全资源环境要素市场化配置体系,让经营主体在保护生态环境中获得合理回报。同时,促进节能降碳先进技术研发应用,加快形成绿色低碳供应链。三要推动废弃物循环利用产业发展。我国废弃物资源量和循环利用潜力巨大,如废钢比(即废钢铁使用量与粗钢产量之比)仅约为21%,明显低于世界平均水平。要加快构建废弃物循环利用体系,提高废弃物资源化和再利用水平。

积极稳妥推进碳达峰碳中和。这是党中央经过深思熟虑作出的重大战略决策,是我们对国际社会的庄严承诺,也是实现高质量发展的内在要求。要坚持全国统筹、节约优先、双轮驱动、内外畅通、防范风险的原则,落实好碳达峰碳中和"1+N"政策体系。一要扎实开展"碳达峰十大行动"。准确权威的碳排放数据是推进"双碳"工作的重要基础,要提升碳排放统计核算核查能力,逐步建立健全有关标准计量和碳排放预算管理体系。积极适应一些国家关于进口产品碳足迹检测认证的要求,建立碳足迹管理体系,推进产品碳标识认证制度建设、碳足迹国际衔接互认。碳市场是促进低碳发展的重要手段,要扩大全国碳市场行业覆盖范围,进一步完善碳定价机制,降低全社会降碳成本。二要深入推进能源革命。要控制化石能源消费,加快建设新型能源体系。加强大型风电光伏基地和外送通道建设,推动分布式能源开发利用,提高电网对清洁能源的接纳、配置和调控能力,发展新型储能。我国绿电绿证交易规模稳步扩大,截至去年10月累计达成绿电交易电量878亿千瓦时、核发绿证1.48亿个。要进一步健全绿电绿证制度体系,促进绿电使用和国际互认。三要确保经济社会发展用能需求。我国能源资源禀赋呈现"富煤、缺油、少气"特点,以煤为主是我们的基本国情。要立足国情、先立后破,统筹好新能源发展和国家能源安全,加强煤炭清洁高效利用,发挥煤炭、煤电兜底作用,推动新能源高质量发展,为经济社会发展提供安全可靠的能源保障。

(十)要保障和改善民生,加强和创新社会治理。增进民生福祉是发展的根本目的,也是推动发展的强劲动力。要坚持以人民为中心的发展思想,尽力而为、量力而行,在高质量发展中稳步提升民生保障水平。政府要履行好保基本、兜底线职责,采取更多惠民生、暖民心举措。

同时支持社会力量增加非基本公共服务供给,满足群众多层次、多样化需求。要注重以发展思维看待保障和改善民生问题,在解决人民群众急难愁盼中培育新的经济增长点,形成经济发展与民生改善的良性循环。

多措并举稳就业促增收。当前,我国就业不仅面临总量压力,也面临比较突出的结构性矛盾。一些劳动者技能水平与岗位需求不匹配,"就业难"与"招工难"并存,技能人才市场求人倍率长期保持在1.5以上。做好就业工作,要在积极扩大就业总量的同时,着力在解决结构性矛盾上下功夫。要继续突出就业优先导向,完善和落实各项稳就业政策措施,保持就业总体稳定。一要加大政策支持力度。加强财税、金融等政策对稳就业的支持,营造有利于促进就业的宏观政策环境。加大促就业专项政策力度,落实和完善稳岗返还、专项贷款、就业和社保补贴等政策,加强对就业容量大的行业企业支持。二要突出抓好重点群体就业工作。高校毕业生占新成长劳动力的比重接近70%,是国家宝贵的人才资源。要加强政策支持,多渠道拓展岗位,优化就业创业指导服务,同时引导高校毕业生转变择业就业观念,在经济社会发展需要的岗位上建功立业。加大对农民工外出务工和返乡就业创业等支持力度,着力稳定脱贫人口务工规模。还要扎实做好退役军人就业安置工作,加强对残疾人等就业困难人员帮扶。三要促进就业供需匹配。适应先进制造、现代服务、养老照护等领域人才需求,加强职业技能培训,不断提高劳动者素质，加快培养服务经济社会发展的急需紧缺技能人才。四要加强就业服务和权益保障。分类完善灵活就业服务保障措施，扩大新就业形态就业人员职业伤害保障试点。坚决纠正就业歧视，保障农民工工资支付，维护劳动者合法权益。要研究制定扩大中等收入群体、促进低收入群体增收措施，多渠道增加城乡居民收入，扎实推进共同富裕。

提高医疗卫生服务能力。要深化医药卫生体制改革，促进医保、医疗、医药协同发展和治理。一要完善全民医保制度。将城乡居民医保人均财政补助标准提高30元、达到每人每年670元，提高居民医保保障能力。继续推动基本医疗保险省级统筹，完善国家药品集中采购制度，强化医保基金使用常态化监管。当前我国跨省流动人口超过1.2亿，异地就医需求旺盛，要落实和完善异地就医结算，提高住院费用和门诊慢特病直接结算便捷度。二要改善医疗服务。深化公立医院改革，把以患者为中心贯穿医疗服务各环节。反复检查困扰着不少患者，既浪费医疗资源也加重患者负担，要积极推动检查检验结果在大范围内互认。三要优化医疗资源布局结构。我国基层医疗卫生机构数量超过100万个，但部分机构诊疗能力和服务水平难以满足群众需要。要进一步引导优质医疗资源下沉基层，加强县乡村医疗服务协同联动，扩大基层医疗卫生机构慢性病、常见病用药种类，加强全科医生培养培训，逐步转变群众就医习惯，把小病、慢病、常见病诊疗留在基层，让分级诊疗有序有效。目前，儿科、老年医学、精神卫生、医疗护理等都存在比较明显的服务短板，比如，我国0—14岁人口数量占比超过17%，而儿科医师在医生中占比仅5%。要加强软硬件建设和相关人才培养，加快补齐这些短板。还要促进中医药传承创新，加强中医优势专科建设。四要统筹做好疾病防治。要坚持预防为主，完善疾病预防控制体系。继续做好重点传染病防控，持续抓好高血压、糖尿病等慢性病防治，加强罕见病研究、诊疗服务和用药保障。深入开展健康中国行动和爱国卫生运动，筑牢人民群众健康防线。

加强社会保障和服务。要着力健全多层次社会保障体系，为人民群众提供有效保障和稳定预期。一要发展多层次、多支柱养老保险体系。将城乡居民基础养老金月最低标准提高20元、达到每人每月123元。我国现有1.7亿多老年人领取城乡居民养老保险待遇。基础养老金最低标准虽经多次上调，但目前看水平依然偏低。这次基础养老金最低标准增长19.4%，是近年来上调幅度比较大的一次。同时要继续提高退休人员基本养老金，完善养老保险全国统筹。在全国实施个人养老金制度，积极发展第三支柱养老保险，推进建立长期护理保险制度，不断增厚老年人养老保障。二要解决好"一老一小"等急难愁盼问题。2023年底，我国60岁及以上老年人口达到2.97亿、占总人口的21.1%，已经进入中度老龄化社会。要实施积极应对人口老龄化国家战略，加强城乡社区养老服务网络建设，加大农村养老服务补短板力度。2023年我国出生人口902万、创下历史新低，也是连续第二年出现人口负增长。要抓紧健全生育支持政策，优化生育假期制度，完善经营主体用工成本合理共担机制，多渠道增加托育服务供给，减轻家庭生育、养育、教育负担，努力保持适度生育水平和人口规模。三要健全分层分类的社会救助体系。要完善和落实社会救助政策，加强防止返贫和低收入人口帮扶两个政策系统统筹，切实做到应保尽保。还要强化退役军人、军属和其他优抚对象服务保障，做好留守儿童和困境儿童关爱救助，加强残疾预防和康复服务，完善重度残疾人托养照护政策，让各类群体更及时更充分感受到党和政府的温暖。

丰富人民群众精神文化生活。 中国式现代化既要物质财富极大丰富，也要精神财富极大丰富、在思想文化上自信自强。要深入学习贯彻习近平文化思想，广泛践行社会主义核心价值观，大力发展文化事业和产业，推动体育改革发展，更好满足人民日益增长的精神文化需求。

维护国家安全和社会稳定。 国家安全是民族复兴的根基，社会稳定是国家强盛的前提。要坚定不移贯彻总体国家安全观，加强国家安全体系和能力建设。提高公共安全治理水平，推动治理模式向事前预防转型，做好安全生产和防灾减灾救灾工作，创新和完善社会治理，确保人民安居乐业、社会和谐稳定。

党中央关于今年工作的决策部署已经明确，关键是抓好落实。各级政府及其工作人员要深刻领悟"两个确立"

的决定性意义，增强"四个意识"、坚定"四个自信"、做到"两个维护"，自觉在思想上政治上行动上同以习近平同志为核心的党中央保持高度一致，当好贯彻党中央决策部署的执行者、行动派、实干家。要切实转变工作作风，大力提高行政效能，不折不扣抓落实、雷厉风行抓落实、求真务实抓落实、敢作善为抓落实，确保最终效果符合党中央决策意图，顺应人民群众期待。

做好今年经济社会发展工作，意义重大，任务艰巨。我们坚信，在以习近平同志为核心的党中央坚强领导下，在习近平新时代中国特色社会主义思想的科学指引下，全国人民坚定信心、开拓进取，一定能够战胜各种困难挑战，完成全年经济社会发展目标任务，书写以中国式现代化全面推进强国建设、民族复兴伟业新篇章！

第一部分

2023 年工作回顾

1. 2023年我国经济社会发展取得哪些标志性成就？

2023年是全面贯彻党的二十大精神的开局之年，是本届政府依法履职的第一年。面对异常复杂的国际环境和艰巨繁重的改革发展稳定任务，以习近平同志为核心的党中央团结带领全国各族人民，顶住外部压力、克服内部困难，付出艰辛努力，新冠疫情防控实现平稳转段、取得重大决定性胜利，全年经济社会发展主要目标圆满完成，高质量发展扎实推进，社会大局保持稳定，全面建设社会主义现代化国家迈出坚实步伐。李强总理在《政府工作报告》中概括总结了我国经济社会发展取得的主要标志性成就。

（一）经济总体回升向好。经济总量稳步攀升，国内生产总值超过126万亿元，增长5.2%。这一增速不仅比2022年加快2.2个百分点、高于疫情三年4.5%的平均增速，而且在世界主要经济体中也位居前列。2023年美国经济增长2.5%，欧元区增长0.5%，日本增长1.9%，增速均明显低于我国。我国对世界经济增长贡献率有望超过30%，仍是全球经济增长重要引擎。就业形势稳定改善，城镇新增就业1244万人，比2022年增加38万人；全国城镇调查失业率平均为5.2%，下降0.4个百分点，低于5.5%左右的预期目标，月度城镇调查失业率呈现回落态势，从2月份的高点5.6%降至12月份的5.1%。价格形势基本平稳，全年居民消费价格（CPI）上涨0.2%，与主要发达经济体面临较大通胀压力形成鲜明对比；扣除食品和能源的核心 CPI 上涨 0.7%，保持总体稳定。国际收支基本平衡，经常账户顺差与国内生产总值之比位于 3% 以内，外汇储备余额稳定在 3.1 万亿美元以上。我国经济在恢复中呈现增长较快、就业物价总体平稳、后劲不断积蓄的良好态势。

（二）现代化产业体系建设取得重要进展。传统产业加快转型升级，战略性新兴产业蓬勃发展，未来产业有序布局，先进制造业和现代服务业深度融合，发展新动能新优势不断壮大。制造业技术改造投资增长 3.8%，比全部投资（不含农户）增速快 0.8 个百分点。高技术制造业、装备制造业增加值占规模以上工业增加值比重分别提升至 15.7%、33.6%。新能源汽车产销量均突破 900 万辆，占全球比重超过 60%。数字技术和实体经济融合发展扎实推进，电子商务交易额增长 9.4%，信息传输、软件和信息技术服务业增加值增长 11.9%。一批重大产业创新成果达到国际先进水平。国产大飞机 C919 投入商业运营，首艘国产大型邮轮成功建造。

（三）科技创新实现新的突破。深入实施创新驱动发展战略，加快推进高水平科技自立自强，强化国家战略科技力量，国家实验室体系建设有力推进。关键核心技术攻关成果丰硕，航空发动机、燃气轮机、第四代核电机组等高端装备研制取得长足进展，人工智能、量子技术等前沿领域创新成果不断涌现。全球首台 16 兆瓦海上风电机组并网发电，全球首座第四代核电站高温气冷堆示范工程投入商业运行。创新投入稳步增长，全年全社会研究与试验发展（R&D）经费支出 3.3 万亿元、增长

1. 2023年我国经济社会发展取得哪些标志性成就？

8.1%，与国内生产总值之比达到2.64%，其中基础研究经费支出增长9.3%。技术合同成交额增长28.6%。发明专利平稳增长，我国成为世界上首个国内有效发明专利数量突破400万件的国家，高价值发明专利占比超过四成。创新驱动发展能力持续提升。

（四）改革开放向纵深推进。 新一轮机构改革中央层面基本完成，地方层面有序展开。加强全国统一大市场建设，全面清理妨碍统一市场和公平竞争的政策措施，着力破除经营主体反映强烈的地方保护、市场分割等突出问题。推动各种所有制经济健康发展，实施国有企业改革深化提升行动，出台促进民营经济发展壮大政策。重点领域和关键环节改革深入推进。在上海等自由贸易试验区对接高标准国际经贸规则推进制度型开放，设立新疆自由贸易试验区，自贸试验区建设布局进一步完善。全年货物进出口总额41.8万亿元，出口占国际市场份额保持稳定，电动汽车、锂电池、光伏产品"新三样"出口增长近30%。实际使用外资结构优化。成功举办第三届"一带一路"国际合作高峰论坛，与共建国家货物进出口额占进出口总额比重提升至46.6%，共建"一带一路"的国际影响力、感召力更为彰显。

（五）安全发展基础巩固夯实。 粮食安全保障能力巩固提升，粮食产量1.39万亿斤，再创历史新高，连续9年保持在1.3万亿斤以上。高标准农田建设加快推进，全年新建和改造提升高标准农田面积574万公顷，新增高效节水灌溉面积164万公顷。能源资源供应稳定，一次能源生产总量增长4.2%，原煤产量创47.1亿吨的历史新高。支持集成电路、工业母机、基础软件等"卡脖子"领域关键核心技术攻关,扎实推进产业基础再造工程和重大技术装备攻关工程,一批攻关成果实现规模化应用,重要产业链供应链自主可控能力提升。支持地方因城施策调整优化房地产市场调控措施,扎实推进保交楼工作,稳妥处置地方债务风险,分类处置高风险中小金融机构,经济金融重点领域风险稳步化解。现代化基础设施建设不断加强,新建高速铁路2776公里,年末5G基站数达338万个。

(六)生态环境质量稳中改善。污染防治攻坚战深入开展,主要污染物排放量继续下降,地表水和近岸海域水质持续好转。全国地级及以上城市细颗粒物(PM$_{2.5}$)平均浓度为30微克/立方米,全国地表水Ⅰ—Ⅲ类水质断面比例为89.4%、提升1.5个百分点,土壤重金属污染防治取得积极成效。加快实施重要生态系统保护和修复重大工程,加强水土流失、荒漠化综合防治,完成水土流失治理面积6.3万平方公里,全国水土保持率达到72.5%,"三北"工程攻坚战全面启动。完成国土绿化任务1.26亿亩。积极稳妥推进碳达峰碳中和,启动首批35个碳达峰试点城市和园区建设。可再生能源发电装机突破15亿千瓦,规模历史性超过火电,全年新增装机超过全球一半。

(七)民生保障有力有效。全国居民人均可支配收入实际增长6.1%,城乡居民收入比值为2.39,差距继续缩小。脱贫攻坚成果巩固拓展,脱贫地区农村居民收入实际增长8.4%。加大义务教育、基本养老、基本医疗等财政补助力度,扩大救助保障对象范围。推动义务教育优质均衡发展,强化义务教育薄弱环节建设。退休人员基本养老金平均上调3.8%,提高城乡居民基

1. 2023年我国经济社会发展取得哪些标志性成就？

础养老金最低标准。年末全国基本养老、失业、工伤保险参保人数分别达到10.66亿人、2.44亿人、3.02亿人，覆盖面进一步扩大。稳妥实施企业职工基本养老保险全国统筹。持续提升跨省异地就医结算服务，推进落实跨省异地就医结算政策，全年惠及群众就医1.3亿人次，减少群众垫付1536.7亿元。提高"一老一小"个人所得税专项附加扣除标准，6600多万纳税人受益。加强城镇老旧小区改造和保障性住房供给，惠及上千万家庭。

（黄涛）

2. 在实施积极的财政政策方面采取了哪些措施？

过去一年，面对异常复杂的国际环境和艰巨繁重的改革发展稳定任务，在以习近平同志为核心的党中央坚强领导下，各地区各部门深入贯彻落实中央经济工作会议精神，坚持稳中求进工作总基调，有力有效实施宏观调控。在实施积极的财政政策方面，着力优化组合赤字、专项债、贴息等工具，主动适时加力，提升政策效能。从全年看，全国一般公共预算收入21.7万亿元、增长6.4%，呈现恢复性增长态势；全国一般公共预算支出27.5万亿元、增长5.4%，保持了必要的支出强度。

（一）加大财政政策调节力度，强化对经济运行和基层运转的支撑。考虑财政可持续和支持企业、基层发展的需要，加强各类资源统筹，提高财政资金使用效益和政策实际效果。一是优化完善税费支持政策。年初及早明确延续和优化实施部分税费优惠政策，下半年根据形势变化，再延续、优化、完善一批到期税费优惠政策，包括扩大个体工商户减半征收个人所得税优惠范围，将小微企业"六税两费"优惠政策调整为统一减半征收等。2023年，全国新增税费优惠超过2.2万亿元，有效提振市场信心、激发市场活力。二是管好用好地方政府专项债券资金。2023年新增地方政府专项债券3.8万亿元，三季度适当加快发行进度，将城中村改造、5G融合设施等纳入投向领域，将供热、供气等纳入用作项目资本金范围，推动一批重大项目建设。三是保障基层财政平稳运行。中央财政对地方转移支付规模首次超过 10 万亿元，完善县级基本财力保障机制奖补资金管理，向"三保"保障压力较大、财力相对薄弱的地区倾斜。加强财政运行监测预警，督促地方落实"三保"主体责任。

（二）加大重点领域投入，促进经济结构优化升级。围绕补短板、强弱项、增动能，着力优化财政支出结构，增强对国家重大战略任务、重点项目的财力保障。一是推动制造业高质量发展。产业基础再造和制造业高质量发展专项资金增长 20.3%。出台先进制造业企业增值税加计抵减政策，将符合条件的集成电路和工业母机企业研发费用税前加计扣除比例提高至 120%。持续实施专精特新中小企业财政奖补。二是大力支持科技创新。提高符合条件的行业企业研发费用加计扣除比例至 100%，并作为制度性安排长期实施。加强关键核心技术攻关资金保障，支持实施一批科技重大项目。中央本级基础研究支出增长 6.6%，扩大基础研究项目经费包干制范围。三是促进乡村全面振兴。支持新建和改造提升高标准农田 8000 万亩，增加产粮大县奖励。向实际种粮农民发放 100 亿元一次性补贴。加大中央财政衔接推进乡村振兴补助资金投入。完善农业信贷担保体系，累计支持超过 398 万个新型农业经营主体、担保金额超过 1.3 万亿元。四是推进区域协调发展。支持京津冀协同发展、长江经济带发展、粤港澳大湾区建设、长三角一体化发展、黄河流域生态保护和高质量发展等区域重大战略实施。支持沿边临港产业园区建设，引导重点产业有序转移。推进海南自由贸易港建设，进一步扩大零关税商品范围。

（三）着力加强民生保障，推动社会事业建设。在财力紧张的情况下，进一步加大民生领域投入，强化基础性、普惠性、兜底性民生建设。一是全力支持防汛救灾。及时应对洪涝、干旱、地震等灾情险情，启动救灾资金快速核拨机制，支持华北、东北等受灾地区开展应急抢险救援、过渡期转移安置等救助工作。经全国人大常委会会议审查批准，在四季度增发1万亿元国债，资金全部通过转移支付安排给地方，支持灾后恢复重建、提升防灾减灾救灾能力。二是加大教育发展支持力度。全年教育支出超过4.1万亿元，占一般公共预算支出比重超过15%。小学、初中生均公用经费基准定额分别提高到720元、940元。延续实施阶段性免除家庭经济困难高校毕业生国家助学贷款利息并允许延期还本政策。大幅提高本专科生、研究生国家助学贷款额度上限。三是支持卫生健康事业发展。将基本公共卫生服务经费、城乡居民医保人均财政补助标准分别提高到每人每年89元、640元。启动实施中央财政支持普惠托育服务发展示范项目。四是提高社会保障水平。稳步实施企业职工基本养老保险全国统筹。企业和机关事业单位退休人员基本养老金水平总体上调3.8%，城乡居民基础养老金全国最低标准提高到每人每月703元。中央财政共下达补助资金超过1万亿元，保障养老金按时足额发放。优抚对象等人员抚恤和生活补助标准总体提高5.7%，惠及835万人。五是强化生态环境保护治理。支持深入打好蓝天、碧水、净土保卫战。加大流域横向生态补偿机制建设力度。深化山水林田湖草沙一体化保护和系统治理。

（姜秀谦）

3. 在实施稳健的货币政策方面做了哪些工作?

2023年宏观调控面临不少两难多难抉择,经济工作的复杂性、挑战性多年未有。面对这种局面,制定和实施宏观政策注重立足当前、着眼长远,密切跟踪经济运行走势变化,相机抉择、加强逆周期调节,围绕扩大内需、优化结构、提振信心、防范化解风险,打出有力有效的政策组合拳。在实施稳健的货币政策方面,注重把服务实体经济放到更加突出位置,为经济回升向好营造了良好的货币金融环境。从全年看,货币信贷和社会融资规模合理增长,信贷结构不断优化,社会综合融资成本稳中有降。

(一)保持流动性合理充裕。 灵活运用多种货币政策工具,合理投放流动性。2023年3月和9月,两次下调金融机构人民币存款准备金率各0.25个百分点,释放中长期流动性超过1万亿元。全年中期借贷便利超额续作2.5万亿元。多次召开金融机构座谈会,引导信贷总量适度、节奏平稳,增强贷款增长的稳定性和可持续性。2023年末,广义货币供应量（M_2）和社会融资规模存量比上年分别增长9.7%和9.5%。人民币贷款余额237.6万亿元、增长10.6%,比年初增加22.8万亿元、比上年多增1.3万亿元。

(二)推动降低融资成本。 全年两次下调公开市场操作和中期借贷便利利率,带动贷款市场报价利率（LPR）等市场利率下行，1年期和5年期贷款市场报价利率分别下降0.2个和0.1个百分点。2023年，企业贷款加权平均利率为3.88%，下降0.29个百分点，为历史最低水平。发挥存款利率市场化调整机制作用，引导存款利率下降，稳定银行负债成本。调整优化住房信贷政策和购房套数认定标准，引导借贷双方有序降低超23万亿元存量首套房贷利率，平均降幅0.73个百分点，每年减少借款人利息支出约1700亿元，惠及5325万户、约1.6亿人。2023年，新发放个人住房贷款利率为4.1%，下降0.75个百分点。

（三）**强化金融对重点领域和薄弱环节支持**。聚焦"五篇大文章"，更好发挥货币政策工具总量和结构双重功能，提升货币政策促进经济结构调整、转型升级的效能。科技金融方面，完善金融支持科技创新的政策框架。截至2023年末，制造业中长期贷款余额12.5万亿元、增长31.9%；科技型中小企业贷款、专精特新企业贷款分别增长21.9%和18.6%，均明显超过全部贷款增速。绿色金融方面，延续实施碳减排支持工具和支持煤炭清洁高效利用专项再贷款。截至2023年末，绿色信贷余额约30.1万亿元、增长36.5%。普惠金融方面，运用支农支小再贷款、再贴现引导地方法人金融机构扩大对涉农、小微和民营企业的信贷投放。截至2023年末，普惠小微贷款余额29.4万亿元、增长23.5%；涉农贷款余额56.6万亿元、增长14.9%。养老金融方面，鼓励金融机构创新养老金融组织和产品体系，加大对养老机构和养老产业等信贷投放。截至2023年末，开发银行、农业发展银行、工商银行等七家大型银行各类养老产业贷款余额合计约1000亿元、增长26.4%。数字金融方面，完善相

3. 在实施稳健的货币政策方面做了哪些工作？

关货币政策工具，更好支持数字经济发展。

（四）稳定汇率兼顾内外均衡。 加强预期引导，完善以市场供求为基础、参考一篮子货币进行调节、有管理的浮动汇率制度，有效实施宏观审慎管理，人民币对一篮子货币基本稳定，对国际主要货币汇率有升有贬、双向浮动，在全球表现稳健。针对 2023 年中人民币汇率外部压力较大的情况，综合采取措施，加强预期管理，防范大起大落。7 月上调跨境融资宏观审慎调节参数，9 月下调外汇存款准备金率，增发离岸央票，平衡外汇市场供求，保持人民币汇率在合理均衡水平上的基本稳定。2023 年末，人民币对美元汇率收盘价为 7.092，较本轮低点升值逾 3%，在全球表现稳健。外汇储备约为 3.2 万亿美元，规模稳居世界第一。

（姜秀谦）

4. 防范化解经济金融风险做了哪些工作？

2023年，在集中精力推动经济高质量发展的同时，把防风险摆在突出位置，突出标本兼治，推动重点领域风险隐患持续化解，守住了不发生系统性风险的底线。

（一）维护房地产市场平稳运行。我国房地产市场正经历结构性转变，住房需求中枢水平、住房市场交易结构以及行业模式都面临一些深刻变化，房地产市场正从增量市场为主向增量存量并重过渡。总体看，房地产市场金融风险可控。2023年，国家层面支持地方因城施策调整优化房地产市场调控措施，出台首套房"认房不认贷"、降低首套房和二套房首付比例及二套房贷款利率下限等政策措施。延续实施支持居民换购住房有关个人所得税政策、降低二手房买卖中介费等政策，延长房地产"金融16条"实施期限，引导金融机构一视同仁满足不同所有制房企合理融资需求，2023年银行业金融机构新发放房地产开发贷款3万亿元，住房按揭贷款6.4万亿元。加大民营企业债券融资支持力度，2023年末银行购买房企债券余额4275亿元。积极推进保交楼工作，指导金融机构用好3500亿元保交楼专项借款、2000亿元保交楼贷款支持计划。开展房地产领域信访突出问题处置和积案化解专项行动，重点挂牌督办烂尾逾期等信访案件，惠及39万户群众。2023年12月，增加抵押补充贷款额度5000亿元，支持政策性开发性金融机构为保障性住房建设、城中村改造、"平急两用"公共基础设施建设提供信贷支持。

（二）多措并举化解地方债务风险。我国政府债务水平在国际上处于中游偏低水平，政府债务余额与GDP之比低于国际通行的60%警戒线，也低于主要市场经济国家和新兴市场国家。从结构上看，中央政府债务负担较轻，大部分地方债务水平也不高，并有较多资源和手段化解债务。2023年制定实施了一揽子化解地方债务方案，"一省一策"打好化债攻坚战，加快化解存量隐性债务和偿还政府拖欠企业账款，坚决防止新增隐性债务。压实地方主体责任，鼓励地方采取盘活或出售资产等方式，积极筹措资源用于化解债务，同时健全跨部门协同监管机制，严肃查处违法违规举债行为，公开通报问责典型案例。鼓励金融机构按照市场化、法治化原则与融资平台平等协商，通过展期、借新还旧、置换等方式分类施策化解债务风险。支持地方政府通过并购重组、注入资产等方式，逐步剥离融资平台政府融资功能，转型成为不依赖政府信用、财务自主可持续的市场化企业。健全防范化解地方债务风险的长效机制，着力加强风险源头管控，强化预算约束，加强地方国有企事业单位债务融资管控。经过各方面协同努力，地方违法违规无序举债的蔓延扩张态势得到初步遏制，债务风险得到整体缓解。

（三）分类有序压降高风险中小金融机构风险。2023年，各地区各相关部门持续推进中小金融机构改革化险，按照"早识别、早预警、早暴露、早处置"要求，认真履行监管职责，摸清中小金融机构风险底数，健全具有硬约束的金融风险早期纠正机制。坚持分类指导，推动地方有序推进高风险中小金融机构处置工作。以转变省联社职能为重点,"一省一策"加快农村信用社改革,稳步推动村镇银行改革重组和风险化解。督导商业银行做实资产风险分类,加强银行不良资产认定与处置,拓宽处置渠道,加大处置力度,有效改善了银行业金融机构资产质量,为巩固和提升金融体系整体稳健性打下良好基础。

(姜秀谦)

5.科技创新实现哪些新突破？

科技创新是高质量发展的强大驱动力，是发展新质生产力的核心要素。过去一年，在以习近平同志为核心的党中央坚强领导下，各地区各部门深入实施创新驱动发展战略，加快推进高水平科技自立自强，国家创新体系不断完善，科技实力不断增强，在很多领域都取得了新的成果、实现了新的突破。

（一）**科技管理体制改革纵深推进**。加强党中央对科技工作的集中统一领导，组建中央科技委员会，国家科技管理体制实现系统性重构、整体性重塑。强化国家科技发展重大战略、重大规划、重大政策统筹，优化科技创新全链条管理，行业科技管理体制更加顺畅高效。建立国家科技重大项目管理新制度，完善科技经费分配使用机制，健全科技创新平台基地体系。随着各项改革举措落实到位，新型举国体制进一步完善，国家创新体系整体效能不断提升。

（二）**国家战略科技力量不断壮大**。国家实验室体系建设有力推进，聚焦国家使命探索更加高效的体制机制和科研组织模式，全国重点实验室重组深入推进。强化科研院所使命导向，推进科研院所管理改革试点和中央级科研事业单位绩效评价。深化科教协同，支持高水平研究型大学承担基础研究和关键核心技术攻关任务。截至2023年底，纳入新序列管理的国家工程研究中心共有207个，国家企业技术创新中心1798家；聚焦重点领域布局27家国家制造业创新中心、2家国家地方共建制造业创新中心。

（三）重大科技成果加速涌现。C919大飞机正式投入商业运营。国产首艘大型邮轮"爱达·魔都号"成功建造并开启商业首航。天舟六号、神舟十六号、神舟十七号任务相继实施，中国空间站进入应用与发展新阶段。"奋斗者"号创造我国载人深潜新纪录。全球首座第四代核电站高温气冷堆示范工程正式投产，全球首台16兆瓦海上风电机组并网发电，航空发动机、燃气轮机研制取得长足进展。量子计算机原型机"九章三号"成功构建。人工智能大模型掀起发展热潮，行业赋能应用不断拓展。

（四）基础研究和原始创新能力持续提高。加强对基础研究的长期稳定支持，基础研究经费逐年增长。据初步测算，2023年基础研究经费占全社会研发投入比重达到6.65%，连续多年保持6%以上。全面深化自然科学基金改革，构建基础研究人才长周期稳定支持机制。把原始创新能力提升摆在更加突出的位置，在量子技术、生命科学、深空探测等领域取得了一批重大原创科技成果。2023年我国高被引论文数达到5.79万篇，比上年增长16.2%，占全球比重由27.3%提升至30.8%。

（五）企业科技创新主体地位更加凸显。出台强化企业科技创新主体地位的政策措施。将符合条件行业企业研发费用加计扣除比例由75%提高至100%政策作为制度性安排长期实施。科技领军企业不断壮大，中央企业研发投入连续两年超过万亿元,原创技术策源地加快建设,更多民营企业承担国家科技重大项目、参与创新平台建设。截至2023年底,国内企业拥有有效发明专利290.9万件,占比首次超过七成。

(六)**区域创新高地加快布局**。围绕国家战略需求和区域重大战略实施,全面部署区域科技创新体系建设。加强北京、上海、粤港澳大湾区三大国际科技创新中心顶层设计,统筹推动成渝、武汉、西安区域科技创新中心建设,做好中关村建设世界领先科技园区系统谋划。根据世界知识产权组织(WIPO)发布的2023年全球创新指数报告,我国在全球百强科技集群中占24个,北京、上海、粤港澳大湾区首次全部进入全球前五。

(七)**科技成果转化和知识产权工作不断强化**。加快推动职务科技成果赋权改革试点、科技成果评价改革、职务科技成果管理试点等"三项改革",探索激发科研人员成果转化动力的新模式新路径。2023年签订技术合同数量、成交金额比上年分别增长22%和28.6%。全链条强化知识产权创造、运用、保护、管理和服务,全年授权发明专利92.1万件,高价值发明专利拥有量166.5万件,比上年分别增长15.4%和25.7%;国内发明专利拥有量达到401.5万件,成为世界上首个突破400万件的国家。

(八)**科技开放合作走深走实**。举办2023中关村论坛、2023浦江创新论坛,习近平主席分别致贺信。举办首届"一带一路"科技交流大会,签署12项政府间科技合作协议。发布《国际科技合作倡议》,为促进全球科技创新合作提供中国主张、贡献中国智慧。我国牵头组织的国际大科学计划实现突破,"深时数字地球"、"海洋负排放"两个国际大科学计划启动实施。试点设立面向全球的科学研究基金,面向外籍人才的多层次资助体系逐步构建。

(吴兰谷)

6. 在推动产业升级方面实施了哪些举措？

推动产业升级是实现经济高质量发展的战略选择，也是构建大国竞争优势的迫切需要。2023年，习近平总书记就推进新型工业化作出重要指示。全国新型工业化推进大会胜利召开，各地区各部门认真贯彻落实党中央决策部署，统筹推动稳增长、优结构、转方式、增动能，产业升级迈出坚实步伐，现代化产业体系建设取得重要进展。

（一）**促进工业经济平稳运行**。出台电子、汽车、轻工等十大行业稳增长工作方案，供需两侧协同发力，稳增长和促升级统筹推进。各地区积极推出稳定工业经济运行的政策举措。在各方面共同努力下，全年规模以上工业增加值比上年增长4.6%，增速比上年提高1个百分点，呈现逐季加快的态势。工业企业利润降幅持续收窄，8月份以来当月利润由降转升并持续保持正增长；制造业投资增长6.5%，增速高于全部投资3.5个百分点。

（二）**保持产业链供应链安全稳定**。面对国际环境变化和外部打压遏制，"一链一策"推进重点产业链补短板、锻长板、强基础。深入实施产业基础再造工程和重大技术装备攻关工程，加大重点产业链关键核心技术攻关支持力度，集成电路、工业母机企业研发费用加计扣除比例提高至120%，高端医疗装备、关键软件、基础材料等重点领域实现新突破。专精特新企业加速涌现，累计培育专精特新中小企业 10.3 万多家、"小巨人"企业 1.2 万家、制造业单项冠军企业 1186 家，一大批优质企业在强链补链中发挥重要作用。

（三）**推动传统产业转型升级**。出台加快传统制造业转型升级的指导意见，推动高端化、智能化、绿色化发展。大力推进"智改数转网联"，累计建设近万家数字化车间和智能工厂，"灯塔工厂"数量占全球四成，工业企业关键工序数控化率、数字化研发设计工具普及率分别达 60.1% 和 78.3%。实施中小企业数字化转型城市试点，更多中小企业实现"上云用数赋智"。绿色低碳转型持续推进，发布新版工业重点领域能效标杆水平和基准水平，78 家钢铁企业完成 3.9 亿吨粗钢产能超低排放改造，钢铁、电解铝、石化化工、建材等行业落后产能进一步退出，绿色制造体系加快建设。

（四）**巩固优势产业领先地位**。推动汽车、船舶、新能源、信息通信等行业锻长板、扬优势，增强核心竞争力。2023 年我国汽车产销量突破 3000 万辆，整车出口 491 万辆，跃居世界第一。新能源汽车领跑全球，全年产销量分别达 958.7 万辆和 949.5 万辆，占全球比重超过 60%。启动智能网联汽车准入和上路试点，L2 级智能网联乘用车占新车销量比重达到 46.2%。电动汽车、锂电池、光伏产品"新三样"出口额首超万亿元，全球动力电池前十大企业我国独占六席。光伏产业链主要环节产量多年保持全球第一。造船业三大指标继续位居全球首位。

（五）**培育壮大新兴产业**。加大先进制造业支持力度，出台先进制造业企业增值税加计抵减政策。2023 年高技术制造业、

6. 在推动产业升级方面实施了哪些举措？

装备制造业占规模以上工业增加值比重分别提升至15.7%和33.6%，高技术产业投资保持两位数增长。持续实施战略性新兴产业集群发展工程，出台加快发展先进制造业集群的意见，45个国家先进制造业集群主导产业产值超过10万亿元。深入推进先进制造业和现代服务业融合试点，构建优质高效服务业新体系。制定未来产业创新发展实施意见，面向国家重大需求和战略必争领域，前瞻性布局未来产业新赛道。

（六）**大力发展数字经济**。出台《数字中国建设整体布局规划》，加强数字经济发展顶层设计。协同推进数字产业化和产业数字化，2023年电信、软件和互联网业务收入比上年分别增长6.2%、13.4%和6.8%，数字经济核心产业产值占国民经济比重持续提升，数字技术与实体经济融合不断深化。持续推进数字基础设施建设，截至2023年底，累计建成5G基站337.7万个，5G移动电话用户8.05亿户、5G用户普及率超过50%，千兆宽带用户1.57亿户，实现"市市通千兆、县县通5G、村村通宽带"。部署构建全国一体化算力网，算力总规模超过200EFLOPS，居全球第二位。大力推动公共数据资源开发利用，启动实施"数据要素×"三年行动。加强关键信息基础保护和网络安全防护，数字安全屏障进一步筑牢。

（七）**提升标准引领和质量支撑能力**。深入开展增品种、提品质、创品牌行动，促进标准提档、质量提升、品牌增效。实施新产业标准化领航工程，发布工业基础、高端装备制造、航空航天等领域国家标准410项，主要消费品与国际标准一致性程度达到96%。组织开展制造业卓越质量提升工程，新批准筹建 10 家国家产业计量测试中心、4 家国家质检中心，2023 年制造业产品质量合格率达到 93.65%。举办 2023 年中国品牌日活动，引导各行业各领域深入开展品牌创建。世界品牌实验室（World Brand Lab）编制的 2023 年《世界品牌 500 强》排行榜中，中国品牌入选 48 个，跃居全球第三，知名度稳步提升。

（吴兰谷）

7. 实现农业稳产增产的主要措施有哪些？

2023年是加快建设农业强国的开局之年，实现农业稳产增产意义重大、任务艰巨。在以习近平同志为核心的党中央坚强领导下，各地区各部门认真贯彻落实党中央、国务院部署，广大干部群众齐心协力、砥砺奋进，全面完成了农业稳产增产各项目标任务。全年粮食总产量达到1.39万亿斤，比2022年增产1.3%，再创历史新高，连续9年稳定在1.3万亿斤以上；大豆面积稳定在1.5亿亩以上，油料产量明显提升；畜禽水产品产量普遍增长，果菜茶等生产总体稳定。农业稳产增产目标任务的全面实现，为在复杂严峻形势下稳定经济社会发展大局提供了有力支撑、赢得了战略主动，也为今后实现粮食和重要农产品稳产增产奠定了坚实基础。

回顾2023年农业发展历程，全面实现稳产增产目标任务来之不易，启示十分宝贵。全年经济波浪式发展、曲折式前进，总体回升向好，同时也存在不少困难和问题，对稳定农产品市场价格、支农投入增长等带来影响；水旱等极端自然灾害多发重发，尤其是夏粮主产区发生多年少有的"烂场雨"、华北东北部分秋粮主产区遭遇罕见洪涝，给农业稳产增产和人民群众生命财产安全带来严峻考验；农产品生产成本上升和市场价格走低交织叠加，统筹农业增产与农民增收、耕地保护治理与高效利用等面临的两难多难问题不断凸显。在这样的情况下，能够全面实现农业稳产增产目标任务,最根本的是有以习近平同志为核心的党中央坚强领导,有习近平新时代中国特色社会主义思想的科学指引。习近平总书记对新征程上加快建设农业强国作出系统部署,在赴地方考察和主持召开重要会议时发表的重要讲话中多次强调要抓好农业生产,在关键农时和防灾减灾紧要节点及时科学精准指导,对农业农村改革发展重大问题多次作出重要指示批示。习近平总书记的重要指示批示,既指方向、明路径,又提要点、教方法,为全面实现农业稳产增产目标任务提供了根本遵循、注入了强大动力。在习近平总书记重要指示批示的科学指引下,各地区各部门采取了一系列促进农业稳产增产的政策措施。归纳起来,主要有以下三个方面。

(一)强化农业稳产增产的激励约束机制,充分调动农民和地方政府积极性。实现农业稳产增产,最终要靠农民和基层干部来干。围绕调动农民和地方政府的积极性,有关部门和地方进一步强化责任落实和政策支持措施,健全推动农业稳产增产的激励约束机制。在稳定粮食生产方面,严格省级党委和政府耕地保护和粮食安全责任制考核,继续提高小麦最低收购价,合理确定稻谷最低收购价,稳定稻谷补贴,完善农资保供稳价应对机制,增加产粮大县奖励资金规模,健全主产区利益补偿机制。在巩固提升大豆油料扩种成果方面,完善玉米大豆生产者补贴,实施大豆完全成本保险和种植收入保险试点,支持东北、黄淮海地区开展粮豆轮作,加强油菜综合性扶持措施统筹,促进花生持续稳定增长,启动实施加快油茶产业发展三年行动,支持木本油料等特色油料发展。在优化提升"菜篮子"产品生产

7. 实现农业稳产增产的主要措施有哪些？

方面，落实生猪稳产保供省负总责，严格"菜篮子"市长负责制考核，大力推进畜牧渔业高质量发展，提高蔬菜应急保供能力。此外，还着力推动树立和践行大食物观落地见效，促进多途径实现农业稳产增产。

（二）强化农业稳产增产风险挑战的防范化解举措，有效保障抗灾夺丰收。我国特殊的气候和地理条件，决定了农业灾害年年都会发生，2023年天气更是极端异常。为确保抗灾夺丰收，各地区各部门按照习近平总书记重要指示要求，坚持以"时时放心不下"的责任感，未雨绸缪有力有效加强防范应对。灾害发生之前，及早优化完善农业气象观测设施站网布局，加强旱涝灾害防御体系建设和农业生产防灾救灾应急保障。灾害发生后，地方党委政府靠前指挥，相关部门一线指导，及时组织抢收抢烘、抢排积水和改种补种，努力把灾害损失降到最低。全年都扎实开展粮油等主要作物大面积单产提升行动，加强良田、良种、良法、良机、良制集成配套推广应用，以推动未受灾地区和生产季节的粮食大面积单产提升，保障全国全年粮食产量稳产增产。2023年全国粮食生产重点县的大豆、玉米亩产分别提高19.9公斤、72.6公斤，对增产的贡献率超过73%，带动全国粮食亩产提高2.9公斤，有效对冲了灾害影响，为最终实现"以丰补歉"、"以秋补夏"提供了有效保障。

（三）强化农业稳产增产的物质技术支撑，推动提升粮食产能取得新进展。实现农业稳产增产，基础在于物质技术支撑。为夯实农业稳产增产根基，各地区各部门以启动实施新一轮千亿斤粮食产能提升行动为抓手，大力强化藏粮于地、藏粮于技。

在加强耕地保护和建设上，启动耕地保护和粮食安全责任制考核，开展耕地种植用途管控试点，扎实有力推进高标准农田和高效节水灌溉建设。在推动农业科技进步上，圆满完成第三次全国农业种质资源普查，一批抗虫、耐盐、短生育期的作物新品种研发取得突破；部分短板农机具实现熟化定型和产业化应用，农业科技进步总体贡献率达到63%。在构建新型农业经营体系上，第二轮土地承包到期后再延长30年试点基本实现省级全覆盖，土地"承包权不动、经营权连片"等解决承包地细碎化问题的方法路径探索取得新进展，家庭农场、农民合作社等新型农业经营主体素质能力稳步提升，对小规模农户发展现代农业的带动作用进一步增强。

（张顺喜）

8. 乡村振兴取得哪些新进展？

过去一年，各地区各部门认真贯彻落实习近平总书记重要讲话和重要指示批示精神，按照党中央、国务院部署，加强顶层设计，循序渐进、稳扎稳打，推动乡村全面振兴取得新的阶段性进展。

（一）脱贫攻坚成果持续巩固拓展。 进一步明确防返贫机制的具体规范和工作要求，识别纳入的监测对象中超过六成已消除返贫风险，其余均落实了针对性帮扶措施，"三保障"和饮水安全保障成果更加巩固，守住了不发生规模性返贫的底线。启动实施脱贫地区特色产业提升行动，中央财政衔接推进乡村振兴补助资金用于产业发展的比重达到60%，近四分之三的脱贫人口与新型农业经营主体建立利益联结关系。完善就业帮扶政策，深化东西部劳务协作，支持就业帮扶车间发展，规范乡村公益岗位管理，全年脱贫人口务工总规模超过3300万。持续加力对重点区域的倾斜支持，安排中央财政衔接推进乡村振兴补助资金172亿元，倾斜支持160个国家乡村振兴重点帮扶县发展。扎实推进科技特派团和医疗、教育干部人才"组团式"帮扶，深入开展巩固易地搬迁脱贫成果专项行动和搬迁群众就业帮扶专项行动。东部8个省市向西部10省区市实际投入财政援助资金231.9亿元、消费帮扶1104.8亿元。完善中央单位定点帮扶，调整优化结对关系，实现中央单位定点帮扶对国家乡村振兴重点帮扶县全覆盖。深入实施"万企兴万村"行动，社会各界参与巩固拓展脱贫攻坚成果和乡村振兴的氛围更加浓厚。在各方面帮扶带动下，脱贫地区加快发展，脱贫地区农村居民人均可支配收入达到 16396 元，实际增长 8.4%，持续保持较快增长速度。

（二）乡村产业不断发展壮大。各地坚持把产业振兴作为全面推进乡村振兴的重中之重，持续壮大乡村富民产业。依托乡村特色资源，发挥比较优势，推动乡村特色产业规模扩大、领域拓宽、全链条升级。支持新建 40 个、续建 51 个优势特色产业集群，新建 200 个农业产业强镇、认定奖补 184 个农业产业强镇。培育全产业链产值超 100 亿元的集群 139 个、超 500 亿元的 14 个、超 1000 亿元的 3 个。农产品加工业持续发展，规模以上农产品加工企业营业收入达 17.6 万亿元。抓实大豆油料加工，认定一批大豆加工国家农业产业化龙头企业，促进粮食加工减损。认定 60 个全国休闲农业重点县，推介 256 个中国美丽休闲乡村，公布 109 条精品线路和 365 个精品经典，乡村休闲旅游业加快恢复发展，全年营业收入超 8000 亿元。在产业带动和就业创业拉动下，全年农村居民人均可支配收入达到 21691 元，实际增长 7.6%，高于城镇居民收入增速 1.5 个百分点。

（三）扎实稳妥推进乡村建设。一体推进农业现代化和农村现代化，组织实施好乡村建设行动，改善农村生产生活条件。持续整治提升农村人居环境，务实推进农村厕所革命，抓实抓细改厕质量提升，全国农村卫生厕所普及率超过 73%。分区分类推进农村生活污水治理，统筹厕所粪污和生活污水处理，健全农村生活垃圾收运处置体系，全国农村生活垃圾得到收运处理的行政村比例稳定在90%以上，农村生活污水治理（管控）率达40%。加强农村基础设施建设，推动"四好农村路"高质量发展，新改建农村公路里程超过16万公里，深入推进农村客货邮融合发展和农村寄递物流体系建设，加强农村供水保障，农村自来水普及率达到90%，规模化供水工程覆盖农村人口比例达到60%。着力补齐农村基本公共服务短板，改善农村学校、医院等条件，加强老年助餐、儿童福利等建设。

（四）**农村重点领域改革稳步推进**。第二轮土地承包到期后再延长30年试点覆盖29个省（区、市）的102个县。稳步提升农村土地承包合同管理规范化、信息化水平，稳妥组织开展解决承包地细碎化问题。实施农村集体资产监管提质增效行动，组织开展农村产权流转交易规范化试点。通过中央财政衔接推进乡村振兴补助资金支持发展新型农村集体经济。持续深化农村宅基地制度改革试点，探索宅基地"三权分置"有效实现形式。加快构建现代农业经营体系，新型农业经营主体持续壮大，全国依法登记的农民合作社超过222万家，纳入全国家庭农场名录系统的家庭农场近400万家，各类农业社会化服务组织超过107万个，作业面积超过19.7亿亩次，服务带动9100多万农户。

（五）**加强和改进乡村治理**。完善党组织领导的自治、法治、德治相结合的乡村治理体系，让农村既充满活力又稳定有序。强化乡村治理示范引领带动，认定100个全国乡村治理示范乡镇和1001个全国乡村治理示范村。推广务实管用治理方式,运用积分制、清单制、数字化等政策措施的行政村覆盖率分别为45.2%、56.4%和46.3%。实施乡村产业振兴带头人培育"头雁"项目,培育带头人1.8万余人,培训农村实用人才2.2万人。以繁荣发展乡村文化为主线,持续提升农村社会文明度,扎实开展农村移风易俗重点领域突出问题专项治理。保护传承优秀农耕文化。丰富乡村文体活动,开展全国和美乡村篮球大赛("村BA"),引导各地开展更多具有农趣农味的文体活动。坚持和发展新时代"枫桥经验",深入推进平安乡村建设,健全农村扫黑除恶常态化机制,增强农民群众的获得感、幸福感、安全感。

(张伟宾)

9.推进新型城镇化取得什么新进展？

2023年，全国常住人口城镇化率达66.2%、提高0.9个百分点，城镇化水平和质量进一步提升，城镇化发展成果惠及更多人民群众。

（一）农业转移人口市民化质量持续提升。 以农业转移人口为重点，兼顾其他非户籍常住人口，统筹推进户籍制度改革和城镇基本公共服务均等化，推动农业转移人口全面融入城市。一是进一步放宽城市落户条件。城区常住人口300万以下城市基本取消落户限制；城区常住人口300万以上城市中，已有超过一半取消落户门槛，杭州等城市取消积分落户名额限制。二是完善基本公共服务常住地提供制度。《国家基本公共服务标准（2023年版）》出台实施，部分项目服务对象范围进一步扩大。截至2023年底，累计发放居住证约1.4亿张。三是教育、住房等保障水平持续提高。义务教育阶段随迁子女在公办学校或政府购买学位就读比例达96.7%。郑州、武汉等城市将符合条件的外来务工人员纳入住房保障范围。四是配套政策有效实施。中央财政下达年度市民化奖励资金400亿元，财政性建设资金持续支持人口集中流入城市建设。

（二）城市群和都市圈加快培育。 京津冀、长三角、珠三角城市群国际竞争力持续增强，公共服务、产业布局、生态环境等共建共享水平进一步提升。长江中游、北部湾等城市群加快发展。12个都市圈发展规划已出台实施，都市圈同城化机制更加健全。成渝地区双城经济圈建设取得新进展，成渝综合性科学中心揭牌，311项"川渝通办"政务服务事项全面落地。基础设施网络对城镇化的支撑更加有力。多层次轨道交通体系加快构建，城区常住人口50万以上的城市中，95%已开通高铁；天津至北京大兴等城际铁路、郑州机场至许昌等10余条市域（郊）铁路建成通车，全国城市轨道交通运营里程突破1万公里。一批跨市域"断头路"全面贯通。

（三）**大中小城市发展更加协调**。持续优化城镇化空间布局和形态，让各类城市优势互补、各展所长。一是超大特大城市加快转变发展方式，中小城市发展提质增效。19个超大特大城市统筹确定核心功能定位，在有关城市国土空间总体规划中明确人口规模、中心城区人口密度、开发强度等要求。老工业城市转型升级持续推进。全国城市数量增加至694个。二是县城综合承载能力增强。各类资金对县城建设支持力度加大，市政管网等基础设施短板加快补齐，污水集中处理率达96%以上，生活垃圾无害化处理率达99%以上。公共服务进一步优化，普通高中大班额比例降至5.8%以下，地级及以上城市三级医院对口帮扶940个县的1496家县级医院，县域内就诊率达94%以上，逐步实现"小病不出乡、大病不出县"的分级诊疗目标。

（四）**城市更新行动稳步实施**。2023年共实施城市更新项目6.6万个，完成投资约2.6万亿元。城市安全短板加快补齐，防洪排涝能力持续提升，特别是增发国债有力支持城市排水工程项目建设；中央预算内投资加大对城市燃气管道等更新改造

9. 推进新型城镇化取得什么新进展？

的支持力度。加强保障性住房供给，2023年筹集建设保障性租赁住房超过200万套（间），新市民、青年人等住房需求得到进一步保障；新开工改造城镇老旧小区5.37万个，惠及居民897万户，完成投资近2400亿元。出台实施"平急两用"公共基础设施建设的指导意见。超大特大城市等均已摸清城中村底数，编制城中村改造计划。

（闫嘉韬）

10. 区域协调发展取得了哪些新成效？

2023年，习近平总书记主持召开高标准高质量推进雄安新区建设、深入推进京津冀协同发展、新时代推动东北全面振兴、进一步推动长江经济带高质量发展、深入推进长三角一体化发展等多场座谈会，发表系列重要讲话，对深入实施区域协调发展战略和区域重大战略作出重要部署，为新时期做好区域协调发展工作指明了方向，提供了根本遵循。各地区各部门深入贯彻落实党中央决策部署，推动区域协调发展工作取得新成效。

（一）**区域协调发展战略深入实施**。各地区发展动能不断释放，区域板块发展平衡性持续增强。

推动西部大开发形成新格局。西部地区产业优化布局和转型升级统筹推进，出台支持内蒙古高质量发展的政策措施，支持西藏、新疆发展和对口援藏、援疆力度进一步加大。2023年，西部地区生产总值增长5.5%、规模以上工业增加值增长6.1%，居四大板块之首，发展质效不断提高。

推动新时代东北全面振兴取得新突破。东北地区维护国家"五大安全"能力不断增强，制定实施进一步推动新时代东北全面振兴取得新突破的政策措施。黑龙江千万吨粮食增产计划、吉林千亿斤粮食产能建设工程深入实施，辽宁沿海经济带建设加快推进。2023年，东北三省经济运行总体向好，粮食生产实现"二十连丰"，产量达2907.6亿斤，占全国的20.9%；原油产

10. 区域协调发展取得了哪些新成效？

量达 4350.9 万吨，占全国的 20.8%，粮食安全、能源安全保障能力持续巩固。

推动中部地区加快崛起。中部地区湘鄂赣、豫皖等跨省合作扎实推进，先进制造业集群加快发展。丹江口库区及上游地区保护治理工作深入推进。2023 年，中部地区经济总量达到 27 万亿元，占全国比重保持在 21% 以上；粮食产量超过 4000 亿斤，为国家粮食安全作出重要贡献。

东部地区发展质量和效益稳步提升。2023 年，东部地区以占全国 9.5% 的国土，聚集了 40.1% 的人口，创造了 51.7% 的国内生产总值、79.4% 的进出口额、56.5% 的地方财政收入，继续发挥引领带动作用。

支持特殊类型地区加快发展。全面推进革命老区重点城市对口合作，支持赣州、闽西革命老区高质量发展示范区建设，推动湘赣边区域合作示范区建设。持续提升民族地区自我发展能力。扎实推进边境城镇、边境口岸、边境新村建设，新设新疆维吾尔自治区白杨市。

（二）**区域重大战略深入推进。**一批新举措加快推出，一些重大功能平台和重大项目落地见效，为高质量发展注入新动力。

京津冀协同发展取得新成效。出台实施支持高标准高质量建设雄安新区的政策措施。首批向雄安新区疏解的 4 所高校雄安校区、北京大学人民医院雄安院区开工建设，中国星网、中国中化、中国华能雄安总部加快建设。第二批北京市属行政企事业单位迁入城市副中心加快推进。京津冀协同工作推进机制进一步完善，天津高教科创园积极融入京津冀协同创新体系。

京津冀大气污染联防联控持续深化,京津冀及周边地区2023年细颗粒物(PM$_{2.5}$)平均浓度下降2.3%。

长江经济带发展扎实推进。制定进一步推动长江经济带高质量发展的政策措施。系统推进城镇污水垃圾、化工、农业面源、船舶和尾矿库污染治理工程。长江干流水质连续4年全线保持Ⅱ类。强化长江重要支流保护修复和河湖水域岸线治理,推动太湖流域水环境综合治理。长江十年禁渔取得重要阶段性成效,23万多退捕渔民安置保障实现全覆盖,长江水生生物资源和多样性呈现恢复向好态势。

粤港澳大湾区建设稳步推进。粤港澳大湾区规则衔接、机制对接不断深化,交通等基础设施"硬联通"和职业资格互认等规则"软对接"走向深入。大湾区国际科技创新中心建设扎实推进,"深圳—香港—广州创新集群"连续4年蝉联全球创新指数第二。横琴、前海、南沙、河套等重大合作平台建设取得新突破。"港车北上"、"澳车北上"等要素跨境流动便捷举措加快实施。"湾区通"工程纵深推进,粤港澳三地投资贸易、资质标准、市场准入等方面堵点进一步打通。

长三角一体化高质量发展走深走实。上海"五个中心"能级持续提升,长三角生态绿色一体化发展示范区加快建设,长三角港口资源整合和轨道互联互通不断推进。长三角地区户籍证明、公积金提取等152项政务服务实现跨省市"一网通办"。

黄河流域生态保护和高质量发展取得新进展。黄河流域重点工程加快实施,环境污染综合治理工程深入推进,流域涉水公园建设得到有效规范。黄河上游和"几字弯"地区大型风电光伏基地加快建设,甘肃庆阳新发现亿吨级大油田。黄河已连

10. 区域协调发展取得了哪些新成效？

续 24 年不断流，干流水质连续 2 年全线保持Ⅱ类。水土流失治理面积新增 3.1 万平方公里。

区域战略融合发展持续推进。京津冀、长三角、粤港澳大湾区创新协同加强，更好发挥高质量发展动力源作用。中西部和东北地区承接产业转移能力增强。绿色协调联动发展加快，长江经济带、黄河流域地区生态环境保护跨域合作加强。

（三）主体功能区战略深化落地。 全面实施《全国国土空间规划纲要（2021—2035 年）》。24 个省级国土空间规划已经批复实施，部分县级行政区主体功能定位优化调整。市县级国土空间总体规划全面编制完成，国土空间详细规划全面开展修编。完善城镇开发边界管理政策，引导城镇集约高效布局。建设国土空间规划实施监测网络，国家空间治理数字化转型迈出坚实步伐。各地区从主体功能定位出发，坚持因地制宜、各扬所长，比较优势进一步发挥，区域经济布局更趋优化。

（四）海洋经济加快发展。 2023 年，我国首次成为世界最大船东国，沿海港口和自动化码头等规模保持世界第一，海上风电累计装机容量位居全球首位。近岸海域水质优良比例为 85%，上升 3.1 个百分点。现代海洋城市建设取得积极进展。海洋科技创新步伐加快，建设海洋领域国家实验室，深入实施雪龙探极、蛟龙探海等重大工程。出台船舶制造业绿色发展行动纲要、加快推进深远海养殖发展、现代航运服务业高质量发展等政策文件。

（闫嘉韬）

11. 重点领域改革有哪些新突破？

2023年是改革开放四十五周年和党的十八届三中全会召开十周年。党中央科学谋划深化改革，部署重点改革任务，围绕解决高质量发展急需、群众急难愁盼的突出问题，研究通过了一批重要改革文件。各地区、各有关部门狠抓改革举措落地，取得显著成效。

（一）新一轮机构改革中央层面基本完成，地方层面有序展开。深化党和国家机构改革，是以习近平同志为核心的党中央从党和国家事业发展全局出发，作出的重大决策部署。按照《党和国家机构改革方案》，组建中央金融委员会、中央金融工作委员会、中央科技委员会，加强党中央对金融、科技工作的集中统一领导。深化国务院机构改革，重新组建科学技术部，在原中国银行保险监督管理委员会的基础上组建国家金融监督管理总局，将中国证券监督管理委员会调整为国务院直属机构，组建国家数据局。统一按5%的比例精减中央和国家机关人员编制。地方机构改革与中央层面统筹衔接，目前正在积极推进。

（二）加强全国统一大市场建设。贯彻落实《中共中央 国务院关于加快建设全国统一大市场的意见》，出台建设全国统一大市场总体工作方案和近期举措，针对突出问题开展系列专项行动，加快完善建设全国统一大市场的配套政策，健全适应全国统一大市场建设的长效体制机制。积极推动方案和举措落地，

11. 重点领域改革有哪些新突破？

建立不当干预全国统一大市场建设行为问题整改和典型案例约谈通报制度，开展重点领域不当市场干预行为专项整治，集中清理了一批制约全国统一大市场建设的政策规定。在强化市场经济基础制度、加快市场设施高标准联通、加快统一的要素和资源市场建设、加快商品和服务市场高水平统一、推进市场监管公平统一等方面，均取得了积极进展。

（三）实施国有企业改革深化提升行动。在巩固深化国有企业改革三年行动成果的基础上，实施国有企业改革深化提升行动。一是优化国有经济布局和结构，在战略性新兴产业和未来产业领域布局了一批重点项目。二是完善国有企业科技创新机制，强化企业科技创新主体地位，中央企业研发经费连续两年破万亿元。三是强化重点领域保障，国有企业服务国家战略、履行社会责任的国家队和主力军地位更加彰显。四是以市场化方式推进整合重组，一批国有企业完成专业化整合。五是推动中国特色国有企业现代公司治理和市场化经营机制制度化长效化，强化经理层任期制和契约化管理刚性，推进"一业一策"分类考核。同时，在健全国资监管体制、营造公平竞争环境、全面加强党的领导和党的建设等方面，也推出一系列政策措施。2023年，国有企业经营效益实现稳步增长，其中央企营业收入达39.8万亿元，利润总额2.6万亿元，平均净资产收益率6.6%，发展动能显著增强。

（四）出台实施促进民营经济发展壮大政策。针对民营经济发展面临的突出问题，中共中央、国务院出台关于促进民营经济发展壮大的意见，推出31条政策以及28条配套举措。在优化民营经济发展环境方面,持续破除市场准入壁垒,完善社会信用激励约束机制、市场化重整机制。在加大对民营经济政策支持方面,完善支持政策直达快享机制、拖欠账款常态化预防和清理机制,开展清理拖欠企业账款专项行动。在强化民营经济发展法治保障方面,依法保护民营企业产权和企业家权益,健全涉企收费长效监管机制,加强违规收费整治。在推动民营经济高质量发展方面,引导民营企业调整产业结构、转换增长动力,坚守主业、做强实业。在促进民营经济人士健康发展、营造关心促进民营经济发展壮大社会氛围等方面,也推出一系列措施,收到良好效果。聚焦关键环节和热点问题,在投资促进、金融支持、市场监管、便民办税等方面分别出台一揽子政策,形成了支持民营经济发展壮大的合力。

（五）财税金融改革进一步深化。在财税方面,深化财政管理体制改革,出台知识产权领域中央与地方财政事权和支出责任划分改革方案;完善国有资本经营预算制度,扩大国有资本经营预算实施范围;强化预算评审管理,加强教育、科技等重点领域绩效评价;加强地方政府债务管理,压实地方主体责任,健全跨部门协同监管机制。在金融方面,完善国有金融资本管理,将中央金融管理部门管理的市场经营类机构剥离,相关国有金融资产划入国有金融资本受托管理机构,调整优化了部门间金融监管职能;加快农村信用社"一省一策"改革,有序推进村镇银行改革化险、政策性银行分类分账改革;推动股票发行注册制全面落地实施,持续深化债券注册制改革;规范发展第三支柱养老保险,开展专属商业养老保险、养老理财产品等

11.重点领域改革有哪些新突破？

业务试点。

（六）农业农村、生态环保等改革深入推进。推进第二轮土地承包到期后再延长 30 年试点，基本实现省级全覆盖。稳慎推进农村宅基地制度改革试点，探索宅基地"三权分置"有效实现形式。深化集体林权制度改革。完善生态环境分区管控体系，推动能耗双控逐步转向碳排放双控，推进城市和产业园区减污降碳协同创新等试点。能源、铁路、电信等其他领域改革稳步开展。

（史德信）

12. 稳外贸稳外资做了哪些工作?

2023年，面对全球贸易投资低迷、国际产业链供应链重构等多重挑战，我国及时推出一系列外贸外资促稳提质的政策措施，夯实"稳"的基础，巩固"进"的势头，汇集"新"的动力，为经济总体回升向好和高质量发展作出了积极贡献。

在稳外贸方面，出台实施《国务院办公厅关于推动外贸稳规模优结构的意见》20条，促进对外贸易提升质量、增强韧性。主要做了以下工作：一是强化贸易促进拓展市场。在新冠疫情防控平稳转段后，推动国内线下展会全面恢复，成功举办进博会、广交会、服贸会、消博会等重点展会，加大对外贸企业参加各类境外展会的支持。积极采取措施推进国际客运航班稳妥有序恢复，继续为境外客商办理来华签证提供便利，方便跨境人员往来。二是稳定扩大重点产品进出口规模。顺势而为培育汽车等出口优势，促进成品油、高附加值钢铁等重点能源资源产品贸易，支持大型成套设备企业拓展国际合作，扩大重要能源资源、优质消费品、先进技术、重要设备、关键零部件等进口。三是加大财政金融支持力度。更好发挥出口信用保险作用，中国出口信用保险公司全年承保金额超9286亿美元，服务支持客户超20万家，均创历史新高。加大进出口信贷支持特别是对中小微外贸企业的融资支持。四是加快对外贸易创新发展。大力发展数字贸易、绿色贸易，支持外贸企业加快布局跨境电

12. 稳外贸稳外资做了哪些工作？

商独立站、海外仓等配套设施，升级建设国家服务贸易创新发展示范区，通过新业态新模式拓展销售渠道、培育自主品牌。五是优化外贸发展环境。积极应对贸易摩擦，深入推进"单一窗口"建设，扩大"联动接卸"、"船边直提"等措施应用范围，更好发挥自由贸易协定效能，提升贸易便利化水平。

稳外贸工作取得了积极成效。2023年，我国实现货物进出口总额41.8万亿元，同比增长0.2%，其中出口23.8万亿元，同比增长0.6%，在全球市场的份额保持稳定；进口18万亿元，同比下降0.3%。外贸高端化、智能化、绿色化转型加快，电动汽车、锂电池、光伏产品"新三样"出口突破万亿元，同比增长近30%。跨境电商出口1.8万亿元，同比增长19.6%。对新兴市场和发展中经济体出口实现较快增长。民营企业进出口额22.4万亿元，同比增长6.3%，占进出口总额比重上升到53.5%。全年服务进出口6.6万亿元，同比增长10%，其中出口2.7万亿元，同比下降5.8%；进口3.9万亿元，同比增长24.4%，规模创历史新高。旅行服务贸易大幅增长，建筑、保险、维修等服务出口增长较快，成为服务出口亮点。在错综复杂的形势下，外贸发展取得这样的成绩殊为不易。

在稳外资方面，出台实施《国务院关于进一步优化外商投资环境加大吸引外商投资力度的意见》24条，显著增强了外商投资信心。主要做了以下工作：一是加大重点领域引进外资力度，提高利用外资质量。支持外商投资在华设立研发中心、投资性公司、地区总部。稳妥增加国内互联网虚拟专用网业务、信息服务业务、互联网接入服务业务等增值电信业务开放试点地区。鼓励东部地区外资企业梯度转移到中西部、东北和沿边地区。二是保障外资企业国民待遇。确保外商投资企业平等享受支持政策、平等参与政府采购、依法平等参与标准制定等工作，明确各地出台的支持产业发展、扩大内需等政策，除法律法规有明确规定或涉及国家安全领域外，不得通过限定品牌或以外资品牌为由排斥或歧视外商投资企业及其产品和服务。三是加强外商投资保护。健全外商投资权益保护机制，坚决打击通过网络发布、传播虚假不实和侵权信息等侵害外商投资合法权益的恶意炒作行为，强化知识产权行政保护和行政执法。四是提高投资运营便利化水平。优化调整出入境政策措施，为外商投资企业的外籍高管、技术人员本人及家属提供出入境、停居留便利，提高外国人永久居留身份证在公共交通、金融服务、医疗保障等场景应用便利度，探索便利化的数据跨境流动安全管理机制。五是加大财税支持力度。强化外商投资促进资金保障，加大重点产业链引资服务力度，落实相关税收优惠措施，鼓励外资企业境内再投资。六是完善外商投资促进方式。开展"投资中国年"系列活动，持续打造"投资中国"品牌，指导地方运用产业链招商、以商招商等开展投资促进活动，将招商引资与"稳链补链强链"、"招才引智引技"结合，引进一批补短板、强优势的高质量外资。

据联合国贸发会议报告，2023年全球跨国直接投资同比增长3%，但剔除荷兰和卢森堡这两个"投资中转地"引资大幅增长因素，实际下降18%。在全球跨国投资低迷的形势下，2023年外商在华直接投资新设立企业5.4万家、同比增长39.7%；投

12. 稳外贸稳外资做了哪些工作？

资额达 1.1 万亿元，同比下降 8%，降幅比全球低了 10 个百分点，明显好于世界总体水平。从外资来源看，法国、英国、美国、荷兰等国对我国投资大幅增长，显示发达国家跨国公司持续看好我国市场。从投资区域看，中西部和东北地区的山西、内蒙古、吉林、黑龙江、新疆等引资增长较快。从投资行业看，制造业实际使用外资占引资总额比重进一步上升，其中高技术制造业、电子及通信设备制造业等领域对外资吸引力持续提升，展现出较强发展动能。

（史德信）

13. 拓展制度型开放取得哪些成效？

制度型开放是高水平对外开放重要内容。一年来，我国充分发挥自贸试验区、海南自由贸易港、服务业扩大开放综合试点等平台在高水平开放中的重要作用，试点对接国际高标准经贸规则，稳步推进高标准自由贸易区建设，更好统筹开放和安全，推动我国对外开放迈出新步伐。

（一）各类开放平台对高水平开放引领带动作用凸显。进一步完善自贸试验区建设布局，设立新疆自贸试验区，打造促进中西部地区高质量发展的示范样板，我国自贸试验区数量增加到 22 个，形成覆盖东西南北中的改革开放创新格局。率先在上海、广东、天津、福建、北京等具备条件的自贸试验区和海南自由贸易港试点对接相关国际高标准经贸规则，支持上海自贸试验区全面对接，推动金融、电信等重点领域高水平开放，提升货物贸易自由化便利化水平，探索建立合法安全便利的数据跨境流动机制，加大知识产权保护力度，推进政府采购领域改革，打造国家制度型开放示范区。扎实推进海南自由贸易港封关运作，有序开展重点领域压力测试。为更大程度便利商务人员短期往来，研究设立东方枢纽国际商务合作区，将"一线放开、二线管住"制度从货物领域向自然人拓展，依托上海国际航空枢纽条件，创建高度便利的国际商务交流载体。加大服务业扩大开放综合试点示范先行先试力度，积极推进沈阳、南京、杭州、武汉、广州、成都等六个城市试点工作。支持北京深化国家服务业扩大开放综合示范区建设，推出170余项新试点举措。加快推进综合保税区改革，出台推动综合保税区高质量发展23条政策措施。推进粤港澳标准互联互通，三方共同公布粤港澳大湾区共通执行标准184项，在"湾区标准"清单发布、案例展示等方面实现了三地同步互联互通，有力地促进了大湾区各类要素便捷流动和优化配置，带动了大湾区装备、产品、技术和服务走出去。

（二）**高标准自由贸易区建设稳步推进**。深入实施《区域全面经济伙伴关系协定》，2023年我国与其他14个成员国全年进出口额达12.6万亿元，比2021年协定生效之前增长了5.3%，其中对其他成员的出口增长了16.6%。新增厄瓜多尔、尼加拉瓜、塞尔维亚3个自贸伙伴，与新加坡签署自贸协定升级议定书，我国自贸伙伴增加到29个，与自贸伙伴贸易额占外贸总额的比重超过三分之一。积极推动加入《全面与进步跨太平洋伙伴关系协定》和《数字经济伙伴关系协定》，数字经济伙伴关系协定谈判方面已经完成了所有条款的初步探讨。同时，深入参与世贸组织改革，我国成为首个完成《渔业补贴协定》批约的发展中大国，引领完成《促进发展的投资便利化协定》文本谈判并在世贸组织第十三届部长级会议期间达成协定，回应了发展中成员吸引外资和发展经济的强烈诉求，推动实质性结束部分全球数字贸易规则谈判。在二十国集团、亚太经合组织、金砖国家、上合组织等机制下推动达成多项经贸成果。

（三）**外资企业公平参与市场竞争制度更加完善**。开展保障经营主体公平参与政府采购活动专项检查，保障内外资企业平等参与政府采购。加大知识产权执法力度，健全知识产权快速协同保护机制。健全反垄断法配套规章，为合规经营提供清晰、透明、可预期的指引。推进标准制定、修订全过程信息公开，支持外商投资企业依法平等参与标准制定工作，目前62%的专业标准化技术委员会有外资企业委员，我国国际标准转化率超过80%，重点消费品标准与国际一致性程度达95%。定期召开外资企业圆桌会，听取企业反映困难问题和意见建议，主动清理内外资不合理差别待遇。积极对接主要外国商协会及重点外资企业，就数据跨境流动、出口管制、反间谍法、最新外资政策等热点关切问题有针对性地开展政策解读，增强政企互信，提升政策透明度和可预期性。

（四）开放安全保障机制建设取得新进展。加强中美经贸领域沟通磋商，成立中美经济工作组和金融工作组，就经济、金融领域相关问题深入交流。举行中法高级别经济财金对话、中欧经贸高层对话、中德高级别财金对话，并通过中欧、中日出口管制对话机制等扩大合作面、缩小分歧点。加强对重要商品价格、外贸外资动态、产业链供应链安全等的监测和预警。积极稳妥做好贸易摩擦应对工作。颁布实施《对外关系法》，明确对于违反国际法和国际关系基本准则，危害我国主权、安全、发展利益的行为，我国有权采取相应反制和限制措施。针对有关国家的无理制裁和打压，丰富对外经贸"反制工具箱"，启用不可靠实体清单。精准开展两用物项出口许可审核。通过在世贸组织提起诉讼等法律手段捍卫我合法权益。

（史德信）

14. 强化生态环境保护治理采取了哪些新举措？

过去一年，各地区各有关部门深入学习贯彻全国生态环境保护大会精神，牢固树立和践行绿水青山就是金山银山的理念，根据经济社会高质量发展的新需求、人民群众对生态环境改善的新期待，坚持精准治污、科学治污、依法治污，加大对突出环境问题集中解决力度，推动生态环境质量总体稳中向好。

（一）**重点打好蓝天保卫战。** 印发《空气质量持续改善行动计划》，明确未来一段时间我国大气污染治理的目标和路线图，以空气质量持续改善推动经济高质量发展。因地制宜采取清洁能源、集中供热替代等措施，稳妥推进北方地区清洁取暖，全年完成散煤治理约200万户。推进钢铁、水泥、焦化等重点行业及燃煤锅炉超低排放改造，累计完成4.2亿吨粗钢产能全流程超低排放改造，4亿吨粗钢产能烧结球团脱硫脱硝、料场封闭等重点工程改造，8.5万个挥发性有机物突出问题整改。出台《"十四五"噪声污染防治行动计划》，下大气力解决老百姓"家门口"的噪声、油烟、恶臭等问题。进一步优化运输结构，连续6年开展机动车检验检测机构"双随机、一公开"监督抽查，督促13家车企实施环保召回、涉及车辆326万辆。推动天山北坡城市群、东北地区、长江中游城市群建立大气污染联防联控机制。2023年全国地级及以上城市细颗粒物（$PM_{2.5}$）平均浓度为30微克/立方米，优于"十四五"规划设定的年度目标，保持长期向好态势。

（二）全面促进"人水和谐"。统筹水资源、水环境、水生态治理，深入推进大江大河和重要湖泊保护治理，出台实施《重点流域水生态环境保护规划》，持续开展长江经济带工业园区水污染整治专项行动。推进入河入海排污口排查整治和规范化建设，累计排查入河排污口25万余个，约三分之一完成整改。巩固提升城市黑臭水体治理成效，县级城市黑臭水体消除比例达到70%以上，800余个较大面积农村黑臭水体得到有效治理。推动全国城市集中式饮用水水源地规范化建设，开展乡镇级集中式饮用水水源保护区划定、立标工作，饮用水安全保障水平持续提升。促进入海河流总氮减排和近岸海域水质改善，针对50余条入海河流制定实施"一河一策"治理方案，全国国控河流入海断面总氮平均浓度同比下降12.2%。加强入海排污口管理，开展重点海湾专项清漂行动，全面启动第三次海洋污染基线调查。2023年，全国地表水水质优良断面比例增至89.4%，同比上升1.5个百分点，长江干流已连续4年、黄河干流已连续2年全线水质保持Ⅱ类。

（三）持续强化土壤污染防控。开展农用地土壤镉等重金属污染源头防治行动，启动实施124个土壤污染源头管控重大工程项目。扎实推进受污染耕地安全利用和风险管控，将耕地土壤污染源头防控和安全利用纳入耕地保护和粮食安全、食品安全等相关考核。完成6400余家土壤污染重点监管单位隐患排查"回头看"。依法加强建设用地用途变更和污染地块风险管控的联动监管，累计将2058个地块纳入风险管控和修复名录管理，

14. 强化生态环境保护治理采取了哪些新举措？

将9000余个关闭搬迁企业腾退地块纳入优先监管清单。加强地下水污染治理，将2616家企业纳入地下水污染防治重点排污单位名录。深入打好农业农村污染治理攻坚战，全国2700余个县（市、区）编制印发县域农村生活污水治理专项规划，农村人居环境持续改善。2023年，全国农村生活污水治理率达到40%以上，受污染耕地和重点建设用地安全利用得到有效保障。

（四）加强固体废物和新污染物治理。 加快"无废城市"建设，各地开展"无废城市"建设工程项目3200余个，涉及项目总投资超1万亿元。出台危险废物重大工程建设总体实施方案，加快补齐危险废物环境风险防控和处置能力短板，危险废物专项整治三年行动全面完成。强化危险废物监管和利用处置能力，推进长江经济带1136座尾矿库、黄河流域235座尾矿库完成问题整改。开展黄河流域"清废行动"，推动相关省份清理、整治固体废物近3400万吨，问题整改完成率达99.4%。落实《新污染物治理行动方案》，启动新污染物治理试点示范，对14种类新污染物实施全生命周期环境风险管控措施，淘汰8种类重点管控新污染物。

（叶世超）

15. 加快发展方式绿色转型取得什么新成效？

2023年，各地区各有关部门以习近平生态文明思想为指导，坚持把绿色低碳发展作为解决生态环境问题的治本之策，构建绿色低碳循环经济体系，加快形成绿色生产方式和生活方式，厚植高质量发展的绿色底色。

（一）**国土空间开发格局不断优化**。守牢国土空间开发保护底线，统筹优化农业、生态、城镇等各类空间布局。全年批复18个省级国土空间规划，全国100%的市级规划和97%的县级规划已报审批机关审查，国土空间规划体系逐步完善。推动建设国土空间规划实施监测网络，国土空间治理数字化水平不断提升。开展耕地和永久基本农田划定成果核实处置，首次将生态保护红线实施情况纳入国家自然资源督察范畴，"三条控制线"（耕地和永久基本农田、生态保护红线、城镇开发边界）管控不断加强。完善城镇开发边界管理政策。全面划定"三区三线"，让主体功能区战略精准落地。

（二）**能源结构持续调整**。贯彻落实"四个革命、一个合作"能源安全新战略，加快构建清洁低碳安全高效的能源体系。推进传统能源清洁高效利用，抓好煤炭清洁高效利用，首批56处智能化示范煤矿陆续建成，全国全面供应国六B标准车用汽油，油品质量世界领先。加快推进风电、太阳能发电发展，大型风电光伏基地建设进展顺利，全国新增风电光伏装机突破2

15. 加快发展方式绿色转型取得什么新成效？

亿千瓦、创历史新高，户用光伏规模突破 1 亿千瓦、覆盖农户 500 多万，可再生能源装机占全球份额达 40% 左右、贡献了新增量的约 50%，占全国发电总装机比重超过 50%，历史性超过火电装机。扎实推进水电发展，启动主要流域水风光一体化规划建设，澜沧江如美、雅砻江牙根一级、金沙江昌波等一批大型水电项目核准开工，全国水电（含抽水蓄能）装机达到 4.2 亿千瓦。开展新型储能试点示范，全国已建成投运新型储能项目累计装机规模达 3139 万千瓦/6687 万千瓦时，平均储能时长 2.1 小时，多个 300 兆瓦等级压缩空气储能项目、100 兆瓦等级液流电池储能项目、兆瓦级飞轮储能项目开工建设，探索重力储能、液态空气储能、二氧化碳储能等新技术，新型储能呈现多元化发展态势。加强可再生能源绿色电力证书管理，全年核发绿证约 1.76 亿个，绿电交易电量约 611 亿千瓦时，分别是 2022 年的 7.8 倍和 10.5 倍。

（三）**产业绿色转型步伐加快**。进一步淘汰钢铁、电解铝、石化化工、建材等行业中的落后产能，78 家钢铁企业完成全流程超低排放改造，重点行业主要污染物和二氧化碳排放强度持续下降，产业结构进一步优化。持续推进绿色制造体系建设，加大先进典型培育力度，累计创建绿色工厂 5095 家，产值占制造业总产值的比重超过 17%。提高重点用能行业能效水平，乙烯等行业达到能效标杆水平的产能比例超过 30%，累计培育 196 家绿色数据中心。加快构建废弃物循环利用体系，新能源汽车废旧动力电池综合利用量 22.5 万吨，基本实现应收尽收，冰箱、洗衣机、空调等家电可回收利用率超过 80%。

（四）绿色生活方式逐步形成。 十四届全国人大常委会第三次会议决定，将8月15日设立为全国生态日，更好唤起全社会建设美丽中国的责任感、使命感。进一步深化习近平生态文明思想的大众化传播，提高全社会生态文明意识，增强全民生态环境保护的思想自觉和行动自觉，推动形成人人、事事、时时、处处崇尚生态文明的良好社会氛围。大力倡导简约适度、绿色低碳、文明健康的生活理念和消费方式，实施国家节水行动，加快推进污水垃圾环境基础设施建设，绿色出行、节水节电、"光盘行动"、垃圾分类逐渐成为老百姓的生活习惯。积极推广节能低碳产品，促进绿色消费，2023年国内新能源汽车销量占全部汽车销售量比重达31.6%，较2022年提升6个百分点。

（五）政策体系不断优化并持续落地。 出台《关于推动能耗双控逐步转向碳排放双控的意见》，提出了有计划、分步骤推动制度转变的工作安排和实施路径。印发《绿色低碳先进技术示范工程实施方案》，推广应用先进适用技术，完善支持绿色低碳新产业新业态发展的商业模式和政策环境，促进绿色低碳产业形成竞争优势。制定《关于加快建立产品碳足迹管理体系的意见》，推动建立符合国情实际的产品碳足迹管理体系，发挥产品碳足迹管理体系对生产生活方式绿色低碳转型的促进作用，为实现碳达峰碳中和提供支撑。组织开展首批35个碳达峰试点城市和园区建设，积极探索绿色低碳转型有效做法和典型经验。

（叶世超）

16. 稳就业方面采取了哪些措施？

就业是最基本的民生。过去一年，各地区各部门深入贯彻落实党中央、国务院关于就业工作的部署要求，把推动实现更加充分更高质量的就业摆在突出位置，全面落实就业优先政策，全年城镇新增就业 1244 万人，城镇调查失业率平均为 5.2%，就业形势保持总体稳定。主要采取了以下措施：

（一）及时优化调整稳就业政策措施。2023 年初，随着疫情防控平稳转段，就业形势逐步恢复、保持总体稳定，但稳的基础仍不牢固，同时前两年出台的一些阶段性稳就业政策，也面临到期调整问题。为此，及时优化调整部分稳就业政策，包括将降低失业、工伤保险费率政策延续实施至 2024 年底，拓展吸纳就业补贴范围，优化失业保险稳岗返还政策，实施稳岗扩岗专项贷款，重启一次性扩岗补助政策等。初步统计，2023 年失业、工伤保险援企稳岗政策为企业减少成本超过 2000 亿元，就业补助资金支出超 1000 亿元。对符合条件的经营主体，运用"直补快办"等模式，确保稳就业政策及时精准落地见效。同时，加大宏观政策实施力度，出台稳增长扩消费、稳外贸稳外资、促进民营经济发展壮大、引导劳动密集型行业转型升级等系列政策，实施专精特新中小企业就业创业扬帆计划，推动家政服务业品牌化发展，这些都进一步提升了经济社会发展对就业的带动力。

（二）着力保障重点群体就业。2023年高校毕业生达1158万人，创历史新高，促就业任务较重。一方面，积极拓宽市场化就业渠道，对企业招用符合条件的高校毕业生，发放一次性吸纳就业补贴。支持国有企业扩大招聘规模，对工资总额难以满足扩招毕业生需求的，可给予一次性增人增资。另一方面，努力稳住公共部门岗位规模，实施百万就业见习岗位募集计划，加强困难毕业生专项帮扶和离校未就业毕业生实名帮扶，多措并举实现了高校毕业生就业基本稳定、持续好转。将脱贫人口作为重点帮扶对象，深化劳务协作对接，推动农村劳动力外出务工规模继续增加，脱贫劳动力务工规模达到3396.9万人。对失业人员特别是就业困难人员，畅通失业登记渠道，开展春风行动暨就业援助月等专项活动，深入街道社区乡村开展摸底走访，精准设岗、靶向推荐，加强就业兜底帮扶，实现零就业家庭至少一人就业，2023年城镇失业人员再就业514万人、帮扶就业困难人员实现就业172万人。

（三）充分释放创业带动就业潜力。创业是更加积极的就业，而且具有带动就业的倍增效应。2023年进一步强化财政金融支持，将中央财政贴息支持的个人创业担保贷款额度上限由20万元增至30万元，小微企业创业担保贷款额度上限由300万元增至400万元；将重点群体创业限额税收减免额度由1.2万元提高至2万元。截至2023年底，创业担保贷款余额超过2800亿元，同比增长5.2%，为各类群体创业就业提供了有力支持。同时优化创业服务，在全国组织开展青年创业资源对接服务季活动，提供政策咨询、开业指导、场地支持等一条龙服务，

16. 稳就业方面采取了哪些措施？

更大激发创业活力。

（四）**深入开展就业服务和技能培训**。创新服务理念，推行"大数据＋铁脚板"服务模式，加快推进就业信息化建设，开展公共就业创业服务城市示范创建工作，加速布局"家门口就业服务站"、就业服务圈，规范建设了一大批零工市场。扩大服务供给，规范网络招聘服务，接续推出民营企业服务月、金秋招聘月、国聘行动、就业服务周等就业服务品牌活动，举办第二届全国人力资源服务业发展大会，持续做好重点企业用工服务保障，为10万余家重点企业解决用工需求238万余人次。深入推进技能中国行动，支持各地新建58个公共实训基地，建成并投入使用197个公共实训基地，举办第二届全国职业技能大赛，累计开展补贴性职业技能培训超1800万人次，促进劳动者提升技能水平、更好实现就业。

（五）**加强劳动权益保障**。加强劳动保障监察执法，引导和督促企业依法规范用工，及时纠正对劳动者的歧视性做法，大力营造公平就业环境。部署开展根治欠薪冬季专项行动，集中排查化解欠薪风险隐患，保障农民工工资按时足额支付。开展基层劳动人事争议调解组织建设行动，积极提升劳动人事争议案件办理效能，为稳定和扩大就业提供有力支撑。

（孙慧峰）

17. 教育改革发展推出了哪些新举措？

过去一年，在以习近平同志为核心的党中央坚强领导下，教育战线紧扣培养什么人、怎样培养人、为谁培养人这个根本问题，全面贯彻党的教育方针，落实立德树人根本任务，扎实推进教育改革发展各项工作，教育事业取得新进展。

（一）促进学生德智体美劳全面发展。推进习近平新时代中国特色社会主义思想进教材进课堂进头脑，开好讲好"习近平新时代中国特色社会主义思想概论"课，实现统编教材使用全覆盖。实施深化大中小学思政课一体化行动，持续开展"学习新思想，做好接班人"等德育品牌活动，学校教学主渠道、社会实践课堂、各类育人资源平台、师资体系等相支撑的"大思政课"建设工作格局不断拓展。实施全国青少年学生读书行动，引导激励青少年学生爱读书、读好书、善读书。落实"五育并举"，强化体美劳和健康教育，成功举办首届全国学生（青年）运动会，实施学校美育浸润行动、学生心理健康专项行动，注重劳动习惯养成，全国81.6%的中小学"一校一案"建立了劳动教育清单，建成14.7万个校内外劳动教育实践场所，学生全面发展的育人生态进一步巩固。

（二）破解人民群众急难愁盼教育问题。贯彻落实《关于构建优质均衡的基本公共教育服务体系的意见》要求，实施新时代基础教育扩优提质行动计划，加快优质均衡发展。扩大普惠

17. 教育改革发展推出了哪些新举措？

性学前教育资源，各地新建、改扩建公办幼儿园9176所，新增学位203.2万个，学前教育毛入园率达91.1%。强化义务教育薄弱环节建设，指导1.52万所优质中小学校"一校一案"挖潜扩容，新建优质中小学1971所，新增优质学位626.5万个，全国九年义务教育巩固率达到95.7%。落实义务教育免试就近入学、普通高中属地招生和中小学"公民同招"政策，保障95%以上的随迁子女在公办学校就读。持续深化"双减"，完善课后服务体系，学科类机构压减九成以上，非学科类培训监管基本健全。巩固提高高中教育普及水平和质量，高中阶段毛入学率已达91.8%。挂牌成立国家老年大学。

（三）**提高教育服务经济社会发展能力。**高等教育毛入学率超过60%，在学总规模4763万人。加快布局战略紧缺和新兴交叉领域人才培养，在新一代信息通信技术等关键领域部署急需高层次人才培养专项，启动实施国家基础学科拔尖人才培养战略行动，建设32家国家卓越工程师学院、4家卓越工程师创新研究院。实施一流学科培优行动，"双一流"建设成效明显。瞄准国家战略急需关键领域推进有组织科研，新布局一批前沿科学中心等大平台，培育重大攻关项目。推动哲学社会科学知识体系建构，不断提升高校咨政服务能力。首批承担疏解任务的在京部委所属4所高校雄安校区全部开工建设。支持中西部地区高等教育发展，在中西部地区建设高等研究院。职业教育类型定位进一步优化，1394个专业基本覆盖了国民经济各领域，扩大制造业专业布局，全国共有6500多所职业学校开设制造业相关专业点约5.2万个。推进现代职业教育体系建设改革，在

8个省份试点探索省域现代职业教育体系建设新模式,推动遴选建设28家国家级市域产教联合体,支持中车集团等行业头部企业打造国家重大行业产教融合基地,不断增强职业教育的适应性。

(四)持续深化教育领域综合改革。健全党对教育工作全面领导的体制机制,深入落实普通高校基层组织工作条例,完善中小学校党组织领导的校长负责制,加强民办学校、中外合作办学党的建设。推进《深化新时代教育评价改革总体方案》实施,国家层面配套政策体系逐步健全。实施基础教育课程教学改革深化行动,优化教学方式、打造高效课堂,着力扭转片面应试教育倾向。全面实施加强教材建设和管理行动计划,中国特色高质量教材体系建设稳步推进。全面推行国家通用语言文字教育教学,民族地区义务教育阶段整体实现国家统编教材全覆盖。启动高等教育综合改革试点战略工程,提高人才自主培养质量。推进教育数字化战略行动,国家智慧教育平台获得联合国教科文组织教育信息化奖,访问用户覆盖全球200多个国家和地区。持续深化教育对外开放,推进共建"一带一路"教育行动,在柬埔寨设立首家海外应用技术大学,在25个国家建成27所鲁班工坊。成功举办成都大运会、首届世界数字教育大会、世界中文大会、中国国际大学生创新大赛等,推动联合国教科文组织在华设立国际STEM教育研究所。

(五)加强教育投入和保障。在财政收支压力加大的情况下,财政性教育经费投入占国内生产总值比例连续11年不低于4%。进一步提高义务教育生均公用经费基准定额,小学由年

17. 教育改革发展推出了哪些新举措？

生均650元提高到720元，初中由850元提高到940元。加大学生资助力度，国家助学贷款额度提高4000元，贷款利率调减30个基点，延续实施阶段性免除家庭经济困难高校毕业生国家助学贷款利息并允许延期还本政策。保障教师地位待遇，巩固义务教育教师平均工资收入水平不低于当地公务员平均工资收入水平成果。大力弘扬教育家精神，建设高质量教师教育体系，启动"国优计划"，支持"双一流"建设高校为中小学培养研究生层次优秀教师。

（庾波）

18. 医疗卫生事业取得哪些新进展？

过去一年，在以习近平同志为核心的党中央坚强领导下，各地各部门认真贯彻落实党中央、国务院关于医疗卫生事业的决策部署，全面落实健康中国建设和深化医改各项任务，有力增进了人民群众健康福祉。

（一）**重大疾病防治成效显著**。2023年1月8日起对新冠病毒感染实施"乙类乙管"，有力有序抓好各项防控措施落实，持续开展疫情监测预警和分析研判，统筹好医疗救治资源调度使用，加强重点医疗物资的供应和储备，新冠疫情防控实现平稳转段、取得重大决定性胜利。面对疫情新形势，坚持多病同防，有效应对流感、支原体肺炎等多种呼吸道传染病疫情，为经济社会发展创造了良好环境。持续抓好重点传染病和地方病防控，有效遏制猴痘等新发突发传染病流行，艾滋病疫情控制在低流行水平，耐药结核病防治工作持续强化，451个血吸虫病流行县中的334个达到消除标准、其他流行县都达到传播阻断标准。加强职业病危害专项治理，实现重点职业病监测县区全覆盖。强化慢性病防治，推进488个慢性病综合防控示范区建设，实施"心脑血管疾病和癌症防治行动（2023—2030年）"。深入开展健康中国行动和爱国卫生运动，全民健康素养进一步提高。

（二）**医疗卫生服务体系不断完善**。贯彻落实中办、国办印发的《关于进一步完善医疗卫生服务体系的意见》和《关于进

18. 医疗卫生事业取得哪些新进展？

一步深化改革促进乡村医疗卫生体系健康发展的意见》，优质高效医疗卫生服务体系建设取得积极成效。促进优质医疗资源扩容和区域均衡布局，启动实施第五批49个国家区域医疗中心建设。深化以公益性为导向的公立医院改革，在30个城市开展改革示范，在14家医院开展高质量发展试点。持续推进"千县工程"，1163家县医院达到三级医院能力。加大对基层医疗卫生机构支持力度，中央财政补助4.56亿元支持西部地区乡镇卫生院能力建设，近70%的乡镇卫生院和社区卫生服务中心达到国家能力标准。落实疾控体系改革任务，出台《关于推动疾病预防控制事业高质量发展的指导意见》，地方各级疾控局均已完成挂牌，遴选15家省级疾控中心建设国家区域公共卫生中心，上下贯通的疾控工作体系初步形成。

（三）**医疗卫生服务能力稳步提高**。开展全面提升医疗质量行动，7600余家医疗机构纳入临床路径执行情况监测，"十四五"以来累计支持961个国家级、近3800个省级、1.1万个市县级临床重点专科建设项目。扎实推进分级诊疗，全国双向转诊人次数超过3000万，较上一年度增长9.7%，县域内常见病、多发病就诊率达到90%以上。发展互联网医疗服务，国家全民健康信息平台基本建成，17个省份开展电子病历省内共享调阅，204个地市开展检查检验结果互通共享。开展"改善就医感受、提升患者体验"主题活动、改善护理服务行动，推出基层卫生健康便民惠民服务十项举措，82.7%的二级以上公立医院开展预约诊疗，超过5500家二级以上综合医院提供"一站式"服务，超过3000个医疗机构提供上门护理服务。加强医疗卫生人才队伍建设，培养全科医生4.7万名，新招收培训住院医师12万人，编制资源向乡村医生开放，实施大学生乡村医生专项计划、招聘大学生村医超万人。

（四）全民基本医保制度持续健全。2023年全国基本医保参保人数13.3亿人，参保率稳定在95%左右。健全待遇保障机制，居民医保人均财政补助标准提高到640元，职工医保普通门诊统筹大范围铺开，高血压和糖尿病门诊用药保障机制进一步完善。完善医疗救助制度，基本实现救助对象、费用范围、救助标准"三统一"。深化医保支付方式改革，90%以上的统筹地区开展了按疾病诊断相关分组（DRG）或病种分值（DIP）支付方式改革。落实异地就医直接结算，住院费用跨省直接结算率超过70%，跨省异地就医联网医药机构达55万家，惠及群众就医1.3亿人次，减少群众垫付资金超过1500亿元。调整医保药品目录，新增126种药品，目录内药品数增至3088种。稳步推进药品和高值医用耗材集中带量采购，接续推进两批80种药品集采、平均降价57%，开展人工晶体和运动医学类耗材集采、平均降价70%。加强医保基金使用常态化监管，全年检查核查75万家医药机构。

（五）中医药传承创新发展取得新成效。国办印发《中医药振兴发展重大工程实施方案》，中央资金投入近130亿元，重点任务和重大工程项目基本实现"双过半"。推动中医药优质医疗资源扩容下沉和区域均衡布局，布局建设27个中医类国家区域医疗中心，近90%的二级以上公立综合医院开设了中医类临床科室，社区卫生服务中心和乡镇卫生院中医馆超过4万个。发

18. 医疗卫生事业取得哪些新进展？

挥好中医药独特优势，发布 50 个中医治疗优势病种、52 个中西医结合诊疗方案、100 项适宜技术和 100 个疗效独特的中药品种。深化中医药综合改革示范区建设，大力推进中医药科技创新，加强少数民族医药工作。壮大中医药人才队伍，完善岐黄学者、创新团队等项目管理机制，出台师承教育管理办法，建设 321 个高水平中医重点学科，培养 2 万余名中医馆骨干人才。深化中医药国际合作，建成全球首个以传统医学为主题的临床试验注册平台。

（庚波）

19. 抓好民生兜底保障做了哪些工作？

2023年是三年新冠疫情防控转段后经济恢复发展的一年，部分困难群众基本生活仍面临较大压力。对此，不断加大民生兜底保障力度，充分发挥社会救助、社会福利等的功能作用，更好兜住兜准兜牢民生底线。主要做了以下工作：

（一）进一步完善制度、加强社会救助。国务院办公厅转发了民政部等10部门制定的《关于加强低收入人口动态监测做好分层分类社会救助工作的意见》（以下简称《意见》），这是我国完善社会救助体系的一项重要新举措。《意见》进一步明确了社会救助领域低收入人口的范围，将医疗、教育、住房、就业等专项救助拓展至低保边缘家庭成员、刚性支出困难家庭成员等，推动社会救助扩围增效。民政部牵头建设了全国低收入人口动态监测信息平台，目前已经归集了6600多万低收入人口的基本信息，大约占全国总人口的4.7%。根据经济社会发展水平，逐步提高救助标准。截至2023年底，全国共有664万人享受城市最低生活保障，3399万人享受农村最低生活保障，特困人员救助供养472.6万人。全面推行由急难发生地直接实施临时救助，全年临时救助742.3万人次。连续第11年开展"寒冬送温暖"、"夏季送清凉"专项救助行动，救助流浪乞讨人员等各类临时遇困群众70.6万人次。全面加强政府救助与慈善帮扶在政策、对象、信息、资源等方面的有效衔接，畅通公益慈善力量参与渠道，更好满足困难群众多层次、多样化、差异性救助需求。加大抚恤优待力度，将优抚对象等人员抚恤和生活补助标准总体提高5.7%，惠及835万人。

（二）切实加强儿童福利和权益保护工作。制定加强事实无人抚养儿童等困境儿童精准保障和教育保障的政策文件，出台关于加强困境儿童心理健康关爱服务工作的指导意见，以及促进残疾孤儿回归家庭政策措施。指导各地依法办理收养登记，平稳有序做好收养有关工作。成立国务院妇儿工委流动儿童和留守儿童权益保障工作小组，部署开展农村留守儿童和困境儿童关爱服务质量提升三年行动，强化流动儿童和留守儿童权益保障。启动全国首批儿童福利机构高质量发展实践基地试点，实施儿童福利机构"精准化管理 精细化服务"质量提升行动，推进业务档案规范化、信息化建设，改进管理服务，更好保障机构内儿童健康权益。不断提高儿童保障水平，截至2023年底，全国共有14.4万名孤儿和39.9万名事实无人抚养儿童被纳入保障范围。

（三）着力提升残疾人民生保障和公共服务水平。组织开展《"十四五"残疾人保障和发展规划》中期评估，制定残疾人康复、教育、就业、出行等一系列政策措施，推动各项任务目标加快落实落地。将脱贫不稳定、边缘易致贫、突发严重困难的残疾人纳入监测和帮扶范围，及时采取针对性帮扶措施，守住了不发生规模性返贫的底线。建立残疾人两项补贴动态调整机制和部级数据核对与督导工作机制，普遍开展"全程网办"、"跨省通办"、"主动服务"等便民服务。截至2023年底，残疾人两项补贴已惠及 1180.4 万困难残疾人和 1584.2 万重度残疾人，残疾人基本民生得到有力保障。实施《国家残疾预防行动计划（2021—2025 年）》，残疾发生发展得到有效控制，残疾人基本康复服务覆盖率稳定在 85% 以上，43.4 万残疾儿童得到康复救助，适龄残疾儿童少年义务教育入学率稳步提升，2023 年新增 3 万多名残疾学生被高校录取。2023 年城乡新增 50.5 万持证残疾人就业，残疾人经济社会参与更加广泛，生活状况进一步改善。部署开展"精康融合行动"，推进地级市精神卫生福利设施建设，全国民政直属精神卫生福利机构达到 138 家，床位 7.1 万张。发布《中国康复辅助器具目录（2023 年版）》，开展康复辅助器具产业第二批国家综合创新试点，建设 49 个康复辅助器具产业园区，设立康复辅助器具社区租赁服务实体店 400 余家，惠及 870 万人。持续改善无障碍出行环境，提升无障碍出行服务，残疾人出行更加便利。

（孙慧峰）

20. 文化事业和文化产业发展取得哪些新进展？

2023年，各地区各部门深入学习贯彻习近平文化思想，贯彻落实党的二十大精神和党中央决策部署，持续推动文化事业和文化产业繁荣发展、高质量发展，各项工作取得新的积极成效，人民精神文化生活更加丰富多彩。

（一）公共文化服务体系不断完善。加强文艺精品创作，实施新时代系列艺术创作工程，推出一批优秀影视剧作品，打造一批精品主题出版物，组织开展丰富多彩的舞台艺术优秀剧目展演、美术精品展出等活动。以标准化、均等化为抓手，持续推进城乡公共文化服务体系一体建设，着力解决城乡之间、区域之间公共文化服务不平衡问题。落实国家基本公共服务标准，推进县级文化馆、图书馆总分馆制，目前基层分馆和服务点数量超过10万个。支持引导"城市书房"等新型公共文化空间建设，打造老百姓身边的"文化客厅"，目前这类空间数量超过3.3万个。创新实施文化惠民工程，广泛开展群众文化活动，形成"四季村晚"、"大地欢歌"、广场舞大会等文化品牌。创新公共文化服务体制机制，支持社会力量广泛参与公共文化服务，创新开展"春雨工程"，鼓励一大批优质文化和旅游资源以志愿和公益形式向边疆和民族地区流动。实施国家文化数字化战略，推进智慧图书馆体系和公共文化云项目建设，优化基层数字文化服务网络，提升公共文化服务数字化水平。

（二）文旅产业加快恢复发展。 完善文化经济政策，推动文化产业体系和市场体系不断完善。启动实施一批重大文化产业项目，有效发挥对区域文化产业辐射带动作用。数字科技赋能文化产业提质升级，文化新业态新模式带动作用明显增强。据统计，全国 7.3 万家规模以上文化及相关产业企业实现营业收入 13 万亿元，同比增长 8.2%；其中文化新业态特征较为明显的 16 个行业小类实现营业收入 5.2 万亿元，同比增长 15.3%。去年以来，国家和地方密集出台一系列文旅产业支持政策和促消费政策，有力推动文旅市场快速复苏。激活各类文化消费新玩法新空间，演唱会、音乐节等演出市场持续火爆，云演艺、国风国潮、沉浸式体验等新文化消费深受青睐。2023 年前三季度，全国营业性演出场次 34.2 万场、票房收入 315.4 亿元、观演人数 1.1 亿人次，分别比 2019 年同期增长 121%、84.2%、188.5%。国务院办公厅印发《关于释放旅游消费潜力推动旅游业高质量发展的若干措施》，优质旅游产品供给不断增加，观光旅游与休闲度假并重发展，自驾游、定制游、研学游、亲子游、冰雪旅游、避暑旅游、智慧旅游等细分市场发展迅速，淄博、哈尔滨等网红旅游城市吸引大量游客。开展演出票务、剧本娱乐等专项整治和旅游市场秩序整治百日行动等，有效维护文化和旅游市场秩序。

（三）文化遗产保护传承全面推进。 2023 年 6 月党中央召开文化传承发展座谈会，习近平总书记发表重要讲话，文物保护利用和文化遗产保护传承力度空前加大。深入实施中华优秀传统文化传承发展工程和中华文明探源工程，夏文化研究、巴蜀

20. 文化事业和文化产业发展取得哪些新进展？

文明进程研究等18项"考古中国"重大项目研究持续深化。推动"普洱景迈山古茶林文化景观"列入世界遗产名录，中国世界遗产数量增至57项。启动第四次全国文物普查，加强廊桥、石窟寺、壁画彩塑、名碑名刻等保护研究。核定公布第二批革命文物名录，红色游径、红色草原、红色研学等在传承红色基因、激发爱国热情方面作用彰显。加大打击防范文物犯罪力度，推动流失文物追索返还，55件流失海外文物艺术品回归祖国。推进第六批国家级非遗代表性传承人认定，加快非遗工坊、非遗保护示范基地、国家文化生态保护区等建设，有力促进了非物质文化遗产保护和传承。推动长城、大运河等国家文化公园建设，加强黄河、长江文物等文化遗产系统性保护。推进各级各类博物馆建设，三星堆博物馆新馆、北京大运河博物馆等一批新馆建成开放，全国备案博物馆达到6565家。积极创新展陈方式、优化开放服务、开发文创产品，进馆看展日益成为人们休闲生活的新风尚。同时，针对"博物馆热"引发的参观预约难等问题，不少博物馆采取延长开放时间、提高参观人数限额等方式扩大服务供给、满足群众需求。打造《寻古中国》《何以中国》《非遗里的中国》等文化遗产全媒体传播精品，让恢宏灿烂的中华文明更加真实可感。

（四）文明交流互鉴成果丰硕。践行全球文明倡议，坚守中华文化立场，积极推动中外人文交流，不断增强中华文化传播力影响力。举办首届良渚论坛、艺汇丝路——中阿知名艺术家采风作品展、纪念费城交响乐团访华50周年演出等活动，搭建交流平台，促进民心相通。推动成立亚洲文化遗产保护联盟并发布《西安宣言》,推进文化遗产领域国际合作,共同推动人类文明发展进步。实施"文化丝路"计划,举办"欢乐春节"、"茶和天下·雅集"、"多彩中国 佳节好物"等活动,开展"你好!中国"国家旅游形象推广,推动中华文化、中国旅游更好走向世界。

(王晓丹)

21. 支持旅游市场恢复方面采取了哪些政策措施？

2023年是三年新冠疫情防控转段后经济恢复发展的一年。党中央、国务院对促进文化旅游等服务消费作出部署并出台相关政策措施，推动我国旅游市场强势复苏。全年国内出游48.9亿人次、同比增长93.3%，国内游客出游总花费4.9万亿元、同比增长140.3%。旅游业展现出的蓬勃生机，成为中国经济韧性强、潜力大、活力足的生动体现。

（一）扶持旅游业经营主体恢复发展，优化旅游产品供给。一是助力旅游企业恢复经营。推动稳增长、助企纾困帮扶政策延续实施，开展旅行社服务质量保证金暂退工作，允许新设立旅行社暂缓交纳，帮助应对阶段性困难。健全全国导游资格考试管理制度，修订《导游服务规范》国家标准，加大人员培训力度，提升导游队伍服务水平。二是推动旅游产品提质升级。出台《国内旅游提升计划（2023—2025年）》，"十四五"文化保护传承利用工程2023年度中央预算内投资对69个国家文化公园和重大旅游基础设施项目进行补助。打造国家级旅游休闲城市、旅游度假区，认定两批共110家国家级旅游休闲街区。支持游艇旅游发展，首艘国产大型邮轮"爱达·魔都"号投入运营。持续打造乡村旅游重点村镇体系，浙江下姜村、江西篁岭村、甘肃扎尕那村、陕西朱家湾村入选第三批联合国世界旅游组织"最佳旅游乡村"。三是积极培育旅游新业态。促进旅游与文化、体育、科技融合发展，组织开展一系列重大节庆展演展览活动，发布全国旅游演艺精品名录，推动"跟着演出去旅行"。评定国家旅游科技示范园区 27 家，发展线上演播、剧本娱乐等业态。同时，各地区结合自身资源禀赋踊跃创新，"淄博烧烤"、"村 BA"、"村超"等融合业态持续涌现，2023—2024 年冰雪季哈尔滨火爆出圈，带动东北地区冰雪运动、冰雪文化、冰雪装备、冰雪旅游全产业链发展。

（二）改善旅游环境和体验，释放旅游消费需求。 一是开展旅游促消费活动。制定实施《关于释放旅游消费潜力推动旅游业高质量发展的若干措施》，实施"百城百区"金融支持文化和旅游消费行动计划，促进消费惠民。举办迎亚运、迎学青会等文体旅融合促消费活动。推动国家级夜间文化和旅游消费集聚区创新发展，2023 年前两批 243 个集聚区客流量 31.2 亿人次，平均每个集聚区每夜 3.5 万人次。二是加强旅游产品宣传推广。实施中华文化主题旅游线路推广工程，开展"旅游中国·美好生活"等宣传活动。举办第十三届中国旅游产业博览会，发挥其促消费作用。三是优化旅游消费环境。制定实施提升暑期旅游景区开放管理水平的政策措施，指导旅游景区优化管理，缓解一些景区出现的"一票难求"现象。加强旅游服务中心建设，推进旅游厕所革命，不断优化旅游公共服务。开展旅游市场秩序整治百日行动，严查"不合理低价游"、强迫购物等问题。开展行业安全生产检查，加强景区游乐设施、特种设备等安全隐患排查整治，守住安全底线。

（三）加力破解难点堵点，促进入境旅游稳步恢复。 一是优

21. 支持旅游市场恢复方面采取了哪些政策措施？

化来华签证措施。中国已与157国缔结了涵盖不同护照种类的互免签证协定，与44个国家达成简化签证手续协定或安排。放宽来华外籍人员申办口岸签证条件、枢纽空港口岸24小时直接过境免办查验手续，2023年全国边检机关共查验入境人员2.1亿人次。二是降低入境交通成本。从降低收费、加大时刻供给等方面支持航空公司增加运力投放。截至2024年1月，我国国际定期客运航班共通航67个国家，英国等25个国家航班量已超过疫情前水平。三是便利外国游客在华生活。围绕交通枢纽、景区、度假区、文博场馆、星级酒店、文商旅综合体等场景进行支付便利化升级，在北京首都、大兴机场和上海浦东、虹桥机场推动开展境外来宾支付便利化服务。加强导游以及景区、酒店等服务人员外语培训，完善重点场所多语种标识及导览设施。四是持续营造友好环境。深入开展"你好！中国"国家旅游形象系列推广活动，支持国内文化和旅游企业、机构参加各类国际文化和旅游展会，吸引外国相关企业来华参展参会，为以旅游为媒介促进中国与世界各国和地区人民的友好交往创造良好条件。

（刘开标）

22. 体育事业取得哪些新成绩？

2023年是推动体育发展、加快推进体育强国建设的重要一年。二十届中央第一轮巡视对体育总局党组开展机动巡视，充分体现了对体育工作的高度重视。在以习近平同志为核心的党中央坚强领导下，各地区各有关部门共同努力，全国体育战线振奋精神、扎实工作，推动体育事业发展迈出了新的步伐。

（一）**群众体育迸发新活力**。制定《全民健身场地设施提升行动工作方案（2023—2025年）》，大力推进群众健身场地设施建设，开展健身设施强基础、提质量、优服务、增效益四大行动，全国体育场地总数达到459.3万个，人均体育场地面积达2.89平方米，分别比上年增加8.6%和10.3%。积极推动各类场馆向群众开放，越来越多的体育场馆享受国家免费或低收费开放补助政策，受益人次超过4亿。全民健身线上运动会圆满成功，累计参赛接近2200万人。全国各地马拉松赛事在疫情后纷纷重启，带动国内路跑赛事快速回暖、不断升温，助力城市恢复活力。贵州省"村超"、"村BA"吸引上百万人次到场观战，为举办地带来360多万人次的夜间消费。在此引领下，和美乡村篮球大赛等一系列丰富多彩的"村超"及"类村超"赛事在全国各地遍地开花，吸引更多人从体育旁观者转变为体育参与者。

（二）**竞技体育整体实力不断增强**。2023年可以说是竞技体育的"大年"。我国成功举办成都大运会、杭州亚运会和亚残

22. 体育事业取得哪些新成绩？

运会、广西学青会等重大赛事活动，实现了运动成绩和精神文明双丰收，极大鼓舞和激发了全国人民的爱国热情和民族自豪感。特别是杭州亚运会和亚残运会，是党的二十大胜利召开、我国疫情防控实行"乙类乙管"后举办的重大国际综合性体育赛事，我们秉持"绿色、智能、节俭、文明"办赛理念，以一流的场馆设施、出色的组织服务，兑现了举办一届"中国特色、亚洲风采、精彩纷呈"亚运盛会的庄严承诺，受到了亚洲各国和国际社会的广泛赞誉。在杭州亚运会上，我国体育健儿勇创佳绩，取得201枚金牌的历史最好成绩，第11次蝉联亚运会金牌榜首位，展现了中国竞技体育发展的新成就。残疾人运动员在杭州亚残运会上获得214枚金牌，奖牌总数达521枚，第4次蝉联亚残运会金牌榜和奖牌榜首位。针对一段时期以来"三大球"成绩持续下滑等问题，国务院成立了推进足球改革发展工作专班机制，有关部门进一步加强足球、篮球等相关协会建设，完善规章制度和治理能力，净化行业风气，强化赛风赛纪，取得了新的成效。

（三）**青少年体育工作扎实推进**。深入落实《关于深化体教融合促进青少年健康发展的意见》，推动青少年体育快速发展。各地积极开展丰富多彩的青少年体育赛事，组织4.3万余场"奔跑吧·少年"主题健身活动，参与青少年6329万人次。引导规范校外体育培训机构发展，助力"双减"政策落地。动员895名志愿者赴山西、内蒙古等省（区）部分中小学校开展体育支教服务，惠及50万名中小学生。

（四）**体育产业和体育消费快速发展**。2023年中央政治局会议和中央经济工作会议，对推动体育休闲消费提出明确要求，强调要把体育赛事作为培育壮大新型消费增长点，这为体育产业发展提供了重要机遇。有关部门制定了《关于恢复和扩大体育消费的工作方案》等多个政策性文件，提出一系列有力举措，不断完善体育产业发展政策体系，积极恢复和扩大体育消费。新认定7个国家级滑雪旅游度假地、13个国家体育旅游示范基地，命名23个国家体育产业基地，推出24条国庆、春节假期体育旅游精品线路，举办首届中国户外运动产业大会，体育服务和产品供给更加丰富。创新开展"跟着赛事去旅行"系列活动，促进文体旅融合发展，在全国掀起了体育消费热潮。以杭州亚运会为例，在赛事举办期间，杭州接待游客总量达4345.9万人次，比上年同期增长112.4%，带动住宿、餐饮、零售消费489.6亿元。冰雪经济成为2023年的又一个突出亮点。抓住后冬奥时期冰雪运动、冰雪经济发展机遇，持续巩固"带动三亿人参与冰雪运动"成果，组织开展"全国大众冰雪季"等品牌活动，加大冰雪场地设施供给，各地因地制宜开展群众性冰雪活动和冰雪赛事，群众参与热情得到充分激发，冰雪"冷资源"成为了"热经济"。根据最新统计，我国体育产业总规模已经超过3.3万亿元。

（五）国际体育交流合作深入开展。利用成都大运会、杭州亚运会和亚残运会的契机，广泛开展体育对外交往活动，进一步扩大体育领域的"朋友圈"。以中俄体育交流年为契机，举办第九届中俄夏季青少年运动会。发挥体育独特优势，深化对美体育交流与合作，巩固与亚非拉体育界的深厚友谊。充分调动

22. 体育事业取得哪些新成绩？

地方在体育交流合作方面的积极性，黑龙江省谋划推进中国—上海合作组织冰雪体育示范区建设，云南省推动与南亚东南亚体育对外交流合作，有力服务了国家外交大局。

（孙慧峰）

23. 政府自身建设取得哪些新成效？

过去一年，在以习近平同志为核心的党中央坚强领导下，各级政府全面加强自身建设，认真落实机构改革任务，扎实推进依法行政，持之以恒正风肃纪反腐，真抓实干、善作善成，行政效能持续得到提升。

（一）坚持把党的领导贯穿政府工作各方面全过程。本届政府履职之初，就旗帜鲜明提出要当好贯彻党中央决策部署的执行者、行动派、实干家。各级政府深入开展学习贯彻习近平新时代中国特色社会主义思想主题教育，深刻领悟"两个确立"的决定性意义，增强"四个意识"、坚定"四个自信"、做到"两个维护"，不断提高政治判断力、政治领悟力、政治执行力，始终在思想上政治上行动上同以习近平同志为核心的党中央保持高度一致。国务院建立和落实专题学习制度，重点围绕贯彻落实习近平总书记重要指示批示精神和党中央决策部署，加强经济、科技、产业等领域新知识学习，增强推动高质量发展本领、服务群众本领、防范化解风险本领。坚持和完善党中央重大决策部署落实机制，修订《国务院工作规则》等制度规定，把维护党中央权威和集中统一领导作为最根本的政治纪律和政治规矩，自觉同党中央要求对标对表，确保党中央决策部署不折不扣落实。

（二）以机构改革为契机推进政府职能转变。按照党的二十

23. 政府自身建设取得哪些新成效？

届二中全会审议通过的《党和国家机构改革方案》和十四届全国人大一次会议审议批准的国务院机构改革方案，有序推进国务院机构改革工作，扎实做好科学技术、金融监管、数据管理、乡村振兴、知识产权等重点领域的机构职责优化调整，完善国务院直属特设机构、直属机构、办事机构、直属事业单位、部委管理的国家局设置。严肃改革纪律，做好思想政治工作，精心组织、周密实施，确保机构、职责、队伍等及时调整到位，确保了改革期间各项工作正常运转、有序衔接。国务院新组建和重新组建的部门均已挂牌运行，地方政府机构改革有序推进。以这次机构改革为契机，坚持优化协同高效，深化转职能、转方式、转作风。推动各部门完善内部工作机制，进一步明确工作责任，优化工作流程。强化政府工作"一盘棋"意识，加强部门协同配合，提高联办效率和规范化水平，形成工作合力。

（三）依法行政扎实推进。 贯彻落实《法治政府建设实施纲要（2021—2025年）》，不断提高运用法治思维、法治方式解决问题的能力。自觉接受人大监督和政协民主监督，国务院各部门按时办结全国两会期间提出的人大代表建议7955件、政协提案4525件，采纳代表委员所提意见建议近4700条，出台相关政策措施2000余项，有力推动解决了一系列事关改革发展、人民群众急难愁盼的问题。提请全国人大常委会审议法律议案10件，全面梳理604部行政法规，制定修订未成年人网络保护条例、无人驾驶航空器飞行管理暂行条例、专利法实施细则等行政法规25部，取消和调整罚款事项33个。强化行政执法监督，全国办理行政复议案件31.5万件，纠正违法或者不当行政行为2.7万件，审查备案地方性法规、地方政府规章和部门规章3021件。实施提升行政执法质量三年行动，完善行政执法程序，健全行政裁量基准，全面推进严格规范公正文明执法。

（四）**大力提升行政效能**。优化督查工作机制，抓实抓好督查问效，组织开展国务院推动经济持续回升向好督查调研、推动高质量发展综合督查以及其他专项督查和"互联网+督查"，高度重视企业群众的急难愁盼和工作推进的堵点难点，督促有关方面对督查发现的问题一项一项抓好整改。把"高效办成一件事"作为优化政务服务、提升行政效能的重要抓手，加强协同配合，优化办事流程，精简办事材料，提高办事效率。依托全国一体化政务服务平台推动政务服务效能提升常态化，不断提升政务服务水平。全国一体化政务服务平台注册用户超过10亿人，电子社会保障卡服务总量达151亿人次，全国已建设32个省级政务服务移动端，80%的地区开通了微信或支付宝小程序提供政务服务，"一网通办"、"异地可办"、"最多跑一次"逐步成为现实。

（五）**政府党风廉政建设和反腐败斗争纵深推进**。全面落实习近平总书记在二十届中央纪委二次全会上的重要讲话精神和党中央关于全面从严治党战略部署，召开国务院廉政工作会议，突出重点领域和关键环节，深入推进转政风提效能、严纪律肃贪腐。严格落实中央八项规定精神，加强政府作风建设，锲而不舍纠治"四风"。大兴调查研究之风，深入研究重大问题、提出重大举措、推进重大工作，以改革创新的思路举措实打实地解决一批突出问题。落实过紧日子要求，坚持勤俭办一切事业，

23. 政府自身建设取得哪些新成效？

努力降低行政运行成本，中央本级三公经费支出预算比疫情前的 2019 年下降了 20%。促进文件会议减量提质，国务院各部门发文和开会数量分别较年初计划压减 18%、36%。有力推进金融单位、国有企业等巡视整改。认真抓好审计查出问题整改工作，促进增收节支和挽回损失 3600 多亿元。坚决守住廉洁底线，始终以严的标准、严的措施抓好廉洁政府建设，一体推进不敢腐、不能腐、不想腐，深化标本兼治、系统治理，严格防范和严肃查处重点领域腐败问题，坚决惩治群众身边的腐败和不正之风。

（汪先锋）

24. 基层社会治理方面主要做了哪些工作？

习近平总书记强调，基层强则国家强，基层安则天下安。过去一年，各地区各部门深入学习贯彻习近平总书记关于基层治理的重要论述和党中央有关决策部署，统筹推进乡镇（街道）和城乡社区治理，不断提升社会治理效能，基层治理现代化取得新的成效。

（一）完善城乡基层治理体系。深入落实中共中央、国务院《关于加强基层治理体系和治理能力现代化建设的意见》，加快完善网格化管理、精细化服务、信息化支撑的基层治理平台，强化系统治理、依法治理、综合治理、源头治理。推动全面从严治党向基层延伸，持续整治群众身边的不正之风和腐败问题。加强党的基层组织建设和基层政权治理能力建设，优化乡镇（街道）政务服务流程，推动各地政务服务平台向乡镇（街道）延伸，增强乡镇（街道）议事协商、为民服务能力。加强村（居）民委员会规范化建设，完善村（居）民自治机制，深化基层民主协商，增强基层组织动员能力。提升社区治理效能，实施城市社区嵌入式服务设施建设工程，推动优质普惠公共服务下基层、进社区，城市、农村社区综合服务设施覆盖率分别为 100% 和 85% 左右，在办好"一老一小"等民生实事和公共事务中发挥了重要作用。加快补齐乡村基础设施短板，累计建设 28.9 万个村级寄递物流综合服务站，农村自来水普及率达到

24. 基层社会治理方面主要做了哪些工作？

90%。推广运用积分制、清单制、接诉即办、"村民说事"等务实管用乡村治理方式，加快提升乡村治理水平。

（二）健全多元化矛盾纠纷化解机制。坚持和发展新时代"枫桥经验"，认真解决涉及群众切身利益的问题，及时把矛盾纠纷化解在基层、化解在萌芽状态，筑牢社会和谐稳定的基础。行政复议化解行政争议主渠道建设有力推进，强化调解和解手段运用，实质性解决人民群众急难愁盼问题。认真落实《信访工作条例》，用心用情办理群众来信来访，持续加强信访问题源头治理和积案化解，深入推进信访工作法治化。全国省市两级信访工作联席会议机制覆盖率达到100%，县级覆盖率达到九成，27个省份实现了乡镇（街道）一级全覆盖。加强信访信息化建设，网上信访占比达七成，快速高效解决群众诉求。健全行政调解工作体制，完善行业性专业性调解制度规则，推进人民调解组织规范化建设和作用发挥。全国共有人民调解委员会近70万个，人民调解员近320万人，全年调解矛盾纠纷1720万件，有力促进矛盾纠纷源头预防和调解化解。

（三）夯实安全稳定的基层基础。全国公安机关坚持"派出所主防"，推进警力下沉，深化"一村（格）一警"、派出所"两队一室"等机制模式建设，深化"枫桥式公安派出所"创建和"百万警进千万家"等活动，注重专群结合、群防群治，保持社会大局持续安全稳定。全国公安机关日均投入74万社会面巡防力量开展巡逻防控，大幅提高街面见警率、管事率，"两抢一盗"案件立案数下降22.1%，社会治安环境明显改善。加强食品药品等安全监管，全国食品安全评价性抽检合格率、国家药品抽检总体合格率均保持在99%以上。特种设备事故大幅减少。大力提升基层应急管理能力，推动应急管理工作力量下沉、保障下倾、关口前移。深入开展重大事故隐患专项排查整治行动，明确51个行业领域重大事故隐患判定标准和重点检查事项，各地排查重大事故隐患39.5万项，推进重大事故隐患动态清零。推进基层应急管理专业化规范化，实施"安全生产月"、"消防宣传月"等主题宣教活动，常态化开展安全宣传"五进"活动，提升从业人员安全素质和技能，不断夯实筑牢安全生产人民防线。

（四）引导社会力量参与基层治理。完善办事公开制度，拓宽基层各类群体有序参与基层治理渠道。加强对社会组织支持引导和监督管理，完善财政补助、购买服务、税收优惠、人才保障等支持政策，推动社会组织在助力高质量发展、支持稳岗就业、提供社会服务等方面发挥积极作用。引导全国性社会组织、东部省市社会组织结对帮扶160个国家乡村振兴重点帮扶县，助力巩固脱贫攻坚成果、推进乡村全面振兴。开展行业协会商会服务高质量发展专项行动，清理违法违规收费，为企业减轻负担。开展打击整治非法社会组织专项行动，依法处置非法社会组织1100余家，关停非法社会组织网站和应用程序164个。完善促进公益慈善事业发展政策措施，引导更多有意愿有能力的企业、社会组织和个人参与公益慈善。支持和发展社会工作服务机构和志愿服务组织，搭建更多志愿服务平台，壮大

24. 基层社会治理方面主要做了哪些工作?

志愿者队伍,健全志愿服务体系。全国登记认定慈善组织 1.3 万余家,注册志愿者超过 2.3 亿人,公益慈善和志愿服务事业持续健康发展。

(汪先锋)

25. 2023年中国外交取得哪些新成果？

2023年，面对异常严峻复杂的国际形势和诸多外部挑战，在以习近平同志为核心的党中央坚强领导下，中国特色大国外交全面推进，为强国建设、民族复兴营造有利环境，为维护世界和平、促进共同发展做出积极贡献。主要有以下新成果：

（一）元首外交发挥战略引领作用。2023年，习近平主席等党和国家领导人出访多国、出席多场多边会议。习近平主席亲自擘画、亲力亲为，主持中国—中亚峰会、第三届"一带一路"国际合作高峰论坛两大主场外交，出席上合组织领导人峰会、金砖国家领导人会晤、亚太经合组织领导人非正式会议共三场多边峰会，先后出访俄罗斯、南非、美国、越南，举行百余场会见、通话。习近平主席深刻阐述中方关于坚持经济全球化、维护世界和平稳定、完善全球治理、加强应对全球性挑战国际合作、促进绿色低碳转型等立场主张，推动各方落实全球发展倡议、全球安全倡议、全球文明倡议，携手构建人类命运共同体。元首外交打开了中国对外关系的崭新局面，在国际事务中日益发挥重要和建设性作用。2023年是习近平主席提出构建人类命运共同体倡议十周年。十年来，构建人类命运共同体已从中国倡议扩大为国际共识，从美好愿景转化为丰富实践，从理念主张发展为科学体系，连续七年写入联大决议，不断拓展延伸到各个地区、各个领域，成为中国外交的光辉旗帜，引

25. 2023年中国外交取得哪些新成果？

领中国外交不断取得新成绩。

（二）促进国际开放合作和世界经济复苏。中国坚持对外开放的基本国策，坚定奉行互利共赢的开放战略，推动建设开放型世界经济。坚持经济全球化正确方向，推动贸易和投资自由化便利化，促进国际宏观经济政策协调，坚决反对保护主义、"脱钩断链"、单边制裁。巩固落实《区域全面经济伙伴关系协定》各领域合作，推进中国—东盟自贸区3.0版谈判，为深化东亚区域经贸合作做出积极贡献。举办年度博鳌论坛、进博会、服贸会、广交会、消博会、链博会等，宣布一系列扩大进口和吸引外资新举措，增加航班数量、简化来华签证手续、对多国实行单方面免签政策，制度型开放步伐加快。2023年是习近平主席提出共建"一带一路"倡议十周年。中方成功举办第三届"一带一路"国际合作高峰论坛，提出高质量共建"一带一路"八项行动，150多个国家、40多个国际组织参会，达成458项重要成果清单、972亿美元合作协议。

（三）巩固完善全球伙伴关系网络。中国坚持独立自主的和平外交政策，坚持走和平发展道路，致力于发展同各国的友好合作，深化拓展全球伙伴关系，推动构建相互尊重、公平正义、合作共赢的新型国际关系，不断巩固完善全方位外交布局。

维护大国关系总体稳定。中国积极推动构建和平共处、总体稳定、均衡发展的大国关系格局，反对大国竞争对抗，促进大国良性互动。深化中俄全面战略协作。习近平主席年内同普京总统两次会晤。两国政治和战略互信日益巩固，各领域务实合作不断深化，为维护全球战略稳定作出贡献。推动中欧关系稳健发展。2023年是中欧建立全面战略伙伴关系20周年。习近平主席同法国、德国等欧洲多国及欧盟机构领导人深入沟通，就加强对话合作达成重要共识，中方同各方在战略、经贸、绿色、数字等领域的高层对话成果丰硕。中美关系经双方努力有所缓和。习近平主席应邀同拜登总统举行旧金山历史性会晤，就事关中美关系的战略性、全局性、方向性问题坦诚深入交换意见，双方达成20多项成果共识，恢复和建立一系列对话沟通机制，形成了面向未来的"旧金山愿景"。

夯实周边命运共同体。习近平主席对越南进行历史性国事访问，双方同意进一步深化和提升中越全面战略合作伙伴关系，构建具有战略意义的中越命运共同体。中国同印尼宣布雅万高铁建成通车，同新加坡关系定位提升为"全方位高质量的前瞻性伙伴关系"，澜湄合作扎实推进，构建更为紧密的中国—东盟命运共同体取得新的进展。习近平主席同中亚五国元首举行首届中国—中亚峰会，正式建立中国—中亚元首会晤机制，就建立中国—中亚能源发展伙伴关系、支持跨里海国际运输走廊建设等重大合作达成共识，共同决定构建更加紧密的中国—中亚命运共同体。中方推动上合组织牢记初心使命，坚持团结协作，为维护世界和平与发展注入更多确定性和正能量。

深化与发展中国家的团结合作。始终同广大发展中国家站在一起，维护发展中国家共同利益。去年约翰内斯堡峰会期间，五国领导人决定金砖机制正式扩员，此举将使金砖机制在推动全球治理体系改革中发挥更大作用，也开启了"全球南方"联

25. 2023年中国外交取得哪些新成果？

合自强的新纪元。习近平主席访问南非，同拉马福萨总统宣布携手构建高水平中南命运共同体，提出支持非洲发展三项举措，中方支持非盟加入二十国集团，中非关系迈入历史新阶段。深化中阿、中拉、中国—太平洋岛国互利合作，支持发展中国家加快实现现代化。

（四）**积极参与和推进全球治理**。中国始终坚持并践行真正的多边主义，坚定维护以联合国为核心的国际体系、以国际法为基础的国际秩序、以联合国宪章宗旨和原则为基础的国际关系基本准则，推动全球治理体系朝着更加公正合理的方向发展。积极推动落实全球发展倡议，目前70多国加入"倡议之友小组"，200多个合作项目落地，中方已成立总额40亿美元的全球发展和南南合作基金，支持减贫、粮食安全、工业化、数字时代互联互通等重点领域合作。全球安全倡议影响日益扩大，现已获得100多个国家和国际组织支持，写入多份双多边文件，明确20项国际安全重点合作领域，综合安全观受到多方认同。全球文明倡议从理念不断转化为实践，弘扬全人类共同价值，中希文明互鉴中心在雅典大学落成，"读懂中国"国际会议、"良渚论坛"成功举办，中华文明、世界不同文明之间的交流互鉴持续深化。

（五）**为解决热点问题发挥积极建设性作用**。中国促成沙特和伊朗历史性和解，是对话与和平的重大胜利，全面展示了中国特色的国际和地区热点问题解决之道。在乌克兰问题上，中方积极劝和促谈，先后提出"四个应该"、"四个共同"和"三点思考"的主张，发布《关于政治解决乌克兰危机的中国立场》

文件，派出政府特使同各方广泛接触，为劝和促谈、恢复和平作出持续努力。巴以冲突以来，中方派出特使劝和促谈，发布《中国关于解决巴以冲突的立场文件》，呼吁尽快停火止战，推动巴勒斯坦问题早日得到全面、公正、持久解决。中方支持阿富汗包容建政、和平重建，积极斡旋缅北冲突各方实现和解，推动政治解决朝鲜半岛问题、伊核问题，成为维护地区和平安宁的重要力量。

（刘武通）

第二部分

2024年经济社会发展总体要求和政策取向

26. 如何理解政府工作的总体要求和需要把握的重点？

今年是中华人民共和国成立 75 周年，是实现"十四五"规划目标任务的关键一年。李强总理在十四届全国人大二次会议上所作的《政府工作报告》中，明确了做好政府工作的总体要求和需要把握的重点。我们要在以习近平同志为核心的党中央坚强领导下，以习近平新时代中国特色社会主义思想为指导，全面贯彻落实党的二十大和二十届二中全会精神，贯彻落实中央经济工作会议部署，落实《报告》要求，做好今年经济社会发展工作。

（一）完整、准确、全面贯彻新发展理念，着力推动高质量发展。发展是我们党执政兴国的第一要务，新时代的发展必须是高质量发展。经济发展是一个螺旋式上升、阶梯式递进的过程，既要注重量，更要注重质，当量积累到一定阶段，必须转向质的提升，这是经济发展的一般规律。只有坚持高质量发展，持续提升发展质量、壮大经济实力，才能不断满足人民日益增长的美好生活需要，如期基本实现现代化、达到中等发达国家水平，进而全面建成社会主义现代化强国。要切实贯彻落实坚持高质量发展这个新时代的硬道理，扎实推动使创新成为第一动力、协调成为内生特点、绿色成为普遍形态、开放成为必由之路、共享成为根本目的的发展，实现经济质的有效提升和量的合理增长。

（二）坚持稳中求进工作总基调，巩固和增强经济回升向好态势。中央经济工作会议强调要坚持稳中求进、以进促稳、先立后破。坚持稳中求进，稳是大局和基础。各地区各部门要多出有利于稳预期、稳增长、稳就业的政策，谨慎出台收缩性抑制性举措，清理和废止有悖于高质量发展的政策规定。进是方向和动力，要坚持以进促稳，着力在转方式、调结构、提质量、增效益上积极进取，掌握战略主动，增强发展韧性。稳和进、立和破是辩证统一、相辅相成的，要作为一个整体来把握，坚持先立后破，该立的要积极主动立起来，该破的要在立的基础上坚决破，在固本培元中塑造高质量发展新优势。

（三）加大宏观调控力度，增强宏观调控针对性有效性。积极的财政政策要适度加力、提质增效，科学合理安排财政赤字、财政收支、地方政府专项债、超长期特别国债、转移支付、结构性减税降费等政策举措，既用好财政政策空间，又优化政策工具组合。稳健的货币政策要灵活适度、精准有效，加强总量和结构双重调节，加大对重大战略、重点领域和薄弱环节的支持力度，促进社会综合融资成本稳中有降。增强宏观政策取向一致性，加强财政、货币、就业、产业、区域、科技、环保等政策协调配合，把非经济性政策纳入宏观政策取向一致性评估，强化政策统筹，确保同向发力、形成合力。

（四）全面深化改革开放，增强发展内生动力。改革攻坚要突出重点领域和关键环节，着力促进有效市场和有为政府更好结合，营造市场化、法治化、国际化一流营商环境，推动构建高水平社会主义市场经济体制。不断完善落实"两个毫不动

26. 如何理解政府工作的总体要求和需要把握的重点？

摇"的体制机制，深入实施国有企业改革深化提升行动，全面落实促进民营经济发展壮大的意见及配套举措，为各类所有制企业创造公平竞争、竞相发展的良好环境，激发各类经营主体活力。加快建设全国统一大市场，着力推动产权保护、市场准入、公平竞争、社会信用等方面制度规则统一，大力治理地方保护、市场分割、招商引资不当竞争等突出问题，坚决维护公平竞争的市场秩序。切实抓好财税金融、农业农村、生态环保、社会民生等领域改革。扩大高水平对外开放要努力推动由商品和要素流动型开放向规则、规制、管理、标准等制度型开放转变，形成以开放促改革促发展的新格局。增强国内国际两个市场两种资源联动效应，推动外贸质升量稳，加大吸引外资力度，巩固外贸外资基本盘。抓好支持高质量共建"一带一路"八项行动的落实落地，推动高质量共建"一带一路"走深走实。

（五）统筹高质量发展和高水平安全，切实防范化解风险。坚持高质量发展和高水平安全良性互动，以高质量发展促进高水平安全，以高水平安全保障高质量发展。防范化解房地产、地方债务、中小金融机构等风险要标本兼治，一方面稳妥有序处置风险隐患，完善重大风险处置统筹协调机制，优化房地产政策，进一步落实一揽子化债方案，稳妥推进一些地方的中小金融机构风险处置；另一方面健全风险防控长效机制，加快构建房地产发展新模式，建立同高质量发展相适应的政府债务管理机制，健全金融监管体制。还要加强粮食、能源、网络、数据等重点领域安全能力建设，不断筑牢高质量发展的安全屏障。

（六）坚持以人民为中心的发展思想，不断增进民生福祉。把实现好、维护好、发展好最广大人民根本利益作为一切工作的出发点和落脚点，通过做大"蛋糕"不断增进民生福祉，让现代化建设成果更多更公平惠及全体人民。坚持尽力而为、量力而行，紧紧抓住人民群众最关心最直接最现实的利益问题，着力解决人民群众急难愁盼问题，健全基本公共服务体系，提高公共服务水平，切实履行好保基本、兜底线职责，把惠民生的事办实、暖民心的事办细、顺民意的事办好，扎实推进共同富裕，促进社会和谐稳定。

（肖炎舜）

27. 怎样认识今年经济增长预期目标?

贯彻落实以习近平同志为核心的党中央决策部署和中央经济工作会议精神，十四届全国人大二次会议审议通过的李强总理所作的《政府工作报告》，明确了今年国内生产总值增长5%左右的预期目标。这一目标综合考虑了国内外形势和各方面因素，兼顾了需要和可能，既积极进取，又稳妥务实。

国内生产总值增速是反映经济运行状况的综合性、基础性指标。无论是确定就业、物价、居民收入、国际收支等宏观调控目标，还是确定财政收支、货币信贷等宏观政策的力度规模，经济增长预期目标都是重要依据。新冠疫情防控平稳转段后，我国经济运行总体回升向好，去年国内生产总值实际增长5.2%，较好完成了"增长5%左右"的预期目标，增速在世界主要经济体中继续位居前列。今年是中华人民共和国成立75周年，也是实现"十四五"规划目标任务的关键一年，保持经济平稳运行和社会大局稳定具有重要意义。《报告》提出，今年"国内生产总值增长5%左右"，与去年预期目标一致，这是经过反复权衡慎重确定的。

（一）这个目标体现了促进就业增收、防范化解风险的需要。经济增长是就业增收、防范化解风险的基础。只有保持一定的经济增速，就业和居民收入才能增加。如果经济增速过低，不仅充分就业的目标难以实现，风险因素也会增多。从这些年经济增长与就业的联动看，要实现较为充分的就业，完成城镇新增就业目标和城镇调查失业率目标，今年需要有 5% 左右的增速。同时，这一增速也能为推动结构调整、防范化解风险创造有利条件。

（二）**这个目标有利于引导预期、提振信心**。对经济增长预期目标的设定，很大程度上决定了宏观政策的取向、相关工作的开展，对企业安排生产经营计划也具有导向作用，各方面都高度关注。增长预期目标如果定得偏低，不利于稳定市场预期和信心，但如果定得过高，又可能完成起来比较困难。疫情冲击的三年，我国经济实现了平均 4.5% 的增长，充分反映了我国经济的韧性和潜力。随着疫情平稳转段，社会普遍预期总需求将逐渐恢复性增长。2024 年我国经济仍处于恢复期，将增长预期目标设定为 5% 左右，与 2023 年实际增速接近，保持了年度预期目标的连续性稳定性，是较为科学合理的，有利于引导预期、提振信心、凝聚发展共识。

（三）**与基本实现现代化的目标相衔接**。党的二十大报告已经明确，到 2035 年基本实现社会主义现代化，其中一个很重要的标志就是人均国内生产总值要达到中等发达国家水平，这实际上隐含着对经济增速的要求。尽管目前并没有关于中等发达国家的公认标准，但从各国的发展情况看，还是有相应门槛值的。现在距离 2035 年只有 12 年的时间，发展的任务很重。根据各方面测算，基本实现社会主义现代化，未来一个时期经济增速需要保持在 5% 左右的水平。

（四）**这个目标经过努力是能够实现的**。从潜在增速看，

27. 怎样认识今年经济增长预期目标?

5%左右的增速目标与我国潜在经济增长率基本匹配。尽管测算方法不同,对劳动力、资本存量和全要素生产率的估算不一致,导致不同方面测算的潜在经济增速也不完全相同。在深化改革开放情境下,多数估算认为当前和未来一段时期我国潜在经济增速仍保持在5%左右。

从短期基本面看,经济总体保持回升向好势头,疫情造成的"疤痕"效应在逐步减弱,各类经营主体和人民群众生产生活全面恢复。居民消费升级趋势仍在持续,市场信心有所好转,新业态新模式不断涌现,有效需求不足的状况在逐步改善。防范化解房地产、地方债务、中小金融机构等风险取得积极成效,总体上经济发展中的下拉因素在趋于弱化。

从中长期支撑条件看,我国发展仍面临较多有利因素,制度优势、需求优势、供给优势、人才优势显著,科技创新能力持续提高,新动能不断成长壮大,经济抗冲击能力和韧性持续增强,经济长期向好的基本趋势没有改变也不会改变。

从宏观政策看,政策力度对今年总需求增长会形成一定支撑。财政政策工具组合发力,新增地方政府专项债比上年增加1000亿元;赤字规模比去年年初预算增加1800亿元;还将发行超长期特别国债1万亿元;中央预算内投资比去年增加200亿元;去年增发的1万亿元国债资金大部分也结转到今年使用。货币政策将保持流动性合理充裕,社会融资规模、货币供应量同经济增长和价格水平预期目标要相匹配。同时,还将增强宏观政策取向一致性,加强财政、货币、就业、产业、区域、科技、环保等政策协调配合,综合施策形成合力。加上去年减税降费等政策举措在今年继续发挥作用，这些都将为经济平稳运行提供支撑。另外，我国财政金融状况总体稳健，政府法定负债率不到60%，宏观政策仍有较大空间，如果形势发生超预期变化，宏观政策工具箱里还有不少工具可用。

同时也要看到，今年外部环境依然复杂严峻，国内经济也存在一些困难，5%左右的增长目标是不低的目标，实现起来是不容易的，体现了积极进取、奋发有为的要求，要跳一跳才能够得着，需要政策聚焦发力、工作加倍努力、各方面齐心协力。工作中，要坚持质量第一、效益优先，大力转方式、调结构、增动能，持续推动经济实现质的有效提升和量的合理增长。

（陈昌盛）

28. 怎样把握 2024 年国内外形势？

《政府工作报告》指出，今年我国发展面临的环境仍是战略机遇和风险挑战并存，有利条件强于不利因素。这是关于 2024 年国内外形势的综合分析研判。

从国际形势看，世界百年变局加速演进，外部环境的复杂性、严峻性、不确定性上升。突出体现为三个方面：一是当今世界变乱交织。国际政治纷争和军事冲突多点爆发，乌克兰危机延宕进入第三年，巴以冲突升级，地区热点问题频发，保护主义、单边主义上升，给全球经济发展带来新的风险与挑战。二是世界经济增长动能不足。据国际机构预测，2024 年世界经济和贸易整体不如新冠疫情之前，经济运行仍然面临多重困难挑战。国际货币基金组织 1 月份的预测认为，全球经济有可能实现软着陆，但风险仍然存在。预计 2024 年全球经济增速为 3.1%，但仍低于 2000—2019 年年均增长 3.8% 的历史平均水平。世界银行的预测悲观一些，预计 2024 年全球经济增速放缓到 2.4%，大多数经济体增速比新冠疫情之前的十年慢得多。美国、日本增长放缓，欧洲增长乏力，一些发展中国家陷入困境。全球经济运行中高利率、高通胀、高债务问题依然突出，美国等发达经济体政策利率水平可能在一段时期内维持高位，全球物价水平回落至正常水平仍需时日，这些因素继续制约全球经济增长。三是科技和新质生产力竞争加剧。以人工智能、量子技术、生命科学等为代表的新一轮科技革命和产业变革加速发展，以低碳节能环保为标志的绿色发展推动生产消费加速转型,生产方式、生活方式和社会治理方式加速变革,全球主要经济体抢占科技制高点的竞争日趋激烈。这些重大调整重大变革对我国发展带来新的挑战,同时也蕴藏着新的机遇。

从国内形势看,经济回升向好、长期向好的基本趋势没有改变也不会改变。我国经济社会发展具有多方面突出优势。比如我国具有超大规模市场的需求优势。我国中等收入群体超过4亿人,未来十几年将达到8亿人,随着城乡居民收入水平持续提高,对越来越多商品、服务的需求从"有没有"向"好不好"转变,消费扩张和升级的动能持续强劲。我国常住人口城镇化率为66.2%,比发达国家平均水平低十几个百分点,特别是户籍人口城镇化率和常住人口城镇化率的差距还较大,以人为本的新型城镇化深入推进将产生巨大需求。近期我国又部署推动大规模设备更新和消费品以旧换新,随着高端化、智能化、绿色化转型持续推进,新旧动能转换和产品更新换代将从增量和存量两个方面推动形成规模庞大的市场需求。诸如此类内需潜力的释放,将为稳增长和高质量发展提供强大支撑。又如我国具有产业体系完备的供给优势。我国是唯一拥有联合国产业分类中全部工业门类的国家,制造业增加值占全球比重约30%、稳居世界首位,已经形成200多个成熟的产业集群,不论是产业体系的总体规模、完备程度还是配套能力,都能够满足社会生产力快速发展的需要,也将为优化全球生产要素配置、提高全球生产能力作出贡献。再如我国具有高素质劳动者众多的人才优势。我国"人口红利"正向"人才红利"提升,人才资源总量、科技人力资源、研发人员总量均居全球首位。此外还要

28. 怎样把握 2024 年国内外形势？

看到的是，近年来，我国科技创新能力持续提升，关键核心技术攻关取得新突破，新产业、新模式、新动能加快壮大，新质生产力加快发展，发展内生动力不断积聚，支撑高质量发展的生产要素条件逐步改善。最为重要的是，我国具有显著的制度优势，我们有党的坚强领导，有集中力量办大事的政治优势，全面深化改革不断释放发展动力，宏观调控能力不断增强。这为稳大局、应变局、开新局提供了坚强保障。

当然也要清醒看到，我国前进道路上仍然面临各种可以预料和难以预料的困难挑战。我国经济持续回升向好的基础还不稳固，有效需求不足，居民消费和企业投资的意愿不够强；部分行业产能过剩，一些领域存在重复建设和"内卷式"竞争；社会预期偏弱，企业存在不愿投、不敢投现象；风险隐患仍然较多，化解多年积累的房地产、地方债务、金融风险需要一个过程。国内大循环存在堵点，国际循环存在干扰。就业总量压力和结构性矛盾并存。科技创新能力还不强，重点领域改革仍有不少硬骨头要啃，经济转型升级需要一定的时间。这些都是前进中的问题、发展中的烦恼。我们要增强信心和底气，坚持底线思维，积极做好应对各种风险挑战的充分准备。

综合起来看，我国高质量发展具有坚实基础和诸多优势，发展前景长期看好，发展的趋势、主流明显好于世界其他主要经济体。只要我们贯彻落实好党中央决策部署，紧紧抓住有利时机、用好有利条件，把各方面干事创业的积极性充分调动起来，一定能战胜困难挑战，推动经济持续向好、行稳致远。

（黄良浩）

29. 如何理解要坚持稳中求进、以进促稳、先立后破？

坚持稳中求进、以进促稳、先立后破，是以习近平同志为核心的党中央统揽全局提出的指导做好各项工作的重要遵循，是实现2024年经济社会发展目标在工作中需要把握的重要方面，为推动经济社会发展行稳致远提供了科学的方法论指引。

稳中求进，强调把"稳"作为大局和基础。习近平总书记深刻指出："稳中求进、积极作为，就是大方向要稳，方针政策要稳，战略部署要稳，在守住根基、稳住阵脚的基础上积极进取，不停步、能快则快，争取最好结果。"当前，巩固和增强经济回升向好态势，推动高质量发展，既要坚定信心、保持战略定力，还要针对性解决经济运行中的突出矛盾问题。要突出稳预期，考虑到当前社会预期仍然偏弱的状况，找准影响信心和预期的难点堵点精准施策，持续发力提振发展信心、激发发展活力。突出稳增长，继续固本培元，强化宏观政策逆周期和跨周期调节，增强宏观调控针对性有效性，努力实现全年增长目标。突出稳就业，这是改善民生、保障社会稳定的关键所在，要突出就业优先导向，加强财税、金融等政策对稳就业的支持，加大促就业专项政策力度，多措并举稳就业促增收。行稳才能致远。各地区各部门要多出有利于稳预期、稳增长、稳就业的政策，谨慎出台收缩性抑制性举措，清理和废止有悖于高质量发展的政策规定，不断夯实"稳"的基础，为实现"进"创造

29. 如何理解要坚持稳中求进、以进促稳、先立后破？

有利条件。

以进促稳，强调把"进"作为方向和动力。特别是要在转方式、调结构、提质量、增效益上积极进取，不断巩固稳中向好的基础。把握新一轮科技革命和产业变革的机遇，以科技创新推动产业创新，催生新产业、新模式、新动能，加快发展新质生产力，努力赢得国际竞争的主动。坚持用改革的办法解决前进中的问题，创新和完善宏观调控，通过更加积极主动的作为，努力掌握稳定经济增长、引导社会预期、防范化解风险等工作的战略主动。在工作中增强前瞻性，改革举措和宏观政策要努力走在市场变化和风险暴露之前，确保经济发展行稳致远。面对多重困难挑战，事不避难、义不逃责，全力把矛盾问题一个个解决好，不能消极应对、不思进取。

先立后破，强调要尊重规律、稳扎稳打。立与破，体现了事物发展变革的动态过程。该立的要积极主动立起来，加快构建和完善有利于高质量发展的政策制度，用好科学合理的新机制、新经验、新规则，打造新的增长动能。该破的要在立的基础上坚决地破，不符合高质量发展要求的体制机制和政策举措要及时破除。立与破，不能脱离实际、急于求成。习近平总书记在谈到发展新质生产力时强调，发展新质生产力不是忽视、放弃传统产业；各地要坚持从实际出发，先立后破、因地制宜、分类指导。在谈到实现"双碳"目标时，曾打过一个比方——"不能把手里吃饭的家伙先扔了"，强调"要先立后破，而不能够未立先破"。这些都表明，做好经济工作需要统筹兼顾，把握好"立"和"破"的次序，把握好政策调整和制度改革的节奏，不断提高"立"的实效、降低"破"的影响。

总的来看,稳和进、立和破是辩证统一的,应当作为一个整体来把握。面对异常复杂的国际环境和艰巨繁重的改革发展稳定任务,要把握稳和进、悟透立与破,把稳中求进、以进促稳、先立后破的要求落实到经济社会发展工作各方面,保持战略定力、积极担当作为,在固本培元中塑造高质量发展新优势。

(黄良浩)

30. 今年积极的财政政策适度加力主要体现在哪些方面？

今年我国发展依然面临不少困难和挑战，外部环境的复杂性、严峻性、不确定性上升，国内经济回升向好态势尚需巩固。在此情况下，财政政策需要进一步强化逆周期和跨周期调节，加大政策实施力度，推动经济持续回升向好。今年积极的财政政策适度加力，主要体现在用好财政政策空间，加强财政资源统筹，通过赤字、专项债、超长期特别国债等多种工具的有机组合来实现整体规模效应。

（一）**合理调整赤字率和赤字规模**。赤字率即为财政赤字占名义 GDP 的比重，是衡量财政政策力度和财政风险水平的重要指标。我国财政赤字口径以收付实现制为基础编制，主要聚焦于一般公共预算收支差额，同时兼顾跨年度动态因素和四本预算的联系，反映了年度可用财力。国际上通常将 3% 作为赤字率的警戒线，有些国家一段时间远高于此。我国政府从控制财政风险、实现财政可持续等角度考虑，一直将赤字率保持在合理适度的水平。2015—2019 年的赤字率分别为 2.4%、2.9%、2.9%、2.6% 和 2.8%，都没有超过 3%。2020 年和 2021 年，为应对新冠疫情的严重冲击，赤字规模明显增加，预算将赤字率分别按 3.6% 以上、3.2% 左右安排，这是非常时期的非常之举，

2022年就下调至2.8%左右。去年年初预算将赤字率按3%安排，相应的赤字规模为3.88万亿元；之后在四季度增发国债1万亿元，用于支持地方灾后恢复重建和提升防灾减灾救灾能力，预算调整后的赤字率为3.8%左右、赤字规模为4.88万亿元。《政府工作报告》提出今年的赤字率拟按3%安排，虽然比去年预算调整后有所降低，但还是这些年来的较高水平，仅低于2020、2021年的年初预算安排。今年的赤字规模为4.06万亿元，比上年年初预算增加1800亿元；其中，中央财政赤字3.34万亿元，地方财政赤字7200亿元。总体来看，这样的赤字安排，有利于向外界释放我国经济恢复发展的积极信号，也有利于控制政府负债率、增强财政可持续，为应对将来可能出现的风险挑战预留政策空间。

（二）扩大地方政府专项债券规模。2015年，我国新《预算法》明确发行地方债是地方政府唯一合法的举债方式。其中，地方政府专项债券用于有一定收益的公益性项目，以对应的政府性基金或专项收入偿还，不计入赤字。近年来，地方政府专项债券是积极财政政策的重要工具，是扩大有效投资、稳定宏观经济的重要手段。去年安排地方政府专项债券规模3.8万亿元，将城中村改造、5G融合设施等纳入投向领域，将供热、供气等纳入用作项目资本金范围。今年拟安排地方政府专项债券3.9万亿元、比去年增加1000亿元，此外还有去年一部分限额结转过来分配使用，实际用于项目建设的专项债资金规模明显增加。今年要合理扩大专项债券投向领域和用作项目资本金范围，保障在建项目后续融资，额度分配向项目准备充分、投资

30. 今年积极的财政政策适度加力主要体现在哪些方面？

效率较高的地区倾斜。还要围绕重点投向领域做好项目储备工作，强化投向领域负面清单管理，加强对项目实施情况的穿透式监测，确保按时足额还本付息，更好发挥专项债资金的使用效益。需要说明的是，尽管专项债规模有所扩大，但我国政府负债率仍然低于主要市场经济国家和新兴市场国家，债务风险总体可控。

（三）**发行超长期特别国债**。我国曾三次发行过特别国债，不列财政赤字，纳入国债余额限额管理。其中，1998年发行特别国债2700亿元，主要用于补充四大银行资本金。2007年发行特别国债1.55万亿元，作为中投公司资本金。2020年发行1万亿元抗疫特别国债，全部转给地方主要用于公共卫生等基础设施建设和抗疫相关支出，有效对冲了疫情影响。按照党中央决策部署，为系统解决强国建设、民族复兴进程中一些重大项目建设的资金问题，从今年开始拟连续几年发行超长期特别国债，专项用于国家重大战略实施和重点领域安全能力建设，今年先发行1万亿元。《报告》对此进行了专门阐述。目前我国在区域协调发展、新型城镇化、乡村振兴等重大战略实施中仍有薄弱环节，在粮食、能源、产业链供应链等领域安全能力建设方面也存在短板制约。这些领域潜在建设需求巨大、投入周期长，现有资金渠道难以充分满足要求。发行超长期特别国债能够较好发挥支持作用，既可以拉动当前的投资和消费，又能打下长期高质量发展的基础。下一步，要制定实施好具体行动方案，按照问题导向、精准突破、系统集成、协同高效的原则，运用改革方法和市场化举措，统筹好硬件投资和制度建设，一手抓好重点项目推进，强化项目和资金监管；一手加快配套政策出台实施，强化政策的跟踪落实，高质量推动这项重大举措落地见效。

　　总体而言，今年财政的盘子是比较大的。从一般公共预算看，考虑到去年1万亿元增发国债资金的大头在今年使用，加上经济回升带动财政收入自然增长，再考虑调入预算稳定调节基金以及使用其他结转结余资金等，安排的一般公共预算支出规模为28.5万亿元，比去年增长4%、增加1.1万亿元。从政府性基金看，安排的支出规模约为12万亿元，比去年增长18.6%、增加1.9万亿元。把这些资金分配好使用好，将会对稳定经济增长、保障和改善民生等发挥重要作用。此外，还要加强财政政策与货币、就业、产业、区域、科技、环保等政策协调配合，增强宏观政策取向一致性，做好政策解读和预期引导，放大政策的组合拳效应，着力提升促进高质量发展的效果。

（杜浩然）

31. 如何优化财政支出结构?

《政府工作报告》提出,现在很多方面都需要增加财政投入,要大力优化支出结构,强化国家重大战略任务和基本民生财力保障,严控一般性支出。这是积极的财政政策提质增效的重要体现,就是每一分钱都不能乱花,同样的钱要花出更大效果,切实把宝贵的财政资金用在刀刃上、用出实效来。

(一)加强国家重大战略任务的财力支持。国家重大战略任务事关我国发展全局,是财政资金必须强化保障的重点。一是支持加快现代化产业体系建设。中央财政产业基础再造和制造业高质量发展专项资金安排104亿元,支持加快突破基础产品、核心技术等短板,增强产业链供应链韧性和竞争力。加强制造业领域重点研发计划、重大专项等保障,推动解决产业关键共性技术难题。充分发挥制造业转型升级基金、先进制造业产业投资基金等政府投资基金的撬动作用,以市场化方式引导社会资本投入制造业重点领域。实施好专精特新中小企业财政支持政策。促进数字技术和实体经济深度融合。二是支持深入实施科教兴国战略。教育方面,落实"一个一般不低于、两个只增不减"要求,健全财政教育投入机制,今年中央本级教育支出安排1649亿元、增长5%。强化义务教育经费保障,深入推进义务教育薄弱环节改善与能力提升。中央财政补助资金安排120亿元,支持改善县域普通高中基本办学条件。中央财政安排相关转移支付404亿元,支持地方高校特别是中西部地区高校改革发展。科技方面,中央本级科技支出安排3708亿元、增长10%,重点向基础研究、应用基础研究、国家战略科技任务聚焦。完善竞争性支持和稳定支持相结合的基础研究投入机制,持续增加基础研究财政投入,中央本级基础研究支出安排980亿元、增长13.1%。三是支持扩大国内需求。消费方面,发挥社会保障、转移支付等调节作用,改善居民消费能力和预期;围绕居民消费升级方向,研究鼓励和引导消费的财税政策,推动消费品以旧换新,培育壮大文化、旅游、教育、健康、养老等领域新的消费增长点。投资方面,政府投资重点支持科技创新、新型基础设施、节能减排降碳,加强民生等经济社会薄弱领域补短板,推进防洪排涝抗灾基础设施建设,推动各类生产设备、服务设备更新和技术改造,加快实施"十四五"规划重大工程项目,更好发挥带动放大效应。中央预算内投资安排7000亿元,比上年增加200亿元。四是支持推进乡村全面振兴。适当提高小麦最低收购价,合理确定稻谷最低收购价,继续实施玉米大豆生产者补贴、稻谷补贴政策,加大产粮大县支持力度。扩大完全成本保险和种植收入保险政策实施范围,实现三大主粮全国覆盖,鼓励地方发展特色农产品保险,农业保险保费补贴安排545亿元、增长18.7%。适当提高高标准农田建设中央和省级投资补助水平。中央财政衔接推进乡村振兴补助资金规模增加到1770亿元,增强脱贫地区和脱贫群众内生发展动力。支持实施乡村建设行动,继续实施农村公益事业建设财政奖补政策,持续改善农村生产生

31. 如何优化财政支出结构?

活条件。五是支持城乡融合、区域协调发展。中央财政农业转移人口市民化奖励资金安排400亿元,用于增强各地区落实农业转移人口市民化政策的财政保障能力。中央预算内投资、城镇保障性安居工程等领域财政补助资金向吸纳农业转移人口较多的城市倾斜,支持实施城市更新行动,加强城镇老旧小区改造。进一步完善财税支持政策,推动区域重大战略、区域协调发展战略落地实施,增强区域发展平衡性协调性。六是支持加强生态文明建设。大气、水、土壤污染防治资金分别安排340亿元、267亿元、44亿元,资金分配聚焦污染防治攻坚战重点难点,向重点区域、体制机制改革创新区域、治理绩效突出区域倾斜。中央财政重点生态功能区转移支付安排1121亿元,引导地方加强生态保护。出台财政支持"三北"工程建设的意见,中央财政设立专项补助资金并安排120亿元,全力支持打好"三北"工程攻坚战。研究建立健全与"双碳"目标相适应的财税政策体系。

（二）**强化对基本民生的财力保障**。提供公共服务和保障民生,是公共财政最基本的功能。就业、医疗、养老等老百姓身边事、操心事,都是财政保障的重点。今年的财政资金将继续强化民生领域支持,坚持尽力而为、量力而行,加强基础性、普惠性、兜底性民生建设,推动提高公共服务水平和可及性、均衡性。一是支持实施好就业优先政策。加强财税政策与就业政策联动,促进扩大就业容量。中央财政就业补助资金安排667亿元,支持地方提高公共就业服务能力,落实落细就业创业扶持政策。统筹运用贷款贴息、税费减免、创业补贴等政策,多渠道支持企业稳岗扩岗、个人创业就业。二是推动提升医疗卫生服务能力。城乡居民基本医疗保险人均财政补助标准提高30元，达到每人每年670元，同时深化医保支付方式改革，加强医保基金监管，完善困难群众医疗救助制度。基本公共卫生服务经费人均财政补助标准提高5元，达到每人每年94元。推动深化以公益性为导向的公立医院改革，促进优质医疗资源扩容下沉和区域均衡布局，强化基层医疗卫生能力建设和卫生健康人才培养。三是健全多层次社会保障体系。深入实施企业职工基本养老保险全国统筹，继续提高退休人员基本养老金标准，城乡居民基础养老金月最低标准提高20元、增长19.4%，达到每人每月123元。中央财政相关转移支付增长10.6%，落实地方支出责任，保障养老金按时足额发放。加强分层分类社会救助保障，中央财政安排困难群众救助补助资金1567亿元，用于支持各地统筹做好低保、特困人员救助供养、临时救助、流浪乞讨人员救助、孤儿基本生活保障、困难失能老年人基本养老服务救助等工作。四是支持完善现代公共文化服务体系。加强文物保护利用和非物质文化遗产保护传承，支持开展第四次全国文物普查。推动创新实施文化惠民工程，提高公共文化场馆免费开放服务水平。改进文化艺术领域专项资金运行机制，加强文化人才队伍建设，引导创作更多优秀文艺作品，支持文化产业高质量发展。推动群众体育和竞技体育全面发展，支持公共体育场馆向社会免费或低收费开放。

（三）落实党政机关习惯过紧日子要求。艰苦奋斗、勤俭节约是中华民族的传统美德，也是我们党的政治本色和优良传统。

31. 如何优化财政支出结构？

习近平总书记在去年底召开的中央经济工作会议上明确要求，党政机关要习惯过紧日子。贯彻落实这一重要部署，要进一步完善过紧日子制度机制，将过紧日子的要求贯穿预算管理全过程，强化预算绩效管理，在合理保障部门履职支出的基础上，严格控制一般性支出，持续从严控制"三公"经费管理，继续压缩论坛、展会等活动，从紧安排非刚性、非重点项目支出，腾出更多财政资源用于推动高质量发展、增进民生福祉，防止大手大脚花钱、铺张浪费。加强政府采购预算管理，节约政府采购成本。严格新增资产配置，积极盘活存量资产，推进资产共享共用，防止资产闲置浪费。同时，要严肃财经纪律，加强财会监督，严格执行各项财经法律法规和制度，严肃查处各类违法违规行为，坚决防止财政资金"跑冒滴漏"。

（杜浩然）

32. 如何切实保障基层财政平稳运行？

疫情冲击三年多来，地方土地出让收入持续回落，一些基层财政收支运行趋紧，"三保"压力有所加大。《政府工作报告》特别关注了基层财政问题，强调要多措并举加强保障，确保运行平稳。

（一）积极推动财力下沉。基层政府履职、民生保障和改善，都需要一定的财力支撑。财政转移支付是上级政府为解决地区财政不平衡问题，对下级政府进行的无偿资金拨付。经过多年的调整完善，转移支付已经成为我国均衡地区间财力、推进基本公共服务均等化和引导重大决策部署落实的重要政策工具。中央对地方转移支付规模由 2019 年的 7.4 万亿元增加至 2023 年的超过 10 万亿元（分年度看，2019—2023 年中央对地方转移支付的规模依次为 7.4 万亿元、8.3 万亿元、8.2 万亿元、9.7 万亿元、10.3 万亿元），年均增长 8.5%。今年中央对地方转移支付安排 10.2 万亿元，剔除支持基层落实减税降费和重点民生等专项转移支付、灾后恢复重建和提升防灾减灾救灾能力补助资金等一次性因素后，比上年同口径增长了 4.1%。其中，安排均衡性转移支付 2.6 万亿元，比上年增长 8.8%，适当向困难地区和欠发达地区倾斜；安排县级基本财力保障机制奖补资金 4462 亿元，比上年增长 8.6%；安排共同财政事权转移支付 3.8 万亿元，比上年增长 3.7%。中央对地方转移支付保持在一定的

32. 如何切实保障基层财政平稳运行？

规模，既强化了资金保障，也调动了发展的积极性。要严格转移支付资金监管，真正发挥好这笔资金的使用效益。此外，结合推进省以下财政体制改革，进一步优化省以下财力分布，省级政府要加强资源统筹、推动财力下沉，增强市县基层高质量发展的能力。

（二）筑牢兜实基层"三保"底线。基层"三保"是保障人民群众切身利益的基本要求，是推动政府履职和稳住经济基本盘、维护社会大局稳定的基础条件。只有筑牢兜实了"三保"底线，基层运行和治理才能平稳高效，民生福祉才能越来越厚实。习近平总书记在 2023 年底召开的中央经济工作会议上明确要求，要增强财政可持续性，兜牢基层"三保"底线。要始终将"三保"摆在财政工作的优先位置，按照县级为主、市级帮扶、省级兜底、中央激励原则，落实各级"三保"责任。地方要统筹上级转移支付和自有财力，优先使用稳定可靠的经常性财力安排"三保"支出，"三保"支出预算未足额安排前，不得安排其他支出预算。依托预算管理一体化系统，动态掌握"三保"支出需求，推动"三保"全过程信息化管理。加强"三保"运行动态监测、分级预警，及时提醒提示风险，依法依规妥善处置，严肃追责问责。重点关注财政收支矛盾突出、债务风险高、暂付款规模大、库款保障水平长期偏低的县区，加强库款调度，有效保障"三保"方面的资金需求，确保基层"三保"不出风险。同时，切实采取有效措施确保教师等重点群体工资、养老金等按时发放，杜绝出现拖欠等问题。对审计监督和日常监测中发现的个别县区未按时足额保障的问题，及时督促整改到位。另外，缓解财政运行紧平衡状态是一个比较长期的过程，这意味着筑牢兜实基层"三保"底线也是一项长期的重要任务。"三保"工作不仅要保眼前，还要谋长远。要在落实分级负责制度、多措并举强化资金来源的同时，推动建立管长远、固根本、见长效的县级财力保障长效机制，特别是推进省以下财政体制改革，合理配置各级政府权责，规范省以下收入划分，促进基层财政运行更加稳健、更可持续。

（杜浩然）

33. 如何落实好结构性减税降费政策？

税费是政府收入的基本形式，减税降费兼具需求管理和供给管理属性，既能扩大需求、激发市场活力，又能促进产业结构升级、提升潜在增长率。这些年随着大规模减税降费政策的实施，我国宏观税负不断降低，税收收入占国内生产总值的比重（即小口径宏观税负）从2016年的17.5%降低至2023年的14.4%，与发达国家、发展中国家的平均水平相比偏低。从履行政府职能角度看，目前我国税收收入主要是满足基本公共服务需要，经济建设领域支出更多依靠债务筹资满足；从经济社会发展角度看，我国从中等收入国家向高收入国家迈进、推进中国式现代化建设过程中需要保持一定的财政汲取能力；从防范化解风险角度看，也需要增强财政可持续性、确保财政安全。基于以上考虑，下一步我国宏观税负宜保持在合理水平，减税降费有必要从重规模转向更加注重精准性、针对性、有效性，平衡好当前和长远、需要和可能的关系，把政策资源用在关键点、紧要处。

根据《政府工作报告》安排，今年将统筹宏观调控、财政可持续和优化税制的需要，在实施好去年延续和优化的税费优惠政策基础上，落实好结构性减税降费政策，重点支持科技创新和制造业发展。结构性减税降费有别于普惠性、全面的税费优惠，主要针对特定群体或领域、特定税种来减轻税费负担，政策的精准性、针对性、有效性进一步提高。科技创新是推动高质量发展的重要引擎，制造业是壮大实体经济的关键力量。可以说，科技创新和制造业的高质量发展，关系到我国高质量发展全局，尽管近年来取得了长足进步，但还处在"爬坡过坎"的阶段，仍面临不少问题和挑战。税费优惠政策具有重要的引导和激励作用。要以科技创新开辟发展新领域新赛道、塑造发展新动能新优势，推动制造业轻装上阵和高质量发展，还需要税费优惠政策的有力支撑和保障。

从科技创新看，近年来，一系列支持科技创新的税费优惠政策相继实施，已经初步形成了一套覆盖面广、优惠力度大、涵盖企业创新全流程各环节的税费支持体系。比如，2023年3月，国家将符合条件的行业企业研发费用税前加计扣除比例由75%提高至100%，并明确作为一项制度性安排长期实施。在此基础上，进一步聚焦集成电路和工业母机行业高质量发展，对上述两个行业符合条件企业的研发费用税前加计扣除比例再提高至120%。此外，还实施了鼓励创业投资、支持研发设备更新等方面的税费优惠。要持续加大支持科技研发税费政策的落实力度，进一步优化科技成果转化的政策环境，畅通"政策红利引导—研发投入增加—产品质量提升—企业效益增加"的链条，有效激发企业科技创新主体的积极性、主动性，助力加快实现高水平科技自立自强。

从制造业看，现行税费优惠政策中，相当一部分与制造业密切相关。比如制造业占据研发活动的主体地位，享受研发费用税前加计扣除政策的户数、金额占全部研发企业的一半以上。

33. 如何落实好结构性减税降费政策?

近年来,我国还推出了下调制造业增值税税率、加大制造业增值税留抵退税力度、实施先进制造业企业增值税加计抵减等一系列专门针对制造业的优惠政策,有力增强了制造业发展动能。税收大数据显示,2023年全国制造业及与之相关的批发零售业企业累计新增减税降费及退税缓费9495.3亿元,占比42.6%,受益最为明显。下一步,要更好发挥税费优惠政策的重要作用,精准有效抓好政策落实落地,优化"政策找人"工作机制,加强宣传辅导,持续为制造业企业纾困解难、提振信心,助力实体经济健康发展。

(杜浩然)

34. 稳健的货币政策如何灵活适度、精准有效?

继续实施稳健的货币政策,始终保持货币政策的稳健性,要充实货币政策工具箱,发挥好总量和结构双重调节作用,保持流动性合理充裕,同时聚焦重点、有进有退,优化资金供给结构,采取多种方式盘活信贷存量,提升信贷资源效能,引导金融机构加大对科技创新、绿色转型、普惠小微、数字经济等方面支持力度。

(一)保持流动性合理充裕。稳健的货币政策要求流动性既不能过紧,也不能过松,过紧不利于经济恢复发展,过松不利于经济转型升级,而要把握好平衡,合理有度并基本稳定。当前我国经济持续回升向好的基础还不稳固,实现全年目标任务,客观上要求宏观经济政策加大逆周期和跨周期调节力度。货币政策作为主要宏观经济政策,需要始终保持稳健性,适当加大调节力度,为扩大国内需求、促进经济持续稳定发展营造良好的货币金融环境。保持流动性合理充裕,既要在金融体系内部保持流动性合理充裕,防止金融机构流动性紧缺;也要保持市场和宏观层面的流动性合理充裕,让资金更多流向实体经济,防止流动性在金融体系内部淤积而实体经济流动性紧张、形成不必要的流动性约束和紧缩效应。

(二)社会融资规模增速、货币供应量同经济增长和价格水平预期目标相匹配。把握好社会融资规模和货币供应量增速,

34. 稳健的货币政策如何灵活适度、精准有效?

是保持流动性合理充裕的关键。理论上可以根据货币数量理论推导出货币供应量与经济增长和物价水平的数量关系,在货币流通速度相对稳定的情况下,货币供应量增速可以视为经济增速与物价涨幅之和。在具体操作中,广义货币供应量 M_2 可以按照经济增长预期目标加物价涨幅控制目标、再根据货币流通速度情况适当加减点的方式把握。这既是改革开放以来金融调控实践得到的原则性经验,也是保持流动性合理充裕的定量保障。《报告》提出了今年经济增长预期目标和居民消费价格涨幅控制目标,可以据此确定货币供应量增长目标,使货币供应量同名义经济增速相适应。同时,根据经济运行情况和宏观调控需要,合理确定信贷、股市、债券、股权等融资规模,保持社会融资规模增速、货币供应量同经济增长和价格水平预期目标相匹配,为经济持续恢复发展提供合理适度的金融支持。

（三）**加大对重大战略、重点领域和薄弱环节的支持力度。**一方面,要利用好再贷款、再贴现、窗口指导等政策手段和阶段性、长期性的结构性货币政策工具,合理引导资金流向,大力支持实施创新驱动发展战略、区域协调发展战略等国家重大战略,确保国家粮食和能源安全,支持重点领域建设特别是"十四五"规划重大工程项目等方面。要大力支持现代化产业体系建设,加快发展新质生产力,加快推进新型工业化。延续科技创新再贷款,引导金融机构加大对实施科教兴国战略的支持力度,推动加快教育强国、科技强国、人才强国等建设,强化高质量发展的基础支撑。发挥相关货币信贷政策措施的合力作用,加大对扩大内需战略的支持,着力扩大国内需求,促进消费稳定增长,积极扩大有效投资,推动经济实现良性循环。加大对重点领域和关键环节改革攻坚的支持,坚定不移深化改革,增强发展内生动力。综合运用好出口信贷、出口信保等政策工具,鼓励金融机构支持扩大高水平对外开放,支持贸易强国建设,推动外贸质升量稳,加大吸引外资力度,促进互利共赢。充分发挥支农再贷款的作用,引导金融机构支持农业强国建设,加大粮食和重要农产品稳产保供,巩固拓展脱贫攻坚成果,推进乡村全面振兴。利用好抵押补充贷款等政策工具,支持深入实施区域协调发展战略、区域重大战略、主体功能区战略和新型城镇化战略,促进城乡融合和区域协调发展。用好碳减排支持工具、支持煤炭清洁高效利用专项再贷款等工具,精准支持生态文明建设,推进绿色低碳发展,促进绿色发展方式转型。同时,货币金融政策实施要充分考虑就业等需求,有力支持保障和改善民生,加强和创新社会治理,增进民生福祉。另一方面,要着力解决薄弱环节的融资难题。薄弱环节往往是市场配置金融资源难以有效覆盖的盲区,或者各类支持政策执行中的难点堵点。要在充分发挥市场配置资源的决定性作用基础上更好发挥政府的作用,通过支农再贷款、支小再贷款、再贴现、普惠小微贷款支持工具等政策手段,精准引导金融机构资金投放,促使资金更多流向民营企业、小微企业,以及暂时遇到困难的经营主体等。当前,要有针对性地精准解决民营小微企业、个体工商户等融资面临的具体难题。金融管理部门要加强业务指导,完善政策性支持工具。相关金融机构要与信用评级、融

34.稳健的货币政策如何灵活适度、精准有效？

资担保等市场中介机构加强合作,创新贷款投放和风险管理方式方法,积极探索适应民营企业特点的贷款投放和其他融资模式。

(宋立)

35. 如何促进社会综合融资成本稳中有降？

稳健的货币政策要做到灵活适度、精准有效，要从"量"和"价"两个方面发力。在"量"的方面，保持社会融资规模和货币信贷合理增长、流动性合理充裕，满足实体经济的流动性需要。在"价"的方面，要通过降低存款准备金率、促进政策利率下降、压减银行存款成本和贷款中介环节的收费等，促进降低综合融资成本。《报告》肯定了去年货币政策两次降低存款准备金率和政策利率、精准有力支持实体经济的做法，提出要促进社会综合融资成本稳中有降，要抓紧抓好贯彻落实。为此，需要金融机构、中介机构和企业等相关各方共同努力，一方面金融机构等要从供给侧发力，多措并举降低银行贷款利率和资本市场直接融资成本；另一方面企业要从需求侧发力，提高自身信用等级，以提高自身信用贷款和其他低成本贷款可获性，减少对抵押担保的依赖，从而压降自身贷款成本和中间收费，带动自身融资成本总体降低。

（一）**适度降低存款准备金率和银行负债成本**。存款准备金率在一定程度上影响银行资金成本高低。促进社会综合融资成本稳中有降，首先要进一步降低存款准备金率，在扩大货币供应的同时从源头上为降低融资成本创造条件。当前，金融机构加权平均存款准备金率约为7%，客观上有一定的下调空间，市场对下调也一直有期盼，可以根据一季度经济形势需要和可能，

35. 如何促进社会综合融资成本稳中有降？

适时适度下调准备金率。同时，要着力推动降低银行负债成本，为降低贷款利率创造必要条件。鉴于存款成本在银行负债成本中占比较高，要引导银行进一步优化存款利率期限结构，缓解存款定期化、长期化趋势，稳定银行负债成本和净息差。

（二）推动实际贷款利率进一步降低。促进社会综合融资成本稳中有降，必须适当降低贷款利率。最近一次贷款市场报价利率调整以来，一年期贷款市场报价利率（LPR）为3.45%，五年期以上贷款市场报价利率为3.95%。2月份，工业生产者出厂价格指数（PPI）同比下降2.7%，企业承担的实际贷款利率比较高，市场对降低一年期贷款市场报价利率有期待。当前，影响利率调整的有多方面的因素。从国内看，商业银行利差缩小是制约下调利率的重要因素，目前，商业银行存款利率净息差为1.69%，处于历史上比较低的水平。从国际上看，根据利率平价理论，利差（利率差或息差）是短期跨境资本流动和汇率变化的重要影响因素。如果人民币与主要世界货币利差过大，导致资本外流，不利于人民币汇率和外汇储备稳定。目前，市场预计主要发达国家下一步有可能启动降息进程，为我们适当调整贷款利率打开了新的空间，可根据宏观经济形势综合权衡，适时适度调整利率。在利率传导方面，要进一步完善贷款市场报价利率形成机制，畅通"政策操作利率—市场报价利率—银行贷款利率"的传导链条，推动企业实际贷款利率进一步下行，使政策利率下调能够及时传导到企业。

（三）继续规范、降低融资中间环节相关收费。从贷款中介收费看，要促进综合融资成本稳中有降，首先要巩固压减贷款中介收费成果，防止中介收费反弹。近年来，金融机构和中介机构相继压减了在小微企业贷款中间环节收费，为企业特别是中小微企业减轻了融资成本，要把相关收费水平稳定保持下去，防止以各种方式直接间接反弹。其次，要在条件允许的情况下，继续推进中介收费适当下调。当前企业贷款仍然面临中介环节收费比较高的问题，要继续规范相关收费行为，适当降低合规项目的收费特别是明显偏高的收费，促进收费水平整体适度降低。再次，要坚决取消不必要不合理的收费项目，坚决取消搭车收费、变相收费等各种乱收费。同时，要合理确定上市、发债等资本市场直接融资相关中介费用，切实降低不合理收费。

（四）**支持引导企业特别是中小微企业提高信用评级**。企业信用水平是直接影响融资成本的重要因素，降低社会综合融资成本，提高企业信用水平极为重要。融资难度比较大的企业特别是中小微企业，要高度重视并提升自身信用建设，着力强化内部管理，建立规范的财务制度，注重财务数据的积累，维护好自身信用记录，努力提高信用贷款和其他低成本贷款可获性。各级政府有关部门要在会计、税务等方面为企业提供必要的指导和技术服务。当然，对于经营前景确实不佳、欠缺市场信用、属于市场淘汰的企业，也要遵循市场规律合理出清，避免企业基于生存博弈僵而不退，不利于产业转型升级、信用环境整体改善和金融资源优化配置。

（宋立）

36.畅通货币政策传导机制应采取哪些措施？

当前货币政策传导面临一些阻滞，一方面一些信用状况比较好的企业融资需求不强，存在利用成本比较低的贷款资金购买理财等金融产品，形成资金"空转"沉淀等问题，另一方面一些企业特别是民营中小微企业反映融资难融资贵问题仍然存在，企业融资需求与金融机构资金供给之间存在比较明显的不对称，导致金融宏观调控的效果受到一定限制。提高货币政策效能，从根源上还是要挖掘实体经济潜能，拓展金融服务着力点，同时进一步畅通货币政策传导机制，疏通资金进入实体经济的渠道，使货币政策总量和结构调节作用，能够及时有效传导到实体经济。

（一）**加强信贷投放窗口指导和监管指引**。一些金融机构反映，当前一些自身并不缺资金的企业，利用信用评级比较高的优势，在商业银行获得信贷资金甚至是享受政策优惠的低成本资金，返存银行吃利息，或购买理财等金融产品套利，有的甚至以拆借方式转贷给其他企业获取利息收入。这些贷款或形成了虚假的资金投放，或由企业转贷其他企业，或通过银行的"存款—贷款"派生机制形成了新的贷款，客观上以迂回方式间接进入实体经济，但毕竟产生了违规的套利行为，形成了虚假的贷款，导致了一定时期的资金空转乃至沉淀，扰乱了信贷指标的宏观信号作用，需要及时加以规范。金融管理部门要加强监管检查，及时进行窗口指导或监管指引，督促银行加强信贷投放管理，优化信贷结构。一方面，要加强审贷放贷管理，通过多种方式了解企业真实贷款需求，引导贷款企业合理合规获取并使用信贷资金，杜绝虚假贷款套利活动，特别是对优惠利率政策的虚假套利行为。另一方面，加强和改进对民营中小微企业信贷投放，进一步解决企业融资难题，使资金快速流向真正有需要的企业。同时，还要发挥好宏观政策合力，稳投资、促消费、扩内需，让金融资源有好的去向可投，从根本上杜绝金融机构违规套利的动能。

（二）疏通资金进入实体经济的渠道。从需求端要通过深化改革不断增强高质量发展动力，激发实体经济内生融资有效需求。从供给端要着力打造现代金融机构和金融市场体系，优化融资结构，发挥好银行信贷、资本市场和保险等资金的作用。短期要着力打通资金进入实体经济的最后一公里。在商业银行方面，要对信用评级不太高的中小微企业合理授信，扩大对民营、小微企业等贷款规模。赋予一线分支机构必要的信贷审批权限，适当提高分支机构的放款能力。进一步完善落实尽职免责制度，关键是细化实化具体化，提高可操作性，让基层机构和信贷业务人员真正敢贷、愿贷、能贷。同时，要完善金融机构考核和评价制度，监管部门要完善对银行特别是国有大型银行的考核评估，既要考核经营效益和风险防控，更要注重考核服务国家发展目标和实体经济情况。银行要完善对分支机构和员工的绩效考核。在资本市场方面，要发展多元化股权融资，更好发挥资本市场枢纽功能，推动债券市场高质量发展，促进

36. 畅通货币政策传导机制应采取哪些措施？

扩大直接融资。当前，要更新完善民营企业债券融资支持工具，破解民营企业债券发行难题，稳步恢复并扩大民营企业债券发行规模。

（三）着力优化融资增信、风险分担、信息共享等配套措施。 无论是加大对重大战略、重点领域和薄弱环节的支持力度，还是做好金融五篇大文章，要及时有效发挥作用并尽快传导到实体经济，都离不开相关配套措施方面的支撑。当前要着力优化融资增信、风险分担、信息共享等配套措施。一方面，要完善融资增信和贷款风险分担补偿机制。经历三年疫情冲击，中小企业对于融资增信和风险分担的需求更加迫切，完善增信和风险分担机制十分必要和紧迫。现阶段企业融资增信和风险分担方面的主要制度安排是融资担保机构。当前融资担保机构普遍存在放大倍数比较低、收费偏高、反担保要求严苛等问题，要进一步深化政府性融资担保机构改革，明确非公共产品的市场化定位，统一管理体制，进一步提高放大倍数，降低担保费率，取消反担保等要求，让风险分担机制有效发挥作用。另一方面，要进一步推进信用信息共享。缺信息、缺信用是小微企业融资难的重要原因，以企业用电、用气、纳税及营业登记等信息作为企业信用信息的补充，是当前破解地区信用难题的重要途径。为了解决分散在各个部门或机构的信息开放和共享问题，近年来做了积极的探索，要及时总结经验，推广有益做法。有关部门都要主动作为，共同推动替代性涉企信息共享，加快解决小微企业信用信息难题，助力解决融资难问题。

（宋立）

37. 如何做好金融五篇大文章？

做好金融五篇大文章，既是当前金融服务的薄弱环节所在，也是推动高质量发展的必然要求。要抓好五篇大文章各自的重点任务，大力发展科技金融、绿色金融、普惠金融、养老金融、数字金融。在比较优势突出的科技金融、绿色金融、数字金融领域要着力筑强项，巩固服务成效。在相对薄弱的普惠金融、养老金融等领域要加快补短板，提升服务能力。

（一）科技金融要迎难而上、聚焦重点。科技金融是20世纪90年代以来金融支持科技创新发展的重要手段。我国科技金融具有比较好的基础，要运用好科技金融领域的结构性工具，落实好加大力度支持科技型企业融资行动方案。健全激励约束机制，引导金融机构在优化传统信贷支持手段的同时，统筹运用好股权、债券、保险等手段，充分发挥银行信贷、创投基金、保险资金、债券等的不同作用，形成多种金融工具共同支持科技创新的强大合力，为科创企业提供长周期、低成本、多元化、接力式的全链条、全生命周期金融服务，支持创新驱动发展。

（二）绿色金融要乘势而上、先立后破。绿色金融是应对气候变化、支持绿色低碳转型的金融创新。我国绿色金融起步早、发展快，绿色信贷和绿色债券规模位居世界前列。要加强和引领绿色金融标准建设，进一步巩固我国绿色金融的国际领先优势，将绿色金融打造成中国特色现代金融体系突出亮点。当前，要加强信息披露和透明度，着力完善绿色金融支持、标准和产品体系，丰富绿色金融产品，扩大碳排放权交易市场，大力支持清洁能源的研发、投资、推广应用，继续促进煤炭清洁高效利用，促进我国绿色产业发展，在推动新型能源体系建设和能源企业转型过程中防范化解金融风险。

（三）普惠金融要雪中送炭、服务民生。发展普惠金融对于缩小贫富差距、促进社会包容性发展和激发经济活力至关重要。要系统总结过去一个时期发展普惠金融的经验做法，健全普惠金融发展模式和政策支持体系，形成支持普惠金融发展的长效机制。要持续完善金融支持中小微企业和民营企业的政策措施，大力发展与中小微企业高度适配的低成本产品与服务，进一步缓解融资难、融资贵等问题。要改进金融机构服务方式，让兼具安全性、收益性、流动性的金融产品走进寻常百姓家。同时，要加大对乡村振兴的金融投入，支持牢牢端稳粮食饭碗、服务乡村产业发展、促进农村增收致富。要合理配置农村金融机构布局，坚持服务"三农"定位，培养合格基层信贷人员，积极运用数字技术优化服务、降低成本，提高金融服务便捷性和普及率，加快农村信用体系建设，加快补齐农村金融服务短板，为提升农村金融服务质效提供有力支撑。

（四）养老金融要健全体系、增进福祉。发展养老金融对应对人口老龄化等具有重要意义。要适应我国老龄化加快趋势，制定和完善养老金融相关法规制度，加大对健康产业、养老产业、银发经济的财税金融政策支持，重点解决好养老保险三大支柱发展不均衡和健康保险供给不足等突出问题，丰富养老保险产品和服务体系。要强化财税、监管等政策支持，有针对性地加大养老产品供给，积极发展第三支柱养老保险，更好满足日益多元化的养老金融需求，加快形成中国特色养老金融体系。

（五）**数字金融要把握机遇、重视安全**。数字金融是金融创新的重要方向。我国数字金融特别是移动支付等领域优势明显，要进一步巩固发展，形成中国特色，打造中国特色现代金融体系的靓丽新名片。一方面，加快推动金融机构特别是中小金融机构数字化转型，创新适应高质量发展新需求的数字金融产品，提高金融服务便利性和竞争力。另一方面，要在严监管前提下积极探索数字金融服务新形态、新领域，培育新的竞争优势。同时，要加强数字金融基础设施建设，应用金融科技加强和改进金融监管，提高数字化监管能力和金融消费者保护能力，积极稳妥推进数字人民币。需要注意的是，发展数字金融也要坚持先立后破甚至只立不破，多种方式并行发展、互相补充，提高包容性，在发展移动支付等涉及社会公众利益的金融科技时一定要兼容现金支付、信用卡等传统手段，防止和解决金融领域"数字鸿沟"。今年要加快解决老年人、特殊需要人群和外国人在现金使用、刷卡支付等方面遇到的难题，保障基本金融服务。

做好金融五篇大文章，要在抓好各自领域重点任务的同时，着力加强具有共性的基础制度建设和体制机制完善，增强金融机构优化相关领域金融服务的主动性、积极性和可持续性。在激励机制方面，要加快完善支持政策和考核评价体系，货币政策要给予必要的支持，监管政策要有差异化措施，财税政策要

37. 如何做好金融五篇大文章？

给予适当优惠，切实落实尽职免责制度，考核机制要适当合理倾斜。在标准体系方面，要加快建立健全各领域的评估、认定、核算、统计等方面标准和业务规则，为相关部门、金融机构和企业给予明确指引。在配套机制方面，要建立健全知识产权、绿色资产、林权等评估交易体系，加快推进企业信用信息共享平台建设，更好发挥政府性融资担保作用，完善个人养老金税收优惠和账户管理制度。在风险管理方面，要坚持发展与规范并重，及时完善相应的法律法规和监管机制，始终保持相关领域金融创新在法治、安全、规范的轨道上健康发展。

（宋立）

38. 如何增强宏观政策取向一致性？

习近平总书记在2023年底召开的中央经济工作会议上明确提出要增强宏观政策取向一致性，《政府工作报告》对此作了具体安排。增强宏观政策取向一致性，是按照系统观念实施宏观调控的重要举措，是巩固和增强经济回升向好态势的现实需要，是改善社会预期、提振发展信心的内在要求。宏观政策在取向上保持一致，才能在举措上做到系统集成，在推进上做到高效协同，打好政策组合拳，更加有力有效推动高质量发展。

（一）要从发展大局的高度把握宏观政策取向一致性。《报告》在阐述宏观政策取向一致性时，首先强调"围绕发展大局"。什么是发展大局？以中国式现代化全面推进强国建设、民族复兴伟业，是新时代新征程党和国家的中心任务。新征程上推进中国式现代化，必须完整、准确、全面贯彻新发展理念，集中力量推动高质量发展。围绕发展大局增强宏观政策取向一致性，就是要从中国式现代化建设出发审视把握各项政策各项工作，把坚持高质量发展作为新时代的硬道理，聚焦经济建设这一中心工作和高质量发展这一首要任务，高质量做好政策设计，创新和完善宏观调控。具体来看，关于2024年经济工作的政策取向，中央经济工作会议已经作了明确，提出"坚持稳中求进、以进促稳、先立后破"，"积极的财政政策要适度加力、提质增效"，"稳健的货币政策要灵活适度、精准有效"等。要

38. 如何增强宏观政策取向一致性？

统筹把握发展战略要求和年度宏观政策取向，构建和完善有利于高质量发展的政策制度，在转方式、调结构、提质量、增效益上积极进取，确保把中国式现代化宏伟蓝图一步步变成美好现实。

（二）着力强化经济政策和非经济性政策取向的一致性。 无论什么时候，推动经济发展，都不能仅仅考虑经济因素，必须综合考虑政治、安全、文化、民生、资源、生态、国际等多方面因素。不管是经济政策，还是非经济性政策，都会对发展全局产生影响。非经济性政策不可能完全独立于经济活动之外，有的非经济性政策会直接调整利益格局，有的非经济性政策则会影响经营主体和群众的信心与预期，进而影响投资消费行为，有的非经济性政策对经济发展的影响巨大。因此，有必要把非经济性政策也纳入宏观政策取向一致性评估。这就要求经济、社会等大类政策出台之前，都要对照宏观政策取向，进行综合性全局性的评估，充分考虑是否有利于稳增长和高质量发展大局，在统筹考虑多重目标和多重约束条件下优化政策设计，努力寻求最优解决方案。

（三）全面加强分项政策和政策工具的协同联动。 增强宏观政策取向一致性，不仅经济政策和非经济性政策之间要保持政策取向的一致性，而且各个大类政策中的分项政策也要更好协同起来。财政、货币、就业、产业、区域、科技、环保等政策之间都要加强协同，特别是财政政策和货币政策作为宏观调控的两大主要政策手段，对经济运行有着广泛深刻的影响，更加需要加强协调配合。要针对经济运行的不同场景和突出特点，着眼经济增长、充分就业、物价稳定、国际收支平衡等多重政策目标，着眼推动转方式、调结构、提质量、增效益，采取不同类型的财政政策和货币政策组合，努力推动经济实现质的有效提升和量的合理增长。进一步来看，为了实现同一政策目标，往往有多种不同的政策工具可供选择。不同政策工具各有特点、各具优势，在适用场景、动用资源、政策传导、政策作用效果等方面有所不同。因此，要根据形势需要，科学合理选择使用不同政策工具，加强政策工具创新和协调配合，努力以最小的政策资源推动实现最好的政策效果。

（四）注重保持政策制定和政策执行的动态一致性。在现实经济生活中，各类经营主体感受到的宏观政策取向不一致性，不仅包括不同政策之间的不一致性，还包括前后政策制定的不一致性，以及政策执行与政策规定的不一致性等。这些问题如果处理不当，也会放大政策的不稳定性不确定性。事物总是发展变化的，宏观政策也需要顺应形势变化相机抉择进行调整，但在具体操作中需要以稳健审慎态度，统筹把握短期应急举措、阶段性任务和长期发展导向的关系，尽可能在宏观政策取向上保持稳定性和可预期性。同时，政策制定出台后应该不折不扣贯彻执行。如果出台的政策得不到执行，政策执行与政策规定不一致，就难以取信于民，难以形成稳定政策预期。

在实际工作中，要把宏观政策取向一致性要求落到实处，还要着眼政策制定、解读、执行、评估等各环节全面加强管理，构建完善相关工作机制。要高质量做好宏观政策取向一致性评估，把非经济性政策纳入宏观政策取向一致性评估，科学精准

38. 如何增强宏观政策取向一致性？

评估各类政策影响及叠加效应，引导推动各部门聚焦经济建设这一中心工作和高质量发展这一首要任务，多出有利于稳预期、稳增长、稳就业的政策，谨慎出台收缩性抑制性举措，清理和废止有悖于高质量发展的政策规定。加强政策制定实施各环节全链条管理，制定政策要认真听取和吸纳各方面意见，实施政策要强化协同联动、放大组合效应，研究储备政策要增强前瞻性、丰富工具箱，精准做好政策宣传解读，把宏观政策取向一致性要求落实到政策制定实施全过程，全方位提高政策科学性有效性，确保政策最终效果符合党中央决策意图。

（黄良浩）

第三部分

2024年政府工作任务

39. 推动产业链供应链优化升级有哪些措施？

推动产业链供应链优化升级，是推进新型工业化、发展新质生产力的重要举措，也是构建新发展格局、实现高质量发展的应有之义。要在保持工业经济平稳运行的基础上，大力推动产业链供应链现代化，着力提升产业链供应链韧性和安全水平，加快建设以先进制造业为骨干的现代化产业体系。

（一）**推动制造业重点产业链高质量发展**。推动产业链供应链优化升级，要首先抓住牵一发而动全身的重点产业链，集中力量打通卡点堵点，带动整体产业体系实现跃升。去年围绕制造业重点产业链"一链一策"启动实施了高质量发展行动，要持续推进，着力补齐短板、拉长长板、锻造新板，打造自主可控、安全可靠的产业体系。发挥新型举国体制优势，实行"揭榜挂帅"、"赛马"等制度，继续围绕重点领域和薄弱环节推进关键核心技术攻关，力争尽快取得更大突破，特别是要注重通过飞机制造、轨道交通、深海装备等重大技术装备攻关带动上下游企业融通创新。深入实施产业基础再造工程，聚焦基础零部件、基础元器件、基础软件、基础材料、基础工艺、产业技术基础等"六基"，推进关键基础产品创新突破。做好创新产品应用推广"后半篇文章"与做好技术突破"前半篇文章"同样重要。要健全创新产品应用激励和容错免责机制，用好首台（套）装备、首批次材料、首版次软件示范应用等政策，支持创新产品在应用中不断优化改进。在关键材料、重大装备等关键领域建设一批试验验证平台和中试平台，加快建设一批专业化的中试公共服务机构，布局现代化中试能力，更好满足企业多样化需求。提升产业科技创新能力是推动制造业重点产业链高质量发展的关键所在。目前全国已布局建设了27家国家制造业创新中心、2家国家地方共建制造业创新中心、260家省级制造业创新中心，今年要在重点领域再新建一批国家制造业创新中心。实施制造业卓越质量工程和新产业标准化领航工程，完善科技服务业发展政策，培育专业化市场化国际化科技中介组织，进一步强化产业科技创新服务支撑。

（二）**大力发展先进制造业**。先进制造业是推动产业链供应链优化升级的重要方向，它既包括技术突破催生的新产业，也包括运用新技术改造传统产业形成的新产业形态。当前国际先进制造业竞争日趋激烈，发达国家都在抓紧先进制造业战略布局，我们决不能落在人后，必须增强紧迫感。要实施制造业技术改造升级工程，加大制造业企业技术改造资金支持，落实技术改造投资税收优惠和专项再贷款政策，完善企业技术改造标准，加强相关法规制度建设，推动钢铁、有色、化工、建材、纺织等传统产业高端化、智能化、绿色化转型。今年将启动实施大规模设备更新行动，要聚焦重点行业需求，围绕节能降碳、超低排放、安全生产、数字化转型、智能化升级等重点方向，推动大规模设备更新和技术改造。产业集群是发展先进制造业的重要载体。我国已经建成45个国家级先进制造业集群，要继续深入实施先进制造业集群发展专项行动，聚焦新一代信息技

39. 推动产业链供应链优化升级有哪些措施？

术、高端装备、新材料、新能源、生物医药及高端医疗装备等战略性全局性领域和优势长板领域，完善国家级集群重点行业和重点区域布局，加快形成一批竞争力强的先进制造业集群。今年将启动创建国家新型工业化示范区，要支持有条件的城市和城市群围绕推进新型工业化的重大任务、重要政策、重点难点问题，因地制宜探索推进新型工业化的实施路径，打造一批示范引领标杆，形成一批可复制推广的典型经验，带动推进新型工业化、建设现代化产业体系。

（三）**加强制造业高质量发展的支撑引领**。推动产业链供应链优化升级，需要大力发展与制造业密切相关、高附加值的生产性服务业。要加快发展现代生产性服务业，以开展服务业融合发展行动为抓手，提升第三方物流、检验检测认证、人力资源服务、节能环保等生产性服务业专业化水平，培育具有国际竞争力的服务企业，推动现代服务业与先进制造业深度融合。企业特别是量大面广的中小企业是制造业高质量发展的微观主体。目前我国已培育专精特新中小企业 10.3 万多家、专精特新"小巨人"企业 1.2 万家，要完善优质企业梯度培育体系，加大财税、金融、人才、知识产权、数据等支持力度，激发涌现更多专精特新企业。实施促进大中小企业融通创新"携手行动"，引导大企业向中小企业开放各类创新资源要素。产业链供应链优化升级离不开标准引领和质量支撑。要提升重点行业能耗限额和终端产品能效标准，提升家用电器、家居等大宗消费产品和服务标准的质量安全要求，升级智能制造、绿色制造、服务型制造标准，聚焦集成电路、工业机器人、北斗规模应用等重要产业链攻关关键环节技术标准,发挥先进标准对制造业转型升级的引领带动作用。要大力实施产业基础质量提升工程,加快构建更高水平质量基础设施,实施一批质量强链重大标志性项目建设,创新质量激励政策,支持重点行业和广大企业提高产品一致性、可靠性、安全性。同时要持续推进品牌文化,弘扬工匠精神,打造更多有国际影响力的"中国制造"品牌。

（宋哲）

40. 如何培育新兴产业和未来产业？

培育新兴产业和未来产业，是建设现代化产业体系、发展新质生产力、塑造发展新动能新优势的必然选择。要按照党中央、国务院部署，把握新一轮科技革命和产业变革机遇，大力推进科技创新，以科技创新推动产业创新，以颠覆性技术和前沿技术催生新产业新模式新动能，完善产业生态，拓展应用场景，促进新兴产业和未来产业持续健康发展。

（一）积极培育新兴产业。 这些年我国战略性新兴产业持续快速发展，在推动高质量发展中的作用日益凸显。要瞄准"十四五"期末战略性新兴产业增加值占国内生产总值比重提升到17%以上这一目标，坚持分类施策，着力推动新兴产业成长壮大。一是巩固提升优势产业。对智能网联新能源汽车等产业，要加快强链延链补链，强化关键环节自主可控，支持企业积极参与国际产业分工与协作，提升全产业链竞争优势，并在新一代动力电池技术、智能网联技术等领域加强前瞻布局，力求长期保持核心竞争力。二是加快发展前沿新兴产业。充分发挥超大规模市场优势和创新引领作用，制定实施相关支持政策，助推产业快速健康发展。氢能要着力降低"制储输用"成本，加强安全技术攻关；新材料要制定创新发展行动方案，提升关键材料和高端产品供给能力；创新药要对原辅料、试剂、耗材、最终产品等给予全链条支持。三是积极打造一批新增长引擎。

生物制造、商业航天、低空经济等产业发展空间广阔，要加快生物制造关键技术攻关和工程化产品化；加速突破可重复使用运载火箭、高性价比商业卫星等技术，建设商业航天发射场，推进北斗规模应用和卫星互联网建设应用；开展低空经济试点，释放更多发展资源，鼓励发展低空物流等新业态新模式。四是促进战略性新兴产业融合集群发展。深入实施国家战略性新兴产业集群发展工程，加强产业集群核心承载区和公共服务体建设，强化东中西部产业集群协同联动，构建各具特色、优势互补、结构合理的战略性新兴产业集群梯次发展体系。

（二）**超前布局未来产业**。当前，引领性、颠覆性和基础前沿技术持续涌现，并加速向经济和产业领域渗透。谁掌握了未来科技与未来产业，谁就掌握了未来发展主动权。一是制定未来产业发展规划。面向国家重大需求和战略必争领域，科学研判产业发展和技术演进趋势，坚持前瞻部署、梯次培育，坚持创新驱动、应用牵引，建立前瞻性、颠覆性技术遴选更新机制，建设未来产业概念验证中心，以前沿技术和市场需求引领未来产业发展。发布前沿技术应用推广目录、典型应用场景清单和推荐目录，支持重点企业打造标志性产品。主动参与全球未来产业分工和合作，深度融入全球创新网络。二是开辟未来产业新赛道。对量子技术、生命科学等产业，要根据不同发展阶段分类制定实施差异化的支持政策。聚焦重点领域，组织实施未来产业孵化与加速计划，加强产业需求导向的科学问题研究、增加基础技术源头供给，突出早期应用场景与市场拓展、加速成果产业化落地，建好常态化机制持续培育突破，打造一批具

40. 如何培育新兴产业和未来产业？

有核心竞争力的行业领军企业，打通创新链供应链。三是创建一批未来产业先导区。着眼未来产业重点方向，鼓励有条件的地区在优化创新组织、创新生态、人才引育、产融合作等方面先行先试，率先打造未来产业创新孵化高地，在更大范围内发挥引领示范作用。

（三）**营造良好发展环境**。培育新兴产业和未来产业涉及范围广、主体多、链条长，需要有力的政策引导和制度保障。一是实施产业创新工程。根据重点产业发展、重大工程项目建设和战略性产品开发需求，实施国家科技重大项目和重大科技攻关工程，组织开展关键核心技术攻关，一体化配置项目、基地、人才、资金等创新资源，推动产业链上中下游、大中小企业融通创新，畅通创新成果转化渠道，及时将科技创新成果应用到具体产业和产业链上。二是构建多元化投入机制。一方面，要推动政府性资金"耐心投"，优化产业投资基金功能，发挥好财政资金的带动引领作用和政府投资基金的增信撬动作用，推动制造业转型升级基金、国家中小企业发展基金和政策性金融机构等加大投入。另一方面，要鼓励社会资本"放心投"，鼓励发展创业投资、股权投资，出台促进创业投资发展的具体政策，拓展资金募集来源，畅通退出渠道，支持创业投资、银行、担保、融资租赁等机构深化合作，充分运用市场化手段支持新兴产业和未来产业发展。三是加强重点行业统筹布局和投资引导。坚持全国一盘棋，坚持先立后破、因地制宜、分类指导，加强重点行业投资项目窗口指导和产能监测预警，引导各地立足资源禀赋，遵循产业规律，找准功能定位，有选择地推动新产业、新模式、新动能发展，防止产能过剩和低水平重复建设。四是创新和完善产业治理体系。探索适应新兴产业和未来产业发展特点的管理机制，及时调整完善产业政策，充分发挥标准对产业发展的引领支撑作用。处理好鼓励创新与规范监管的关系，科学划定"红线"和"底线"，完善安全监测、预警分析和应急处置手段，建立试错容错机制，为新兴产业和未来产业创造宽松适度的发展环境。

（李钊）

41. 推进数字经济创新发展有哪些措施?

当今时代,数字技术迭代创新日新月异,数字经济日益成为国际竞争的焦点。习近平总书记强调,要抓住先机、抢占未来发展制高点,不断做强做优做大我国数字经济。李强总理在十四届全国人大二次会议上所作的《政府工作报告》,对深入推进数字经济创新发展作出部署安排。要制定支持数字经济高质量发展政策,积极推进数字产业化、产业数字化,促进数字技术和实体经济深度融合。

(一)加强数字技术自主创新。 高水平数字技术供给是数字经济发展的基础。要以国家战略需求为导向,聚焦集成电路、操作系统、工业软件、核心算法与框架等重点领域和薄弱环节,集聚力量打好关键核心技术攻坚战,力求尽快取得更多重大突破,实现高水平自立自强,把发展数字经济自主权牢牢掌握在自己手中。瞄准下一代移动通信、人工智能、量子计算等前沿新兴领域,加强基础研究和应用基础研究,推进原创性引领性颠覆性技术研发。发挥领军企业引领带动作用,鼓励构建多元化参与、网络化协同、市场化运作的创新联合体,促进产学研用深度融合,打造一批原创技术策源地,特别是要重视支持开源社区等新型协作平台发展。

(二)壮大数字经济核心产业。 数字产业是经济发展的重要引擎。一要积极开辟数字产业新赛道。聚焦数字化战略前沿,深化大数据、人工智能等研发应用，培育一批具有国际竞争力的大企业和具有产业链控制力的生态主导型企业。当前人工智能进入新一轮发展加速期，要在加快补齐算力、数据、算法等短板的同时，深入开展"人工智能+"行动，在经济社会重大领域和重点产业培育重大应用场景，带动打通堵点卡点、提升投入产出效率。二要大力培育数字产业集群。数字产业国际竞争很大程度上是产业集群、产业生态的竞争。我国已经建设了一批代表性数字产业集群，要继续引导优质要素资源向集群高效集聚，构建科技创新、金融服务、数字人才等高度融合的集群发展生态，打造具有国际竞争力的数字产业集群。三要促进平台经济有序竞争创新发展。平台经济此前经过专项整治，一些企业垄断经营、无序扩张等问题得到有效治理。要进一步健全市场准入制度，提升常态化监管水平，促进平台企业合规经营，支持平台企业在促进创新、增加就业、国际竞争中大显身手。

（三）**加快产业数字化转型**。产业数字化是数字经济的主战场。要立足不同产业特点和差异化需求，利用数字技术对传统产业进行全方位全链条改造，提高数字化网络化智能化水平。一是纵深推进制造业数字化转型。大力实施制造业数字化转型行动，以发展智能制造为主攻方向，以加快工业互联网规模化应用为重要抓手，分行业制定转型路线图，推动制造业"智改数转网联"。人工智能日益成为制造业数字化转型的关键变量，要引导人工智能企业和制造业企业联合攻关，培育一批行业垂直大模型和智能装备产品，促进人工智能全方位深层次赋能新

41. 推进数字经济创新发展有哪些措施？

型工业化。二是持续提升服务业和农业数字化水平。大力发展数字商务，加快商贸、物流、金融等服务业数字化转型，提升服务业品质和效益。创新发展智慧农业，全面提升农业生产、加工、销售等数字化水平。三是深入推进企业数字化转型。针对中小企业"不愿转、不敢转、不会转"等问题，组织开展中小企业数字化赋能专项行动，培育一批面向中小企业的产业互联网平台和解决方案提供商，推行普惠性"上云用数赋智"服务，加大对中小企业数字化转型的支持。

（四）**建设智慧城市、数字乡村**。数字经济不仅能渗透千行百业、赋能经济发展，也能提高公共服务效能、推动社会治理高效化科学化精准化。要继续推进数字政府建设，提升社会服务数字化普惠水平，打造智慧共享的新型数字生活。完善城市信息模型平台和运行管理服务平台，着力突破数据融合难、业务协同难、应急联动难等问题，提升城市综合管理服务能力，建设智慧城市。加快城市智能设施和公共服务向乡村延伸覆盖，完善农村地区信息服务供给，推进乡村治理数字化，建设数字乡村。统筹推动智慧城市和数字乡村建设，促进形成以城带乡、共建共享的数字城乡融合发展格局。

（五）**优化数字经济发展环境**。一要适度超前建设数字基础设施。持续推进5G、卫星互联网、工业互联网等新型基础设施建设，特别是要顺应人工智能等技术快速发展趋势，深入推进"东数西算"工程，加快形成全国一体化算力体系，培育算力产业生态。二要充分激发数据要素价值潜力。健全数据基础制度，推进数据分类分级确权授权使用，培育数据要素全国统一大市场,大力推动数据开发开放和流通使用。优化数据跨境流动监管措施,推动数据有序跨境流动。深入实施"数据要素×"行动,更好为各行各业赋能。三要不断健全数字经济治理体系。坚持促进发展和监管规范两手抓、两手都要硬,完善法律法规和政策制度,在鼓励创新的同时坚守数据安全、网络安全等安全底线。深化数字经济国际交流与合作,积极参与国际治理规则制定,推动打造开放、公平、公正、非歧视的数字经济发展环境。

(李攀辉)

42. 如何加快义务教育优质均衡发展和城乡一体化？

义务教育是国民教育的重中之重。我国各级各类学历教育在校生共有 2.91 亿人，其中义务教育阶段在校生有 1.6 亿人。当前，全国虽然已实现了义务教育基本均衡，但乡村学校量大、面广、点散，补短板的任务依然艰巨，推动义务教育优质均衡发展和城乡一体化任重道远。

（一）加强思政课建设，落实立德树人根本任务。深入推进习近平新时代中国特色社会主义思想和党的二十大精神进教材进课堂进头脑，用好中小学《习近平新时代中国特色社会主义思想学生读本》。推进大中小学思想政治教育和思政课一体化建设，合理确定各学段教材内容布局，开发各学段思政课"金课"、案例、故事、视频等。

（二）着力扩优提质，扩大义务教育优质资源供给。要聚焦义务教育优质均衡发展的重点领域和关键问题，扩大优质教育资源供给，努力办好学生家门口每一所学校。推动各地根据常住适龄人口变化情况，建立学龄人口学位需求预测预警机制，前瞻布局教育资源。大力推进现有优质中小学挖潜扩容，"一校一案"合理制定挖潜扩容工作方案。加大优秀校长和骨干教师交流轮岗力度，通过集团化办学、县中托管帮扶等形式，帮助薄弱学校、乡村学校、新建学校加快提升办学水平。

（三）坚持教育公平，着力补齐义务教育发展短板。教育公平是社会公平的重要基础，也是建设教育强国的内在要求。要把促进教育公平融入到深化义务教育改革发展的各方面各环节，不断缩小城乡、区域、校际、群体差距，更好满足群众对"上好学"的需要。要改善农村寄宿制学校办学条件，办好必要的乡村小规模学校。现在，全国义务教育阶段寄宿制学校有6.5万所，寄宿学生有3154万人、占义务教育学生总数的19.6%，其中不少是留守儿童。要改善农村寄宿制学校办学条件，配齐并及时更新教学设施设备，改善床铺、食堂、饮用水、厕所、浴室等基本生活条件，根据教学、管理实际需要，通过统筹现有编制资源、加大调剂力度等方式适当增加编制，配备好宿管、食堂、安保等工勤服务人员及卫生人员。高度重视对农村学校的布局调整，坚持从群众切身利益出发，在深入调研论证的基础上实事求是、稳慎操作，切忌搞"一刀切"。继续做好随迁子女、留守儿童、事实无人抚养儿童、困境儿童教育保障，健全入学升学制度，以公办学校为主落实"同城同待遇"。强化特殊教育普惠发展，积极开展普特融合教育，推动20万人口以上的县（市、区、旗）办好一所达标的特殊教育学校。

（四）推进数字教育，促进优质教育开放共享。习近平总书记指出，教育数字化是我国开辟教育发展新赛道和塑造教育发展新优势的重要突破口。推进数字教育对加快义务教育优质均衡发展和城乡一体化具有重要意义。要深入推进教育数字化战略，推进教育新型基础设施建设，完善国家智慧教育公共服务平台体系，建立资源开发汇聚、激励评价、更新迭代机制。要把数字化多场景应用作为重要举措，提升师生数字素养与技能，

42. 如何加快义务教育优质均衡发展和城乡一体化？

将优质教育资源向欠发达地区、乡村学校、薄弱学校持续输送，提升教师教学能力，激发学生学习兴趣，提高课堂教学效率，为每个孩子提供更加公平和优质的教育。

（五）弘扬教育家精神，培养高素质专业化教师队伍。教育家精神是建设教育强国的宝贵精神财富，必须深刻领悟、全面把握。要推动更多高水平大学开展义务教育阶段教师培养，加强师范院校和师范专业建设。科教协同开展专项培训，提升中小学教师科学素质。实施基础教育国家级优秀教学成果推广应用计划和中西部教学支持计划。加大教职工统筹配置和跨区域调整力度，推动出台乡村小规模学校、寄宿制学校教师编制标准，深化"县管校聘"管理改革。持续巩固义务教育教师平均工资收入水平不低于当地公务员平均工资收入水平成果，加快边远艰苦地区乡村学校教师周转宿舍建设，不断完善以公租房、保障性租赁住房和共有产权住房为主体的住房保障体系，实施好原连片特困地区县乡村教师生活补助政策。要弘扬尊师重教社会风尚，提高教师的政治地位、社会地位、职业地位，支持和吸引优秀人才热心从教、精心从教、长期从教、终身从教。

（六）实施素质教育，促进学生身心健康全面发展。素质教育是教育的核心。促进学生身心健康、全面发展，是群众关切、社会关注的重大课题。要健全学校家庭社会协同育人机制，坚持科学的教育理念，以身心健康为突破点强化五育并举，大力开展素质教育。持续推进体教融合，深化学生体质强健计划、美育浸润计划、劳动习惯养成计划和科学教育促进行动。分类推进适合学生身心特点的心理健康教育，深化学生心理健康促进行动，既要为每所中小学配置专兼职心理健康教育教师，还要完善心理健康监测预警机制，不断完善早发现、早干预和转介、治疗体系，多措并举培养学生积极乐观的心理品质。"双减"的重要目的，是在全社会树立科学的人才观、成才观、教育观，加快扭转教育功利化倾向，形成健康的教育环境和生态。要巩固深化"双减"成果，加强非学科类培训规范和监管，强化课堂主阵地作用，提升课堂教学水平、课后服务水平和作业设计水平。鼓励做好科学教育加法，改进学校科学教育教学与服务，推动社会资源整合，支持高校和科研院所对接中小学校，打造科学教育实践基地，构建科学教育新体系。

（侯万军）

43. 实施高等教育综合改革试点有哪些措施？

建设教育强国，龙头是高等教育。放眼全球，任何一个教育强国都是高等教育强国。必须以改革创新为动力，加快高等教育高质量发展。要坚持系统观念，统筹推进育人方式、办学模式、管理体制、保障机制改革，坚决破除一切制约教育高质量发展的思想观念束缚和体制机制弊端，全面提高教育治理体系和治理能力现代化水平。

（一）全面提高人才自主培养质量，加快培养拔尖创新人才。要把加快建设中国特色、世界一流的大学和优势学科作为重中之重，大力加强基础学科、新兴学科、交叉学科建设，瞄准世界科技前沿和国家重大战略需求推进科研创新，不断提升原始创新能力和人才培养质量。加强拔尖创新人才自主培养，积极探索符合中国国情的培养模式，健全本研贯通培养机制，统筹实施各类人才培养计划，提升博士研究生教育全球竞争力，让更多科技领军人才、工程师、大国工匠等竞相涌现，推动人才规模与人才质量同步提升。要注重复合型人才的培养，加快建设一批高等研究院，深入推进新工科、新医科、新农科、新文科建设。深化工程教育改革，提升卓越工程人才培养质量。深化医教协同，加快临床医学人才培养改革，推进高水平公共卫生学院建设。动态调整急需学科专业引导发展清单，持续优化整体学科专业结构，完善本科专业类设置与调整机制。

（二）完善高等教育分类发展体系，全面提升服务高质量发展的能力。 要系统分析我国各方面人才发展趋势及缺口状况，根据科学技术发展态势，聚焦国家重大战略需求，研究出台高校分类设置、分类支持、分类评价的举措，促进高等教育资源布局优化调整，切实增强培养经济社会发展需要的各类人才的契合度。推动高校建设特色优势专业集群，打造具有国际比较优势的学科群体。建强行业特色大学和应用型本科高校，推动文科优势高校特色发展，支持新型理工科大学建设，支持部省合建高校建设发展，深入推进新时代中西部高等教育振兴，精准实施对口支援西部地区高等学校计划。要深化新时代教育评价改革，用好教育评价的"指挥棒"，构建多元主体参与、符合我国实际、具有世界水平的高等教育评价体系，引导各类高校办出特色、争创一流。

（三）深化现代职业教育体系建设改革，切实增强职业教育吸引力。 职业教育是国民教育体系和人力资源开发的重要组成部分。2022年，我国有高等职业院校（含职业本科）1521所，在校生1694万人，占高等教育阶段的46.3%。办好高职院校不仅是教育高质量发展的内在要求，也是教育强国建设的重要内容。当前，职业教育发展存在一些急需突破的问题，比如职业教育体系还不够健全，产教融合不深入，在实训中心、实验实训环境、教材、教师队伍等方面建设落后于产业发展需求，特别在新兴和高速发展领域，存在学校人才培养与经济社会发展脱节问题等。解决这些问题，必须加快现代职业教育体系建设改革步伐，充分调动各级政府、行业企业、社会等各方面的积

43. 实施高等教育综合改革试点有哪些措施？

极性主动性，推动形成多元育人良好格局。要进一步落实省级政府领导和发展职业教育主体责任，启动实施省域现代职业教育体系建设新模式试点，在职业学校关键能力建设、产教融合、职普融通、投入机制、制度创新、国际交流合作等方面改革突破。通过"条块结合"方式，建强行业产教融合共同体、建强市域产教联合体，不断提升职业教育与地方经济结合的紧密度、与行业发展需求的适配度。抓住专业、课程、教材、教师、实训等关键要素进行系统改革，夯实职业教育关键办学能力，为经济社会发展培养数量充足、结构合理、质量优良的高技能人才。

（四）推动教育数字化，开辟高等教育发展新赛道。 习近平总书记指出，教育数字化是我国开辟教育发展新赛道和塑造教育发展新优势的重要突破口。推进高等教育数字化对扩大优质高等教育资源覆盖面具有重要意义。要加强高等教育新型基础设施建设，完善国家智慧教育公共服务平台体系，建设国家教育数字化大数据中心，建立高等教育资源开发汇聚、激励评价、更新迭代机制。要把数字化多场景应用作为重要举措，提升各级各类高校师生的数字素养与技能，将更多优质教育资源向中西部地区薄弱高校持续输送。进一步提升各级各类高校网络安全能力，完善相关标准规范，强化内容安全、技术安全、数据安全、供应链安全和算法安全。

（五）推进高等教育高水平对外开放，增强我国教育的国际影响力。 要完善教育对外开放战略策略，统筹做好"引进来"和"走出去"两篇大文章，有效利用世界一流教育资源和创新要素，使我国成为具有强大影响力的世界重要教育中心。统筹官方民间合作、双边多边互动，找准与不同国家高校开展合作的切入点和支撑点，与世界各国开展多种形式的教育交流合作。大力推进"留学中国"品牌建设。健全国际中文教育标准、办学、资源、品牌项目体系。推动中外合作办学高质量发展，积极参与全球教育治理，加强与联合国教科文组织合作，为推动构建人类命运共同体作出新贡献。

（侯万军）

44. 怎样提高职业教育质量？

职业教育是国民教育体系的重要组成部分，是培养高素质技能型人才的基础性工程。改革开放以来，职业教育为各行各业累计培养输送了2亿多高素质劳动者，现代制造业、战略性新兴产业和现代服务业70%以上的新增从业人员来自职业院校。当前，职业教育发展存在一些亟待解决的问题，如在实验实训条件、教材、教师队伍等方面建设落后于产业发展需求，特别在新兴和快速发展的产业领域，存在学校人才培养与经济社会发展脱节等问题。必须把推动现代职业教育高质量发展摆在更加突出的位置，充分调动各级政府、行业企业、社会等各方面的积极性主动性，统筹职业教育、高等教育、继续教育，推进职普融通、产教融合、科教融汇，推动形成多元育人良好格局。

（一）加快构建现代职业教育体系。进一步落实省级政府领导和发展职业教育主体责任，通过"条块结合"方式，不断提升职业教育与地方经济结合的紧密度、与行业发展需求的适配度，推动职业教育有效融入区域、省域经济社会发展。要推进省域现代职业教育体系建设改革试点，一省一策，办好与省域经济社会发展相适应的职业教育。优先选择在全球产业中占据重要份额、具有比较优势的地级市、县，开展市域产教联合体建设；聚焦高端数控机床等国家重点产业链以及智慧农业技术、现代畜牧业、现代物流等重点产业，开展行业产教融合共同体建设。要抓住专业、课程、教材、教师、实训等关键要素进行系统改革，全面提升职业学校办学能力，不断增强职业教育吸引力，为经济社会发展培养数量充足、结构合理、质量优良的高技能人才。

（二）**着力促进产教融合**。产教融合是职业教育最基本的办学模式，是构建现代职业教育体系的核心内容。要坚持以教促产、以产助教，延伸教育链、服务产业链、支撑供应链、打造人才链、提升价值链，健全职业教育产教融合发展机制。完善职业教育产教融合政策支持体系，培育建设一批产教融合型企业，落实"金融＋财政＋土地＋信用"组合式激励政策，对企业举办的职业院校按规定给予支持。持续推动建立以城市为节点、行业为支点、企业为重点的产教融合发展路径与模式，发挥地方政府、重点产业协会牵头作用，带动行业骨干企业联合职业院校等组建产教融合联盟，建设一批高水平产教融合园区。支持职业院校与重点产业、骨干企业深度合作，打造一批创新综合体，促进政产学研金服用融合创新。鼓励出台和落实分行业的职业教育支持政策，推动职业院校面向生产一线开展科技创新，强化技术开发和成果转化能力。

（三）**深化职业教育改革**。要深化职业教育供给侧结构性改革，建立健全多形式衔接、多通道成长、可持续发展的梯度职业教育和培训体系，推动职普协调发展、相互融通，让不同禀赋和需要的学生能够多次选择、多样化成才。提升职业学校关键办学能力，加强"双师型"教师队伍建设，支持高水平学校和大中型企业共建"双师型"教师培养培训基地、企业实践基地，建立高等学校、行业企业联合培养"双师型"教师机制。构建央地互动、区域联动，政府、行业、企业、学校协同的发

44. 怎样提高职业教育质量？

展机制，鼓励支持省（自治区、直辖市）和重点行业结合自身特点和优势，在现代职业教育体系建设改革上先行先试、率先突破、示范引领，形成制度供给充分、条件保障有力、产教深度融合的良好生态。实施现代职业教育教学改革计划，以提升人才培养质量为目标，以深化产教融合为主轴，系统推进职业教育专业、课程、教材、教师、实训改革。

（四）营造职业教育发展良好环境。良好的发展环境是职业教育高质量发展的重要保障。各级党委和政府要将发展职业教育纳入本地区国民经济和社会发展规划，并作为考核下一级政府履行教育职责的重要内容。要强化政策扶持，统筹职业教育改革发展，探索地方政府和社会力量支持职业教育发展投入新机制，吸引社会资本、产业资金投入，按照公益性原则，支持职业教育重大建设和改革项目。探索建立基于专业大类的职业教育差异化生均拨款制度，地方政府可以参照同级同类公办学校生均经费等相关经费标准和支持政策，对非营利性民办职业学校给予适当补助。要培育和传承好工匠精神，支持地方深化收入分配制度改革，提高生产服务一线技术技能人才工资收入水平，营造全社会充分了解、积极支持、主动参与职业教育的良好氛围。用人单位不得设置妨碍职业学校毕业生平等就业、公平竞争的报考、录用、聘用条件。完善结果导向的评价机制，对优秀的职业学校、校长、教师、学生和技术技能人才按照国家有关规定给予表彰奖励，弘扬劳动光荣、技能宝贵、创造伟大的时代风尚。

（侯万军）

45.如何推进关键核心技术协同攻关?

习近平总书记深刻指出,关键核心技术是国之重器,对推动我国经济高质量发展、保障国家安全都具有十分重要的意义。李强总理在十四届全国人大二次会议上所作的《政府工作报告》中,对推进关键核心技术协同攻关提出了明确要求。各地各有关部门要认真贯彻党中央和国务院的决策部署,充分发挥新型举国体制优势,把政府、市场、社会有机结合起来,集成国家战略科技力量、社会创新资源协同发力,打赢关键核心技术攻坚战。

(一)加强战略谋划和系统布局。坚持国家战略目标导向,瞄准事关我国产业、经济和国家安全的若干重点领域及重大任务,明确主攻方向和核心技术突破口,大力研发具有先发优势的关键技术。抓住新一轮科技革命和产业变革加速演进的重大机遇,超前布局颠覆性技术和前沿技术研究。当前,人口老龄化、少子化等给科技创新提出了不少新课题。要在人口健康、养老助残、生态环境、防灾减灾等领域大力发展民生科技,促进科技创新,增进民生福祉。

(二)健全协同攻关体制机制。加强党中央集中统一领导,建立权威的决策指挥体系。构建协同攻关的组织运行机制,高效配置科技力量和创新资源,发挥各类创新主体优势,促进成果共享、风险共担、利益共赢。强化跨领域跨学科协同攻关,

45.如何推进关键核心技术协同攻关？

优化学科专业布局，推动学科交叉和新学科建设，加快战略型紧缺人才培养。加强对承担攻关任务人员的物质激励与精神激励，在职称评聘、岗位晋升、薪酬分配等方面向攻关人员倾斜，对作出突出贡献的人员或团队给予表彰奖励。技术攻关不能只做样品，更要做出产品、形成产业。我国有14亿多人口，中等收入群体超过4亿，正在整体迈向现代化，具有超大规模市场的需求优势和产业体系配套完善的供给优势。要以市场需求牵引创新供给，深入实施首台（套）重大技术装备和首批次重点新材料应用保险补偿政策，以市场化方式支持破解瓶颈制约，促进成果转化应用和产品迭代升级，加快形成商业价值。

（三）充分发挥国家战略科技力量建制化优势。国家实验室、国家科研机构、高水平研究型大学、科技领军企业等战略科技力量，是国家创新体系的中坚，应当在关键核心技术攻关中发挥更大作用。要优化资源配置，形成功能互补、良性互动的协同创新新格局。支持国家实验室紧跟世界科技发展大势，适应我国发展对科技发展提出的使命任务，改革创新管理体制和科研组织机制，多出战略性、关键性重大科技成果。积极推进全国重点实验室重组，协同构建中国特色国家实验室体系。充分发挥高水平研究型大学的基础研究主力军作用，聚焦国家战略需求和世界科技前沿开展有组织科研，在科研攻关中提高基础学科建设水平和拔尖创新人才自主培养能力。深化使命导向的国家科研机构管理改革，不断巩固拓展多学科体系化建制化优势。强化企业科技创新主体地位，支持有实力的企业牵头实施重大攻关任务，联合高校、科研院所和上下游企业组建多元化创新联合体，发挥好科技创新"出题人"、"答题人"、"阅卷人"作用。

（四）推动创新链产业链资金链人才链深度融合。我国创新要素和产业资源丰富，但还普遍存在衔接不畅、互通不足、融合不够等问题，显著制约了产业创新效率。要紧扣创新链产业链资金链人才链（以下简称"四链"）深度融合的关键环节和重要节点，健全"四链"间政策协同、各类主体协同创新机制，实现要素有序流动、政策同向发力，让机构、人才、装置、资金、项目都充分活跃起来。围绕产业链部署创新链，围绕创新链布局产业链，加强符合产业发展需求的创新成果供给，增加促进创新成果应用的场景和市场供给，充分发挥资金链和人才链支撑作用，打造主体高效协同、要素集聚融通的产业创新生态。要着力破解制约融合的堵点和障碍。比如，各类主体都有一些技术、人才、资金、政策等方面的资源，要加强平台建设，促进资源共享和信息互通。又如，针对各类主体参与不积极、利益不相容的问题，要强化激励引导，在高校和科研院所科研人员成果赋权、国有企业创新绩效考核、国有单位尽职免责机制等方面加大改革攻坚力度，建设一批多方协同的"四链"深度融合载体。要强化政策协同，加强知识产权保护应用，完善促进要素有序流动的公平竞争环境。加强国际交流合作，支持高校、科研院所、科技型企业等与世界一流研究机构建立长期稳定的战略伙伴关系，加大对外商投资在华设立研发中心开展科技创新活动的支持力度，促进互利共赢。

（王敏瑶）

46.怎样强化企业科技创新主体地位？

企业是科技和经济紧密结合的重要力量，是实现高质量发展的微观基础。强化企业科技创新主体地位，是深化科技体制改革、推动实现高水平科技自立自强的关键举措。党的二十大对强化企业科技创新主体地位作出重要部署，提出明确要求。要贯彻落实党中央决策部署，顺应新一轮科技革命和产业变革发展趋势，不断提升企业科技创新活力能力，切实增强企业科技创新引领力和全球竞争力，实现从科技强到产业强、经济强、国家强。

（一）**强化企业技术创新决策的主体地位**。支持企业更大范围更深程度参与国家科技创新决策，特别是在重大技术创新方向确定和应用类国家科技项目遴选中要发挥企业的主导作用。提升企业技术创新自主决策能力，支持科技型骨干企业开展战略研究，带动行业相关企业共同开展产业方向研判、技术标准创制、知识产权布局等研究。发挥企业家作用，充分尊重企业家的科技创新意识和举措，营造尊重企业家价值、鼓励企业家创新、发挥企业家作用的社会舆论氛围，壮大善于创新、勇于担当的企业家群体，成为创新发展的探索者、组织者、引领者。

（二）**强化企业研发投入的主体地位**。这些年我国企业科技投入增长很快，但还有很大提升空间。据欧盟对2022年全球研发投资额最多的2500家企业的统计，前20位中只有华为和腾讯两家中国企业。要综合采取多种方式支持企业加大研发投入，支持企业牵头建设公益性创新平台，推动企业与国家、地方自然科学基金设立联合基金，落实支持科技创新税收优惠政策。大力发展适合科技创新企业特点的金融产品和服务，完善种子基金、创业投资、银行信贷、上市融资等多方式全链条支持机制，用好用足科技创新再贷款、科技创新和基础研究专项贷款等政策工具，引导社会资本投早、投小、投长、投创新，构建科技产业金融三角循环。推动高水平研发人才向企业集聚，健全企业与高校、科研院所科研人员双向流动机制，强化对企业科技领军人才的物质激励与精神激励，支持企业建立青年科技人才全链条培养制度。培育数据要素市场，大力推动数据开发开放和流通使用，深入开展中小企业数字化赋能专项行动，支持企业充分利用数据要素驱动创新。

（三）**强化企业科研组织的主体地位**。发挥好科技创新"出题人"、"答题人"、"阅卷人"作用。改革立项机制，支持科技领军企业牵头梳理关键核心技术攻关任务，联合上下游、产学研力量凝练提出基础研究问题。目前国家重点研发计划中，企业参加或牵头的占比已接近80%。要完善"揭榜挂帅"机制，综合运用"赛马攻关"、"联合攻关"等模式，支持有实力的企业牵头实施重大攻关任务，集聚力量进行原创性引领性科技攻关。推动企业通过设立内部研发机构、参与国家重大创新平台建设等方式，持续提升资源统筹、技术创新、系统集成水平。改革科技项目验收机制，坚持应用导向、实践检验，技术开发类项目成果评估和考核验收要发挥企业和用户单位主导作用，

46.怎样强化企业科技创新主体地位？

应用研究类项目要充分听取企业意见。我国有高新技术企业超过40万家，科技型中小企业约45万家。要发挥大企业引领支撑作用，联合高校、科研院所和上下游企业组建多元化创新联合体，通过多种方式带动中小微企业深度融入创新链产业链，共同推动产业创新发展。

（四）强化企业成果转化的主体地位。深化产学研用结合，健全成果对接和产业化机制，支持企业主动与高校、科研院所加强对接，激活高校、科研院所存量专利资源，增强科研成果与市场需求的适配性。大力支持企业建设中试验证平台，推动国家实验室、全国重点实验室、重大科技基础设施、大型科研仪器等进一步向企业开放。完善成果转化激励约束机制，鼓励高校、科研院所探索通过先使用后付费方式将科技成果许可给企业使用。

（五）完善有利于企业科技创新主体作用发挥的生态环境。全面落实公平竞争审查制度，增强创新政策的系统性、协同性、一致性、稳定性，完善适应创新产品和服务特点的监管机制，形成企业专注创新发展的稳定预期。加强知识产权保护运用，全面建立实施知识产权侵权惩罚性赔偿制度，支持知识产权质押融资，引导企业加强知识产权创造。支持企业加强国际创新合作，促进企业与相关国家在科技人文交流、共建联合实验室、科技园区合作、技术转移等方面合作，支持有条件的企业布局海外科技创新中心，鼓励跨国企业来华投资设立研发中心，营造企业国际化创新发展良好环境。

（王敏瑶）

47. 深化科技体制改革有哪些新举措？

深化科技体制改革是加快建设科技强国的内在要求。以习近平同志为核心的党中央对科技体制改革作出一系列重要战略部署，推动我国科技体制改革全面发力、多点突破、纵深推进。同时也要看到，我国科技发展还存在不少障碍和堵点，特别是科技和经济深度融合不足的问题仍然比较突出。下一步要围绕创新要干什么、谁来组织创新、如何支持激励保护创新，根据科学研究、技术开发、产业创新的不同规律，加强体制机制改革的全局性谋划、整体性推进，加快形成支持全面创新的基础制度，不断激发创新创造活力。

（一）**完善科研人员激励机制**。我国有世界上规模最大的科研人员队伍，研发人员全时当量由 2012 年的 324.7 万人年提高到 2022 年的 635.4 万人年，十年间翻了近一番。要着力构建有利于加快实现高水平科技自立自强的激励机制，营造促进原创成果不断涌现的创新生态，激励广大科研人员勇攀高峰、各尽其才。落实以增加知识价值为导向的分配政策，扎实推进高校、科研院所薪酬制度改革试点，坚持薪酬分配要同绩效紧密挂钩，向扎根教学科研一线、承担急难险重任务、作出突出贡献的人员倾斜，向从事基础学科教学和基础前沿研究、承担国家关键核心技术攻关任务、取得重大创新成果的人员倾斜，促进形成知识创造价值、价值创造者得到合理回报的良性循环。要发挥

47. 深化科技体制改革有哪些新举措？

好评价"指挥棒"作用，持续推进破除唯论文、唯帽子、唯职称、唯学历、唯奖项，特别是不能简单以"帽子"论人才、配资源、定薪酬；同时着力抓好"立新标"，加快建立以创新价值、能力、贡献为导向的人才评价体系。加强学风作风建设，倡导严肃认真的学术讨论和评论，反对浮夸浮躁、"圈子"文化，严守科研诚信底线，引导科研人员自觉践行、大力弘扬科学家精神，在科技攻关实践中强化担当作为。科技是发展的利器，也可能成为风险的源头。要进一步完善科技伦理体系，提升科技伦理治理能力，有效防控科技伦理风险，不断推动科技向善、造福人类。

（二）深化科研项目和经费管理制度改革。这些年，我们围绕科研人员反映强烈的填表多、报销繁、事务性负担重等问题，持续推进项目经费管理制度改革，为科研人员减负松绑。2018年启动的减轻科研人员负担专项行动，开展了减表、解决报销繁、精简牌子、清理"四唯"、检查瘦身、信息共享、众筹科改等7项具体行动；2020年在前期行动的基础上，又推进了成果转化尽责担当、科研人员保障激励、新型研发机构服务和政策宣传4项新行动；2022年聚焦青年科研人员，部署了挑大梁、增机会、减考核、保时间、强身心等5方面任务。要持续巩固前期成效，紧紧围绕科研人员反映强烈的突出问题深化改革，以硬招实招为科研人员减负。要健全勤勉尽责、宽容失败的科研管理和评价机制，特别是对路径不明确、失败率较高、研究周期长的探索性项目，支持科研机构建立尽职免责制度，保障科研人员潜心研究。

（三）促进科技成果加快转化。成果转化率不高，制约了科研能力转化为现实生产力。根据国家知识产权局发布的《2022年中国专利调查报告》，我国高校发明专利实施率为16.9%、产业化率仅为3.9%。导致这一问题的原因是多方面的，比如高校、科研院所科研成果与企业需求不匹配，对科研人员实施成果转化的激励不足，公共研发平台、中试验证平台等缺乏系统布局，缺少技术经理人等服务成果转化的专业人员，成果评价行业不成熟、机制不健全等。要围绕这些问题综合施策，制定完善促进成果转化的法律法规、配套政策和执行规范。增强科研成果与市场需求的适配性，激活高校和科研院所的存量专利资源，支持有条件的高校和科研院所设立专门的技术转移机构，建立专业化多层次的技术转移人才培养体系。针对科研人员"不敢转化、不愿转化"的问题完善激励机制，充分赋予高校和科研院所科技成果处置自主权，推进赋予科研人员职务科技成果所有权或长期使用权改革，建立相关参与方共同获益的收益分配机制。

（四）加强知识产权保护。知识产权一头连着创新，一头连着市场，是成果转化的桥梁和纽带。要全面提高知识产权保护效能，深入实施新修改的专利法实施细则，加大行政保护和专业指导力度，强化与司法保护的衔接，高标准建设国家知识产权保护示范区。深入实施专利转化运用专项行动，培育和发展知识产权要素市场，推动知识产权市场化运营。

（五）扩大国际科技交流合作。我国科技事业的发展进步与广泛而深入的国际科技合作是分不开的。要以更加开放的思维

47.深化科技体制改革有哪些新举措?

和举措主动融入全球创新网络,完善政府间创新对话机制,务实推进公共卫生、气候变化、人类健康等领域国际合作。大力推进民间科技合作,鼓励科研人员交流互访。建立与国际接轨的科研制度,加大国家科技计划开放力度,支持各国科研人员共同攻克前沿科学问题,扩大科技基础设施和创新基地平台的开放共享,提高科研国际化水平。前瞻谋划和深度参与全球科技治理,参加或发起设立国际科技组织,启动国际大科学计划和大科学工程,推动科学技术更好造福各国人民。

(王敏瑶)

48. 怎样推进高水平人才高地和吸引集聚人才平台建设？

建设高水平人才高地和吸引集聚人才平台，是党中央着眼我国建设世界重要人才中心和创新高地作出的战略部署。要坚持全球视野、对标世界一流、突出中国特色，把人才高地和人才平台建设与国家实验室、国际科技创新中心、区域科技创新中心、综合性国家科学中心、"双一流"高校和学科、高新产业基地建设等衔接起来，推动教育、科技、产业、人才等布局一体落实，加快形成人才发展的战略支点和雁阵格局。

（一）**在北京、上海、粤港澳大湾区建设高水平人才高地。**当前，新一轮科技革命和产业变革深入发展，围绕高素质人才和科技制高点的国际竞争空前激烈。北京、上海、粤港澳大湾区作为我国科技基础最雄厚、创新资源最丰富、创新主体最活跃的区域，在教育、科技、人才等方面具有独特优势，理应在人才强国战略中发挥支点作用和"头雁"效应。近年来，北京着力构建国家实验室体系及国家级创新平台，高质量实现昌平、中关村、怀柔3个国家实验室在轨运行；上海面向前沿赛道和共性技术，布局建设了张江复旦国际创新中心、长三角国家技术创新中心等一批新型研发机构；粤港澳大湾区扎实推进鹏城实验室等战略科技力量建设，着力打造世界级"人才湾区"。三地在全球科技创新集群排名中均跻身前十行列，正在加速成为创

48. 怎样推进高水平人才高地和吸引集聚人才平台建设？

新人才高度集聚、创新要素高度整合、创新活动高度活跃的全球人才高地。要聚焦建设国际科技创新中心，围绕服务京津冀协同发展、长三角一体化发展、粤港澳大湾区建设等国家重大战略，进一步把准定位、发挥优势、突出特色，加强国家实验室和新型研发机构建设，做好人才培养引进工作，深化人才发展体制机制改革，优化人才创新创造环境，自主培养更多国家战略人才力量，吸引集聚更多高层次人才，努力打造成为创新人才高地示范区。

（二）逐步有序布局建设若干吸引和集聚人才平台。解决关键核心技术"卡脖子"问题、加快实现高水平科技自立自强，需要各地区各部门共同发挥作用。一些经济社会发展水平较高、科教资源相对丰富、区域位置重要的中心城市，在建设吸引和集聚人才平台上具备一定基础和条件，这些年也在政策创新、人才投入、环境营造等方面进行了积极探索，出台了一系列有力政策措施。要坚持突出重点、梯次推进，因地制宜、量力而行，围绕国家科技创新总体布局和区域协调发展战略、区域重大战略实施，在一些高层次人才集中的中心城市，布局建设高水平人才平台。要根据不同城市功能定位和教育水平、科技创新能力、人才队伍规模质量、基础设施建设等方面资源条件，把发挥市场决定性作用与发挥政策导向、组织引导作用结合起来，推动人才平台建设差异化、错位化、特色化发展。要坚持有所为、有所不为，探索实行负面清单管理，建立严格的自我约束和外部监督制度，成熟一个、审批一个、建设一个，防止一哄而起、遍地开花。

（三）促进人才区域合理布局和协调发展。2023年，我国劳动年龄人口超过8.6亿，劳动年龄人口平均受教育年限达11.05年，具有大学文化程度人口超过2.5亿，人才资源总量、科技人力资源、研发人员总量均居全球首位。但同时也要看到，我国人才主要聚集在经济发达的东部沿海地区，人才流动"孔雀东南飞"的现象比较普遍。针对这一状况，要坚持系统观念、注重统筹兼顾，继续加大对西部地区、东北地区的人才政策倾斜支持力度，建立东西部省份人才对口帮扶机制，扎实做好向重点帮扶县组团式选派医疗、教育人才和科技特派员工作，积极引导人才向艰苦边远地区和基层一线流动。要注重发挥人才高地和人才平台的辐射带动作用，探索建立同区域协调发展战略相适应的人才交流机制，推动人才共育共引共用。要落实地方人才计划和引才政策备案审核制，坚决纠正地方、用人单位在国内靠比拼财力抢挖人才问题，引导人才合理有序流动。

（秦青山）

49. 在加快建设国家战略人才力量上有哪些举措?

战略人才站在国际科技前沿、引领科技自主创新、承担国家战略科技任务,是支撑我国实现高水平科技自立自强的重要力量。目前来看,与加快建设教育强国、科技强国、人才强国的目标要求相比,我国人才队伍结构性矛盾还比较突出,高水平创新人才仍然不足。《政府工作报告》提出,加快建设国家战略人才力量,这既是掌握科技自主权、发展主动权的内在要求,也是抢占科技竞争和发展制高点的重要任务。要把建设战略人才力量作为重中之重来抓,努力培养造就更多大师、战略科学家、一流科技领军人才和创新团队、青年科技人才、卓越工程师、大国工匠和高技能人才。

(一)**大力培养使用战略科学家**。战略科学家是科学帅才,是国家战略人才力量中的"关键少数"。我国需要的战略科学家,既包括能够进行方向性、全局性、前瞻性思考,具有卓越科技组织领导才能的战略科学家,也包括在某个专业领域起引领作用的领军科学家,主持大科技工程的技术总师、工程总指挥等。这些人才都需要从科技创新主战场中涌现出来,从科技创新主力军中成长起来。要坚持实践标准、树立长远眼光,在国家重大科技任务攻关实践中发现具有深厚科学素养、长期奋战在科研第一线,视野开阔,前瞻性判断力、跨学科理解能力、大兵团作战组织领导能力强的科学家,有意识地发现和培养更多具有战略科学家潜质的高层次复合型人才,形成战略科学家成长梯队。对于战略科学家,不能简单以学术头衔、人才称号等"帽子"进行评判,要突出政治素质、实践标准、战略眼光、业界公认,从国家重大科技任务担纲领衔者中去发现遴选。相关部门要加强和完善对国家重大科研项目的领导和指导,支持战略科学家在引领重大原始创新、参与教育和科技战略顶层设计、推动学科交叉融合和创新发展、突破关键核心技术等方面发挥帅才作用。青年人才是国家战略人才力量的源头活水,要注重从重大科技工程中发现和提拔战略型青年科技人才,为形成战略科学家成长梯队造就规模宏大的后备人才。

(二)打造大批一流科技领军人才和创新团队。科技领军人才和高水平创新团队是科学研究、科技创新的主力军。数据显示,我国科技人才资源储备丰富,顶尖科技人才国际学术影响力持续提升,入选世界高被引科学家数量从2014年的111人次增至2022年的1169人次,排名世界第二。但总体来讲,科技领军人才依然比较匮乏。要充分利用全球人才流动的有利机遇,聚天下英才而用之,努力培养造就一大批世界级科技大师、领军人才、尖子人才。在体制机制上,要围绕科技攻关任务和解决"卡脖子"关键核心技术难题需要,优化领军人才发现机制和项目团队遴选机制,建立跨部门、跨地区、跨行业、跨体制的人才特殊调配机制,组建攻坚团队。在平台建设上,要发挥国家实验室、国家科研机构、高水平研究型大学、科技领军企业的国家队作用,加速集聚、重点支持一流科技领军人才和创新团队。在组织实施上,要围绕国家重点领域、重点产业,组

49. 在加快建设国家战略人才力量上有哪些举措？

织产学研协同攻关，在重大科研任务中培养人才。要探索新的项目组织方式，对领军人才实行人才梯队配套、科研条件配套、管理机制配套的特殊政策。

（三）造就规模宏大的青年科技人才队伍。有研究表明，自然科学发明创造的最佳年龄段是 25 岁到 45 岁。我国国家重点研发计划参研人员中，45 岁以下占比达 80% 以上；北斗导航、探月探火等重大战略科技任务的许多项目团队，平均年龄都在 30 多岁；在人工智能、信息通信等新兴产业领域，一大批优秀青年科技人才成为技术创新的主力。但也要看到，青年科技人才担纲机会少、成长通道窄、生活压力大等问题依然比较突出，不少青年人才把精力过多投入到职称评审、项目申报、"帽子"竞争上，难以潜心进行研究。去年，中办、国办印发了《关于进一步加强青年科技人才培养和使用的若干措施》，出台了一系列支持青年科技人才成长发展的"硬举措"。今年《政府工作报告》提出，要"加大对青年科技人才支持力度"。相关方面要鼓励青年科技人才跨学科、跨领域组建团队承担颠覆性技术创新任务，稳步提高国家自然科学基金对青年科技人才的资助规模，深入实施国家重点研发计划青年科学家项目，支持青年科技人才在国家重大科技任务中"挑大梁"。各类人才培养引进支持计划要向青年人才倾斜，国家科技创新基地要大力培养使用青年科技人才。青年科技人才精力旺盛、思维活跃、知识更新快，一些优秀青年科技人才具有开阔的国际视野，能够及时准确把握前沿领域和新兴技术的变化趋势。吸纳更多青年科学家参与科技决策咨询，既有利于推动科技决策民主化、科学化，也是发现和培育战略科学家的重要途径。要扩大科技评审专家库中青年科技人才的规模，增加评审专家组中青年科技人才数量，推动各类学术组织吸纳更多青年科技人才，更好发挥青年科技人才决策咨询作用。

（四）培养大批卓越工程师和高技能人才。 工程师是国家战略人才力量的重要组成部分。近年来，我国工程师数量大幅提升，结构进一步改善，工程技术人才自主培养力度不断加大，但依然存在总量不足、结构不尽合理、顶尖人才缺口大等问题，制约了我国制造业水平向高端迈进。2023年，党中央、国务院开展了"国家工程师奖"首次评选表彰，授予81名个人"国家卓越工程师"称号、50个团队"国家卓越工程师团队"称号，充分体现了对卓越工程师和高技能人才的高度重视。要充分发挥高校和企业两个积极性，推动实现产学研深度融合，进一步加大工程技术人才自主培养力度。一方面，要发挥好考核评价的指挥棒作用，指导和推动高校加大工程类学生培养力度，探索实行高校和企业联合培养新工科人才的有效途径，推动"双一流"建设大学、行业特色高校和龙头企业协同打造一批高端校企合作基地。另一方面，要支持、鼓励和引导企业把培养环节前移，采取定向委托培养、开设"订单式"特色班、共建联合培养平台等方式，与高校联合培养人才，实行校企"双导师制"，着力解决工程技术人员培养与生产实践脱节的突出问题。

（秦青山）

50. 如何进一步建立健全人才评价体系？

评价体系对人才成长和发展具有十分重要的"指挥棒"作用，目前部分科研人员中出现的急功近利、浮躁浮夸、跟风式科研甚至科研行为不端等问题，很大程度上受到不科学、不合理人才评价体系的影响。要坚持"破四唯"和"立新标"并举，加快建立以创新价值、能力、贡献为导向的科技人才评价体系，形成有利于科技人才潜心研究和创新的评价制度。

（一）健全完善科学的人才分类评价机制。近年来，我国在分类推进人才评价机制改革上出台了一系列措施，"四唯"现象和人才"帽子"满天飞的情况有了改观，但仍存在分类评价不足、评价标准单一、评价手段趋同、评价名目繁多等问题，导致人才评价的社会化程度不高、用人主体自主权难以落实。一些高校和科研院所仍简单以刊物、头衔、荣誉、资历等判断论文质量，过分依赖国际数据和期刊，将SSCI、CSSCI等论文收录数作为岗位选聘、人才计划申报评审的唯一指标，人才管理制度还不适应科技创新要求、不符合科技创新规律。要分类健全人才评价标准，改进和创新人才评价方式，深化重点领域人才评价改革，完善人才评价管理服务制度，加快形成导向明确、精准科学、规范有序、竞争择优的科学化社会化市场化人才评价机制，全面准确反映人才的创新水平、转化应用绩效和对经济社会发展的实际贡献。基础前沿研究要突出原创导向，社会公益性研究要突出需求导向，应用技术开发和成果转化评价要突出市场导向，切实解决简单以人才"帽子"对标薪酬待遇和科研资源分配问题，推动人才称号回归学术性、荣誉性本质。

（二）改革创新科研经费使用和管理方式。 管好用好科研经费，对促进科技事业发展至关重要。党的十八大以来，针对科研经费管理刚性偏大、拨付环节较多进度较慢、"有钱发不出"等问题，党中央、国务院先后出台一系列优化科研经费管理的举措，从预算编制、经费申请、分配使用到拨付进度、监督审计等，全链条全过程对科研经费管理作了具体细致规定。一些科研单位也在科研经费管理上探索推行了包干制、允许设置奖励经费等措施，赢得了科研人员好评。但在科研经费管理方面，仍然存在政策落实不到位现象。要着眼于让科研经费既"用好"又"好用"，用到该用的地方、用到刀刃上，进一步扩大科研经费管理自主权，简化预算编制，完善经费拨付，扩大经费包干制实施范围，支持科研事业单位探索试行更灵活的薪酬制度，加大科研人员激励力度，加强从事基础性、前沿性、公益性研究的科研人才队伍建设。要落实让经费为人的创造性活动服务的理念，进一步改进科研绩效管理和监督检查，加强事中事后监管，实现从重过程向重结果转变。对科研经费管理和使用过程中出现的失信情况，纳入信用记录管理，并对尽职无过错科研人员免予问责。

（三）加大为人才松绑减负力度。 科学研究具有灵感瞬间性、方式随意性、路径不确定性的特点，不同领域人才成长的方式和路径也有很大不同。世界上一流的科研机构、一流的科

50. 如何进一步建立健全人才评价体系？

技人才，往往不是靠政府部门的工作人员管理管出来的，不能简单套用行政管理的办法对待科研工作，不能像管行政干部那样管科研人才。

要遵循人才成长规律和科研规律，进一步破除"官本位"、行政化的传统思维，尽量减少"管"的手段，多出台服务、支持、激励等方面措施，做到人才为本、信任人才、尊重人才、善待人才、包容人才。要推动重大项目立项和组织管理方式改革，建立健全责任制和"军令状"制度，完善和落实"揭榜挂帅"机制，赋予科学家更大技术路线决定权、更大经费支配权、更大资源调度权，切实减轻科研人员事务性负担，把人才从科研管理的各种形式主义、官僚主义的束缚中解放出来。人才好不好用、怎样用好，用人单位最有发言权。要根据需要和实际向用人主体充分授权，既要真授、授到位，又要接得住、用得好，切实发挥用人主体在人才培养、引进、使用中的积极作用。同时，要增强对人才的服务意识和保障能力，优化各类人才工作生活保障制度，帮助解决子女入托入学、住房等方面的困难，重视并创造条件厚植人才成长的沃土，让人才静心做学问、搞研究，多出成果、出好成果。

（秦青山）

51. 培育壮大新型消费将采取哪些措施?

新型消费的产生和兴起,既有技术赋能的驱动,也有需求的拉动。一方面,以云计算、大数据、物联网、移动互联网、人工智能等为代表的新技术,催生了大量新产品新服务、新业态新模式,既扩大了消费选择范围,又改善了消费体验,激发了新型消费需求。另一方面,伴随经济社会发展,居民的需求层次不断提升,也会自发地产生对新型消费的需要。因此,相对传统消费,新型消费增长速度更快,发展动能更强,能够有效地促进消费扩容升级。李强总理在《政府工作报告》中指出,要"培育壮大新型消费",并作出具体安排。主要包括以下几个方面的举措。

(一)创新消费业态和模式。消费新业态新模式的涌现,为便利居民生活、克服疫情影响、促进消费和经济增长提供了有力支撑。去年实物商品网上零售额对社会消费品零售总额增长的贡献率达到31.7%。要持续推动消费业态和模式创新,以新业态新模式引领新型消费加快发展。推动线上线下消费有机融合,加快传统线下业态数字化、智能化改造,支持消费领域线上企业有序向线下延伸拓展。推动电子商务提高发展质量,促进直播电商、即时零售等健康发展。鼓励在线文化娱乐、智慧旅游、智能体育等新业态发展,拓展沉浸式、体验式、互动式消费新场景,积极培育文娱旅游、体育赛事等新的消费增长点。

51. 培育壮大新型消费将采取哪些措施？

促进品牌品质消费，支持老字号创新发展，稳妥有序推进中华老字号示范创建，鼓励打造更多国货"潮品"。发展夜间经济、首店经济、首发经济，促进智能消费、定制消费。

（二）促进数字消费。 随着新一代数字技术快速发展，社会生产生活加快数字化转型，我国居民数字消费需求也在加速释放。要抓住数字化机遇，持续提升数字化产品和服务供给，丰富数字化生活场景和体验，不断发展壮大数字消费。加强数字消费基础设施建设，推动5G和千兆光网建设发展，深化城市地区网络覆盖，进一步向乡镇和农村地区延伸。加快传统消费数字化转型，引导实体企业更多开发数字化产品和服务。鼓励数字技术企业搭建面向生活服务的数字化平台，推进数字生活智能化，打造数字消费业态、智能化沉浸式服务体验。加强移动支付等安全监管。推动新一代信息技术与更多消费领域融合应用。引导优质数字消费资源渠道下沉，激发农村数字消费市场活力。

（三）推广绿色消费。 绿色消费有利于生态环保和可持续发展。近些年，我国居民绿色环保意识不断提高，越来越多的人热衷购买绿色产品、积极践行绿色消费理念，绿色消费渐成风尚。要把绿色环保和绿色消费有机结合起来，形成相互促进的良性循环。培育绿色消费理念，加快形成简约适度、绿色低碳的生活方式和消费模式。全面促进重点领域消费绿色转型，加快提升食品、服装、居住、交通、文旅、电力等消费绿色化水平。推行绿色设计和绿色制造，生产更多符合绿色低碳要求、生态环境友好、应用前景广阔的新产品新设备，扩大绿色低碳供给。加强绿色低碳产品质量和品牌建设。推动电子商务、商贸流通等绿色创新和转型。进一步完善和强化绿色低碳产品和服务标准、认证、标识体系，提升绿色标识产品和绿色服务市场认可度和质量效益。

（四）提升健康消费。 生活条件不断改善，使得人们对健康问题日益关注。特别是经历三年疫情，人们的健康理念进一步增强，健康生活方式意识明显提高，健康消费需求快速增加。要因应这一趋势，引导全社会树立大健康理念、创新大健康技术、发展大健康产业、完善大健康服务，提升健康消费，提高人民群众健康水平和生活质量。大力发展医疗医药产业，支持医疗器械、药品等的研发生产。鼓励相关产业发展，增加保健食品、健康产品、药妆、功能性日用品等的供给。加快发展健康服务业，加强基本医疗卫生服务，推动优质医疗资源下沉，着力增加高质量的中医医疗、养生保健、康复等服务。发展"互联网＋医疗健康"，进一步完善互联网诊疗收费政策，逐步将符合条件的"互联网＋"医疗服务纳入医保支付范围。开发面向老年人的健康管理、生活照护、康养疗养等服务和产品。

（黄涛）

52. 如何提振大宗消费？

汽车、家居、电子产品等大宗消费在居民消费支出中的占比较高，对整体消费走势有重要影响。近年来，受保有量提高等因素影响，传统的汽车、家电等消费增速趋于放缓，但新能源汽车、绿色智能家电等消费方兴未艾、快速增长。提振大宗消费，有潜力有条件。李强总理在《政府工作报告》中指出，要"稳定和扩大传统消费，鼓励和推动消费品以旧换新，提振智能网联新能源汽车、电子产品等大宗消费"。主要包括以下几个方面的工作。

（一）促进汽车消费。汽车及直接相关的汽油消费，占社会消费品零售总额的比重在八分之一左右。去年汽车消费有所恢复，但总体仍较疲弱。限额以上单位汽车零售额增长 5.9%，增速比社会消费品零售总额低 1.3 个百分点。我国每千人汽车保有量仅为美国的四分之一，不到日本、韩国的一半，汽车消费仍有较大增长空间。要推动进一步优化汽车限购管理政策，鼓励限购地区因地制宜扩大年度购车指标投放。改善汽车使用条件，增加停车场、充电桩、换电站等配套设施建设。推动老旧汽车更新消费，鼓励地方综合运用经济、技术、标准等手段推动老旧车辆退出，开展汽车以旧换新。去年新能源汽车销售突破 949.5 万辆、增长 37.9%，市场占有率达到 31.6%。要继续支持新能源汽车消费，落实延续和优化新能源汽车车辆购置税减免的政策措施，推动居民小区内的公共充换电设施用电实行居民电价，降低新能源汽车购置使用成本。智能网联新能源汽车是发展方向，也是我国具有领先优势的领域。要加快发展智能网联新能源汽车，带动对其的消费。深入开展新能源汽车下乡活动，鼓励企业研发适合农村居民出行需要、质优价廉、先进适用的新能源车型。二手车市场交易活跃，也有利于带动新车消费。去年二手车交易量达到1841.3万辆、增长14.9%。要推动各地落实取消二手车限迁、便利二手车交易登记等政策措施，提高二手车市场交易信息透明度，完善信用体系，支持达到质量要求的二手车出口。

（二）**推动家居消费**。家居消费涵盖家电、家具、家装等多个领域，是居民消费的重要组成部分。受房地产市场不景气影响，去年家居消费较为低迷。限额以上单位建筑及装潢材料零售额下降7.8%，降幅比2022年扩大1.6个百分点；家用电器和音像器材、家具零售额分别仅增长0.5%、2.8%。要通过创新供给、丰富场景、推动以旧换新等办法，推动家居消费尽快恢复。支持企业加快绿色智能家电、智能安防、智能照明、智能睡眠、智能康养、智能影音娱乐等家居产品研发。促进智能家居设备互联互通，推动单品智能向全屋智能发展。支持家居卖场加强与上下游企业合作，构建"大家居"生态体系，为消费者提供一站式、一体化、全场景家居消费解决方案。鼓励有条件的地区对居民购买绿色智能家居产品给予补贴，结合城镇老旧小区改造等工作，支持居民开展旧房装修和局部升级改造，推动家装样板间进商场、进社区、进平台，提升家装便利化水平。完善废旧物资回收网络，推动在居民小区规范设置废旧家具、装修垃圾投放点，推广线上预约收运，支持企业上门回收废旧家电、家具。继续开展绿色智能家电、绿色建材下乡活动，激发农村家居消费潜力。

（三）扩大电子产品消费。近年来，电子产品向数字化、智能化发展趋势明显，由"有"向"优"的消费升级潜力旺盛，但也面临着换机周期延长、部分群体渗透率偏低、回收渠道不畅等问题。要有针对性地采取措施，促进电子产品消费持续增长。准确把握消费电子产业技术发展方向，加快电子产品技术创新，推动电子产品升级换代。鼓励企业积极应用人工智能技术提升电子产品智能化水平，增强人机交互便利性。支持企业开展电子产品个性化设计、反向定制、柔性化生产，更好满足消费者个性化多样化需求。着力消除电子产品使用障碍，降低农村居民、中老年居民使用门槛，进一步提高电子产品渗透率。打通电子产品回收渠道，推动集中回收、远程回收，积极推行"互联网＋回收"模式，降低回收二手电子产品成本。加快完善个人信息保护法律法规，严格落实智能手机、可穿戴设备等电子产品消费者信息保护政策，优化电子产品消费环境。

（黄涛）

53.怎样发展服务消费？

随着收入水平提升，居民更多地从商品消费转向服务消费，是消费升级的一般规律。除少数年份比如疫情期间外，我国居民服务消费增长都快于商品消费，在全部消费中的占比呈不断提高趋势。去年居民人均服务性消费支出增长14.4%，占全部消费支出的比重为45.2%，比2022年提高2个百分点，但仍远低于主要发达国家服务消费占比74%左右的水平。服务消费有着巨大的发展空间，要顺应居民需求变化，推动养老、育幼、家政等服务扩容提质，支持社会力量提供社区服务，促进服务消费持续较快增长。

（一）促进养老服务健康发展。去年我国60岁以上老年人口2.97亿，占全部人口的比重达到21.1%。未来一段时期老年人口数量和占比还会进一步上升，对养老服务的需求将会持续增长，对服务能力和质量也将提出更高要求。要深入实施积极应对人口老龄化国家战略，深化养老领域供给侧结构性改革，注重普惠性、基础性、兜底性，扩大服务供给，提升服务质量，完善服务体系，实现社会效益和经济效益相统一，更好满足千家万户的需求。改善养老服务基础设施条件，建设连锁化、标准化的社区居家养老服务网络，引导专业化机构进社区、进家庭，强化日间照料、助餐助洁、康复护理、助医助行等服务能力。新建或改扩建公办养老服务机构，提升护理能力，强化对

53. 怎样发展服务消费？

失能失智特困老年人的兜底保障。支持社会力量建设综合性养老服务机构。综合运用规划、土地、住房、补助、税费、资金等支持政策，发展质量有保障、价格可承受、方便可及的普惠养老服务供给。促进康养融合发展，深化医养有机结合，建立健全高龄、失能老年人长期照护服务体系。加快补齐农村养老服务短板。

（二）**发展完善普惠育幼服务体系**。婴幼儿照护事关家庭经济负担和女性职业发展，对生育意愿也有直接影响。目前我国 0—6 岁婴幼儿超过 7000 万，发展育幼服务，不但能够释放巨大需求潜力，而且有利于减轻家庭负担、促进和谐幸福。要支持公办托育服务机构建设，鼓励采取公建民营、购买服务等方式运营。支持社会力量发展社区托育服务设施和综合托育服务机构。鼓励依托社区、幼儿园、妇幼保健机构等新建和改扩建嵌入式、分布式、连锁化、专业化的托育服务设施，提供全日托、半日托、计时托、临时托等多样化的普惠托育服务。培育承担一定指导功能的示范性托育服务机构，发展互联网直播互动式家庭育儿服务，鼓励开发婴幼儿养育课程、父母课堂等。探索发展家庭育儿共享平台、家庭托育点等托育服务新模式新业态。要健全老有所养、幼有所育政策体系，促进养老、育幼服务业持续健康发展。

（三）**支持家政服务发展**。家政服务业对促进农村劳动力就业、增加低收入群体收入、保障城镇家庭生活具有重要作用。近年来，我国家政服务业快速发展，但仍存在有效供给不足、行业发展不规范、群众满意度不高等问题。要强化财税金融支持,增加家政服务有效供给。推动家政进社区,支持家政企业在社区设置服务网点,提高服务覆盖率,促进居民就近享有便捷服务。加大教育培训力度,提高家政从业人员素质,增强专业服务技能。健全家政服务领域信用体系,推进服务标准化,提升家政服务规范化水平。完善公共服务政策,优化家政服务人员从业环境,增强行业吸引力。深入实施家政兴农行动,持续深化家政服务劳务对接助力乡村振兴行动。

(四)增加社区服务供给。社区生活服务凭借"近距离、全天候"等优势,在居民日常生活中的重要性不断上升,社区服务内容也正在从基本生活需求向更多领域更高层次拓展。但与发达国家相比,我国社区服务发展仍相对滞后,服务的覆盖面、多样性和品质均有待提高。要支持社区服务发展,在为居民生活提供更多便利的同时,带动社区消费增长。结合城镇老旧小区改造,配套社区便利店、菜市场、餐饮店等消费场所,增加美容美发、洗染、医药销售、照相文印、维修、运动健身、教育培训、休闲娱乐等服务功能。支持盘活分散的社区空间资源,因地制宜配齐商业设施,提升标准质量、环境卫生。建设改造一批社区便民消费服务中心。鼓励大型服务企业向社区下沉,增设社区门店,开展连锁经营,提升标准化、规范化水平。

(黄涛)

54. 激发消费潜能要在哪些方面发力？

消费对经济发展具有基础性作用。去年我国消费较快恢复，有力拉动了经济增长，但受多种因素影响，恢复基础仍待巩固。李强总理在《政府工作报告》中指出，要"促进消费稳定增长"，并作出具体安排。其中一个很重要的方面，就是激发消费潜能。要通过增强消费能力、提升消费意愿等举措，把居民蕴藏的巨大消费潜力释放出来，让居民在改善生活的同时，更好畅通国民经济循环、拉动经济增长。

（一）**多渠道增加居民收入**。消费是收入的函数。只有收入增长了，消费能力提高了，消费才有持续扩大的基础。去年居民人均可支配收入中，工资性收入、经营净收入、转移净收入、财产净收入分别占到 56.2%、16.7%、18.5%、8.6%。要针对不同收入来源，采取切实有效措施，促进居民增收。要稳定和扩大就业，继续突出就业优先导向，实施好各项稳就业政策，加强对就业容量大的行业企业和重点群体的支持，强化职业技能培训，促进劳动力供求更好衔接匹配。要促进农民增收，加强粮食和重要农产品稳产保供，稳定畜牧业、渔业生产，发展新型农村集体经济，壮大乡村富民产业，巩固拓展脱贫攻坚成果。要强化基本民生保障，提高城乡居民基础养老金最低标准、居民医保人均财政补助标准，继续提高退休人员基本养老金，健全分层分类的社会救助体系，织密扎牢民生兜底保障安全网。要拓宽增收渠道，提高居民财产性收入。

（二）提升供给质量和水平。这些年，随着供给侧结构性改革持续推进，我国商品和服务的供给质量和水平不断提升，但仍然存在优质供给不足、供给不能完全适应需求的问题，抑制了居民消费潜力的释放。要持续优化供给，推动商品和服务质量不断提高。鼓励企业创新产品和服务，提高产品功效、性能、适用性、可靠性和外观设计水平等，提升服务品质。便利新产品市场准入，对市场急需、消费需求大的新技术新产品，优先适用国家标准制定快速程序。实施标准提升行动，加快构建适应高质量发展要求的标准体系，更好发挥标准引领作用。强化企业质量意识，严格落实企业质量主体责任，健全质量管理体系。推进内外贸产品同线同标同质。加强消费品品牌建设，提高知名度和美誉度。

（三）减少限制性措施。当前，在部分商品和服务领域，仍存在较多行政性限制措施。一些地区对汽车新车实施限购，部分城市限制皮卡进城，近200个城市禁止或限制摩托车上牌或上路行驶。一线城市和部分二线城市的核心城区仍对购房施加限制。一些城市出于方便管理需要，对开展促销活动、举办文娱演出等严格限制，甚至一刀切地停办或取消。餐馆制售热食类食品、冷食类食品，需要分别申请食品经营许可，如果制售自制饮品，还要再申请食品经营许可。在低空飞行、汽车改装等领域，也存在较多制约。这些措施有的抑制购买使用，有的制约供给创新，最终都影响到消费实现和消费潜力的释放。对各种行政性限制措施，要区分不同情况，分类加以处置。确有必要的，要进一步完善优化，能够简并的尽量简并；缺乏合理性的，要坚决予以清理取消，为消费稳定增长创造良好条件。

54. 激发消费潜能要在哪些方面发力？

（四）优化消费环境。 消费环境对居民消费意愿有直接影响。好的消费环境能够提升消费体验，增强消费意愿，促进消费增长。反过来，消费环境不好，消费者可能担心权益受损、"花钱买不痛快"而减少消费。近年来，我国消费环境总体上不断改善，但也存在侵犯知识产权、制售假冒伪劣商品、虚假宣传等问题。要加大监管监督力度，营造安全放心诚信的消费环境。一是加强消费者权益保护。实施"放心消费行动"。发挥全国12315平台作用，推动消费纠纷源头治理，持续提升处置效能。制定消费投诉信息公示制度，扩大消费投诉公示范围。加强质量安全监管，优化缺陷产品召回管理。落实好网购商品七日无理由退货、经营者首问和赔偿先付等制度。支持消费者协会发挥在公益诉讼、比较试验等方面的监督作用，充分发挥新闻媒体舆论监督作用。二是维护市场秩序。严厉打击侵犯知识产权和制售假冒伪劣商品等违法犯罪活动。加强价格监管，依法打击不按规定明码标价、价格欺诈、串通涨价、哄抬价格等违法行为。持续纠治不当市场竞争和市场干预行为。做好网络交易市场监管，规范互联网平台和平台内经营者行为。完善广告监测机制，打击虚假违法广告。三是搭建消费平台。开展"消费促进年"活动，突出重点品类、节庆时令、业态融合和地方品牌，实施系列促消费活动。办好进博会、消博会等重点展会，指导行业协会和各地举办形式多样的促消费活动，推动形成良好消费氛围。

（黄涛）

55. 扩大有效投资的方向和重点是什么？

《政府工作报告》对扩大有效投资作出专门部署，同时还在不同部分内容中明确了相应投资方向和重点。要紧扣高质量发展需要，更好统筹消费和投资，挖掘新的投资增长点，切实提高投资效益。具体投资方向和重点包括：

（一）围绕推动高水平科技自立自强和建设现代化产业体系扩大有效投资。要瞄准国家重大战略需求和产业发展需要，加快重大科技基础设施体系化布局，推进共性技术平台、中试验证平台建设等。要推动制造业数字化转型，持续实施制造业技术改造升级工程。发展新质生产力是推动高质量发展的内在要求，要引导地方充分考虑资源禀赋、技术人才等条件，加大新赛道产业投资。推动各类生产设备、服务设备更新和技术改造，是推动高质量发展的重大举措，既有利于扩大投资，也有利于拉动消费，还能促进节能降碳、减少安全隐患，既利企又惠民、一举多得。据初步估算，未来我国工业、农业等重点领域设备更新需求每年将超过5万亿元，汽车以及冰箱、洗衣机、空调等主要品类家电更新换代每年能创造需求上万亿元。要坚持市场为主、政府引导，鼓励先进、淘汰落后，标准引领、有序提升，打好政策组合拳，更好发挥技术、能耗、排放等标准牵引作用，有序推进重点行业设备、建筑和市政基础设施领域设备、交通运输设备和老旧农机机械、教育医疗设备等更新改造。

55. 扩大有效投资的方向和重点是什么？

（二）围绕提高现代化基础设施支撑能力扩大有效投资。经过多年大规模建设，我国基础设施水平明显提升，但新型基础设施建设还有很大空间，传统基础设施布局不平衡等问题依然突出，这些都需要继续加强。突出以下重点：一是新型基础设施建设。数字经济事关国家发展大局。要继续适度超前建设数字基础设施，加快形成全国一体化算力体系。当然，要统筹规划建设布局，提高算力基础设施整体效能。二是国家水网建设。实施好《国家水网建设规划纲要》。加快跨流域跨区域重大引调水、骨干防洪减灾等工程建设，推进大中型灌区建设与改造。三是综合立体交通网建设。要加快完善中西部铁路和高速铁路主通道，高质量推进川藏铁路建设。扎实推进高速公路和国道未贯通路段建设，构建干支衔接的内河高等级航道网，完善机场建设布局。加快实施"十四五"规划重大工程项目。

（三）围绕新型城镇化和区域协调发展扩大有效投资。我国城镇化还有很大发展提升空间。从"量"上看，去年我国常住人口城镇化率达到66.2%，但与发达国家相比还有不小差距。要加大县城投资力度，补齐基础设施和公共服务短板，使县城成为新型城镇化的重要载体。同时，完善城际间基础设施和配套设施，促进大中小城市协调发展。从"质"上看，我国城市建设水平还不够高，社区功能不健全、设施管网老化等问题普遍存在。要稳步推进城市更新，大力实施保障性住房建设、城中村改造、"平急两用"公共基础设施建设"三大工程"，完善地下管网，加强无障碍、适老化设施建设，推动解决老旧小区加装电梯、停车等难题。同时，要围绕落实区域协调发展战略、区域重大战略、主体功能区战略,积极扩大相关投资。

(四)**围绕节能降碳和生态环保扩大有效投资**。节能降碳方面,要加快建设新型能源体系,加强大型风电光伏基地和外送通道建设,推动分布式能源开发利用,发展新型储能。围绕发挥煤炭、煤电兜底作用,继续完善西煤东运、北煤南运通道,加快推动煤炭清洁高效利用和重点行业节能降碳。生态环保方面,要继续支持重大生态项目建设,推进重要生态系统保护和修复重大工程,建设以国家公园为主体的自然保护地体系,加强重点河湖综合治理与生态修复。"三北"工程攻坚战已经全面启动,要精心抓好组织实施。

(五)**围绕推进乡村振兴和保障改善民生扩大有效投资**。《政府工作报告》提出,要注重以发展思维看待补民生短板问题,在这些领域扩大有效投资是题中应有之义。乡村振兴方面,要提高财政投资补助水平、加快推进高标准农田建设,加强黑土地保护和盐碱地综合治理。围绕建设宜居宜业和美乡村,深入实施乡村建设行动,大力改善农村水电路气信等基础设施和公共服务,加强充换电、冷链物流、寄递配送设施建设,持续提升农村人居环境。保障改善民生方面,要多渠道增加托育服务供给,加强县域普通高中建设,提高县级医院建设水平。我国人口老龄化进程加快,要加强城乡社区养老服务网络建设,加大农村养老服务补短板力度,为老年人提供良好环境。

(六)**围绕提高重点领域安全保障能力扩大有效投资**。习近平总书记深刻指出,发展是基础,安全是底线,发展和安全要动态平衡、相得益彰。提升安全发展能力需要大量有效投资作

55. 扩大有效投资的方向和重点是什么？

支撑。比如，提高粮食安全保障能力，既要提高粮食生产能力，还要加强现代粮食和农资仓储物流设施建设。比如，保障能源资源等安全供给，需要加强油气、重要矿产资源以及应急物资等储备设施建设。比如，当前我国安全生产薄弱环节不少，需要加强消防设施、应急救援等领域安全能力建设，夯实基层基础。对于灾毁农田、水利设施等，要加快修复，确保不误农时、不误防汛。去年甘肃积石山地震造成重大人员伤亡，暴露出农房抗震能力弱的问题，要加大农房抗震改造力度。

（牛发亮）

56. 如何发挥政府投资的带动放大效应?

《政府工作报告》提出,发挥好政府投资的带动放大效应,重点支持科技创新、新型基础设施、节能减排降碳,加强民生等经济社会薄弱领域补短板。当前,民间投资预期不稳,不愿投、不能投、不会投等问题比较突出。为保持投资稳定增长,今年中央预算内投资、地方政府专项债规模比去年均有所加大,还发行 1 万亿元超长期特别国债,政府投资总规模明显加大。《政府工作报告》强调,要统筹用好各类资金,防止低效无效投资。要综合考虑政府投资在资金来源、责任主体、使用管理等方面不同特点,科学合理确定使用导向和重点支持领域,形成支持项目建设合力。

(一) **切实用好国债资金**。《政府工作报告》提出,为系统解决强国建设、民族复兴进程中一些重大项目建设的资金问题,从今年开始拟连续几年发行超长期特别国债,专项用于国家重大战略实施和重点领域安全能力建设,今年先发行 1 万亿元。我国历史上共三次发行特别国债,分别是 1998 年发行 2700 亿元注资四大商业银行补充资本金,2007 年发行 1.55 万亿元注资成立中投公司,2020 年发行抗疫特别国债。这次特别国债与以往三期不同,专项用于长期建设,不仅大幅增加今年政府投资规模,也为今后几年重大项目建设提供稳定资金保障,既利当前,又惠长远。从主要投向看,将重点支持科技创新、城乡

56. 如何发挥政府投资的带动放大效应？

融合发展、区域协调发展、粮食能源安全、人口高质量发展等领域建设。要按照支持"两重"建设的大方向，及早谋划好项目建设"施工图"，分年度有序实施。要结合超长期特别国债特点，在土地、用能等要素保障上创新方式方法，优化投资审批管理，提高政策效力。要督促各地加快项目实施，对使用效益不高的项目，要及时调整使用方案，避免造成资金浪费。

（二）提高地方政府专项债资金使用效益。《政府工作报告》提出，今年拟安排地方政府专项债券3.9万亿元、比上年增加1000亿元。自2015年以来，我国开始施行新修订的预算法，明确发行地方债是地方政府唯一合法的举债方式。其中，一般债券用于没有收益的公益性项目，主要以一般公共预算收入偿还；专项债券用于有一定收益的公益性项目，以对应的政府性基金或专项收入偿还。要坚持"资金跟着项目走"，在原有交通基础设施、市政和产业园区基础设施、新基建等投向领域基础上，继续合理扩大使用范围，支持在建项目后续融资。为解决地方扩大投资缺乏项目资本金问题，2019年国家出台政策明确允许将专项债作为符合条件的重大项目资本金，目前要求比例不高于25%即可，但去年全国平均使用占比还不到10%，今年要通过理顺管理体制，支持更多专项债资金用作资本金。《政府工作报告》明确专项债额度分配向项目准备充分、投资效率较高的地区倾斜，体现了效益导向原则，有条件的地方要抓住机遇，在扩大有效投资上发挥更大作用。同时，要针对专项债发行使用中存在的收益率低、"重发行、轻管理"等问题，进一步完善相关政策，提高资金使用效益。

（三）更好发挥中央预算内投资资金作用。《政府工作报告》提出今年中央预算内投资拟安排7000亿元，比上年增加200亿元。中央预算内投资是中央政府支持地方投资的直接财政支出，强调以非经营性项目为主。要紧扣党中央、国务院重大部署，按照集中力量办大事、难事、急事的要求，围绕扩大内需、优化供给、改善民生、支持国家重大战略等，优化相关专项使用范围。中央预算内投资使用方式比较灵活，可采取直接投资、资本金注入、投资补助和贷款贴息等多种方式，要根据项目特点和投资需求，灵活搭配使用。为确保把这笔宝贵资金用好，在2019年出台《政府投资条例》的基础上，去年国家有关部门印发了《中央预算内投资项目监督管理办法》，要严格抓好落实，加强项目监督管理，规范资金使用。

（四）着力增强重大投资项目要素保障能力。要坚持"要素跟着项目走"的原则，不断增强土地、资金、能耗等要素保障能力。土地方面，加快建立健全同宏观政策、区域发展高效衔接的土地管理制度，提高土地要素配置精准性和利用效率，增强土地要素对优势地区保障能力。资金方面，鼓励金融机构按照风险可控、商业可持续的原则，采用预期收益质押等方式为特许经营项目提供融资支持。能耗方面，统筹好不同主体功能区实际用能需求，对国家重大项目实行能耗单列。同时，做好用地用海、环评等保障，努力推动重大项目早开工、早见效。

（五）切实防范化解地方投资风险。加强民生领域补短板关系到人民群众切身利益。近年来，一些地方房地产、地方债、中小金融机构风险隐患凸显，扩大有效投资与防范化解风险必

56. 如何发挥政府投资的带动放大效应？

须统筹考虑、统筹推进。要加强对重大民生工程项目的科学论证，严格资金安全规范使用，确保项目如期建成、发挥效益。对于债务风险较高的省份，要按照党中央、国务院部署要求，严控新建政府投资项目，对于确需新建的重点项目要严格审批，同时对优质在建项目要保障后续融资，避免出现大规模烂尾。

（牛发亮）

57. 稳定和扩大民间投资有什么措施？

民间投资机制灵活、贴近市场，就业吸纳能力强，是投资中极具活力和韧性的部分。近年来，受国内外多重因素影响，民间投资占全部投资的比重出现下降，去年降至50.4%。原因是多方面的，有些企业"不愿投"，受有效需求不足影响，经历新冠疫情冲击后信心尚未完全恢复；有些企业"不能投"，参与投资意愿较强的项目存在一些限制，在要素获取方面存在不公平待遇；有些企业"不会投"，过去擅长投资传统行业，而这些领域增长空间已经十分有限，对新兴行业发展趋势看不太清、把不太准。必须尽快采取措施遏制民间投资下滑势头，发挥其对支撑投资增长、稳定扩大就业、提高创新能力、激发经济活力等的关键作用。《政府工作报告》提出，着力稳定和扩大民间投资，进一步拆除各种藩篱，在更多领域让民间投资进得来、能发展、有作为。要综合施策提振民间投资信心，激发民间投资活力。

（一）落实和完善支持政策，稳定民间投资预期。去年以来，国家出台一系列支持民营经济、促进民间投资的政策，下一步关键是抓好细化落实，着力解决市场准入、要素获取、公平执法、权益保护等方面存在的突出问题。要在办理民间投资项目用地用海、环境影响评价、节能等手续时，坚持一视同仁、平等对待。为缓解民营企业融资难融资贵问题,《政府工作报告》

57. 稳定和扩大民间投资有什么措施？

提出提高民营企业贷款占比、扩大发债融资规模，各有关方面要创新金融服务，加大对民营企业的融资支持。民间投资不振、预期不稳的另一个重要原因，是民营企业账款被大量拖欠。《政府工作报告》提出，健全防范化解拖欠企业账款长效机制。要严格执行《保障中小企业款项支付条例》，建立拖欠账款定期披露、劝告指导、主动执法制度，完善拖欠账款投诉处理和信用监督机制，依法依规加大问责处罚力度。还要坚决查处乱收费、乱罚款、乱摊派。近年来，国家加大政府投资力度，要在新型基础设施、交通、水利、清洁能源、先进制造业、现代设施农业等领域中，选择一批市场空间大、发展潜力强、符合国家重大战略和产业政策要求、有利于推动高质量发展的细分行业，鼓励民间资本积极参与。组织梳理相关细分行业产业政策、投资管理要求、财政金融支持政策等，向社会公开发布。要依托全国投资项目在线审批监管平台，建立统一的向民间资本推介项目平台，并做好政策解读、业务对接、条件落实等工作，为项目落地创造条件。

（二）**破除各类门槛阻碍，拓宽民间投资空间**。从各方面反映的情况看，当前民间投资遇到的市场准入隐性壁垒、招投标不公正待遇等情况依然较多。要加快全国统一大市场建设，持续优化市场化法治化国际化营商环境。坚决打破制约民间投资的"卷帘门"、"玻璃门"，对市场准入负面清单以外的领域，不得对民间投资设置任何进入门槛。清理规范行政审批、许可、备案等前置条件和审批标准。继续加大力度治理地方保护、市场分割、招商引资不当竞争等突出问题，在整改基础上健全长效机制，强化竞争政策基础地位。在政府采购和招标投标中，不得违规设置与业务能力无关的供应商规模、成立年限、所有制形式等门槛，不得违规设定与招标采购项目实际需要不相符的资格、技术等条件。要搭建民间投资问题反映和解决渠道，收集民间投资遇到的以罚代管、市场准入隐性壁垒、招投标不公正待遇等重点问题线索，并加快推动解决这些困难问题，形成问题线索"收集—反馈—解决"的闭环管理机制。

（三）创新投融资机制，增强民间投资能力。为进一步深化基础设施投融资体制改革，去年国家专门出台《关于规范实施政府和社会资本合作（PPP）新机制的指导意见》，明确了支持民营企业参与的特许经营新建（含改扩建）项目清单。要聚焦使用者付费项目，采取特许经营模式，合理采用不同方式，推进PPP项目实施。要最大程度鼓励民营企业参与PPP新建（含改扩建）项目，市场化程度较高、公共属性较弱的项目，应由民营企业独资或控股；少数涉及国家安全、公共属性强且具有自然垄断属性的项目，应积极创造条件支持民营企业参与。盘活存量资产是增强投融资能力的重要举措，基础设施领域不动产投资信托基金是一个重要工具。要促进投资增量与盘活存量相结合，推动更多符合条件的民间投资项目发行基础设施不动产投资信托基金，进一步拓宽民间投资的投融资渠道，形成投资良性循环。鼓励金融机构按照风险可控、商业可持续原则，采用预期收益质押等方式为特许经营项目提供融资支持。需要指出的是，今年政府投资规模大，要全方位创新投融资机制，与民间投资互促共进，防止挤压民间投资空间。

57. 稳定和扩大民间投资有什么措施？

　　提振民间投资信心、激发民间投资活力需要政府加大政策扶持，但关键还是靠民营企业自身努力。要构建亲清政商关系，平等对待各类所有制企业，依法保护企业产权和企业家权益，积极支持企业家专注创新发展、敢干敢闯敢投、踏踏实实把企业办好。广大民营企业要坚定信心，充分认识"两个毫不动摇"是我国的长久之策，大力弘扬优秀企业家精神，积极主动适应国际国内环境新变化，勇于攻坚克难、善于创新突破，艰苦奋斗、披荆斩棘、百折不挠，在新征程上实现新的更大发展。

（牛发亮）

58. 如何深化国资国企改革？

推动国有资本和国有企业做强做优做大，必须深化改革。要深入实施国有企业改革深化提升行动，做强做优主业，增强核心功能、提高核心竞争力，更好发挥国有经济战略支撑作用。

（一）加快国有经济布局优化和结构调整。党中央明确提出，国有经济要向关系国家安全、国民经济命脉的重要行业和关键领域集中，向关系国计民生的公共服务、应急能力、公益性领域等集中，向前瞻性战略性新兴产业集中。实现这"三个集中"，要健全机制、加强引导。《政府工作报告》提出，建立国有经济布局优化和结构调整指引制度。这旨在推动国有企业当好服务国家战略、保障改善民生、发展实体经济的"长期资本"、"耐心资本"、"战略资本"。战略性重组和专业化整合是国有经济布局优化和结构调整的有效手段。要稳妥实施战略性重组，推进新能源、矿产资源、主干管网、港口码头、资源回收再利用等领域专业化整合。在优化布局和调整结构的过程中，要发挥好国有企业在产业链中的引领带动作用，增强产业链韧性和竞争力。2023年9月，有关部门发起中央企业产业链融通发展共链行动，推动中央企业与上下游企业加强合作，今年要吸引更多企业加入共链行动，深化产业链生态圈共建，积极参与优化全球产业链供应链布局。

（二）健全国有企业科技创新机制。国有企业在我国产学研用创新链条中具有重要地位。要健全国有企业打造原创技术策源地的政策和制度安排，促进国有企业加大研发投入，主动与高校、科研院所和民营企业建立多种形式合作关系，努力掌握更多关键核心技术。概念验证、中试平台和应用场景缺乏是创新链和产业链的薄弱环节。国有企业在这方面有优势有潜力，要完善机制设计，推动国有企业建设更多概念验证和中试平台，主动开放应用场景，积极应用首台套、首批次、首版次技术产品，促进迭代升级。中央企业在国有企业中位于第一方阵，2023年研发经费投入达1.1万亿元，完成战略性新兴产业投资2.2万亿元，增长32.1%。今年要继续提高研发经费投入强度，加快推进产业焕新行动和未来产业启航行动，提升战略性新兴产业收入和增加值占比。

（三）强化国有企业对重点领域保障。 国有企业是一些重要行业和关键领域的"压舱石"。要统筹发展和安全，筑牢"防"的底线、提升"稳"的能力，发挥好托底作用。要从机制建设上采取更多措施，强化国有资本对国家骨干网络安全、重要能源资源保障、重要基础设施建设的支撑力。为了提升国有企业在公共服务方面的作用，要逐步建立完善国有经济对公共服务补短板的支持制度，引导国有企业增加医疗卫生、健康养老、防灾减灾、应急保障等民生领域公共服务有效供给。

（四）提升国有企业经营管理水平。 经过多年努力，国有企业运行机制逐步健全，但部分国有企业治理主体权责边界仍然不清，需要进一步完善相关制度。要推动不同层级、不同类型国有企业在完善公司治理中加强党的领导，进一步健全董事会运行机制。对承载不同功能作用的国有企业，要深化分类考核、分类核算，设置更有针对性的考核指标。这些年，劳动、人事、分配制度改革取得积极成效，要推动国有企业继续深化这三项制度改革，优化激励约束措施，更好体现按业绩贡献决定薪酬。推进经理层成员任期制和契约化管理工作提质扩面，今年内，末等调整和不胜任退出相关制度在中央企业二三级子企业覆盖面将从2023年底的61.3%提高到70%以上。为了提高中央企业上市公司质量，要全面推开中央企业上市公司市值管理考核，引导优化市值管理。

（五）完善国有资本经营预算制度。国有资本经营预算是财政预算"四本账"之一，是国家以所有者身份依法取得、分配国有资本收益而发生的各项收支预算。2023年全国国有资本经营预算收入6700多亿元，金额大、涉及面广。完善国有资本经营预算制度是从"管企业"为主向"管资本"为主转变的重要一步。2023年11月召开的中央全面深化改革委员会第三次会议审议通过《关于进一步完善国有资本经营预算制度的意见》，明确了重点改革措施。要按照健全管资本为主的国有资产监管体制的要求，完善国有资本收益上交机制，扩大国有资本经营预算覆盖范围。国有独资企业上交利润的比例是2014年确定的，分为25%、20%、15%、10%、免交当年应交利润等五档，下一步要完善上交比例分类分档规则，健全动态调整机制。支出端重在优化支出结构，既要支持国有企业发展，强化资本金注入，又要支持保障和改善民生，还要增强对国家重大战略任务的财力保障。

（刘帅）

59. 支持民营经济发展壮大有什么措施？

民营经济是推进中国式现代化的生力军，是高质量发展的重要基础。我国民营企业数量超过5300万户，占全部企业总量的比重超过92%。2023年7月，党中央、国务院出台了关于促进民营经济发展壮大的意见，提出31条具体举措（以下简称"31条"）。国务院有关部门结合职责出台了一系列配套措施。这些配套措施以"31条"为主干，共同构成了支持民营经济的"1+N"政策体系，要继续抓好落实。

（一）**持续优化民营经济发展环境**。当前，民营经济发展面临许多困难和挑战，一个突出问题是预期不稳、信心不足。要为民营经济发展营造稳定公平透明可预期的发展环境，着力解决市场准入、要素获取、公平执法、权益保障等方面存在的问题。法治是最好的营商环境。民营经济促进法起草工作已经启动，要从法律制度上把对国企民企平等对待的要求落下来。针对各类"旋转门"、"玻璃门"，要进一步完善市场准入制度体系，推动市场准入效能评估全覆盖，清理涉及不平等对待企业的规定，破除地方保护和所有制歧视。还要健全民营经济形势监测指标体系，加强分析研判，完善与民营企业多层次沟通交流的常态化机制，畅通诉求反映和问题解决渠道。

（二）**完善融资支持政策制度**。融资难是民营企业特别是中小微企业发展面临的突出问题之一。近年来，相关部门采取积极措施加大对民营企业融资的支持力度，总体取得积极成效，2023年末民营企业贷款增长12.6%，高于各项贷款增速2个百分点。但民营企业的融资占比与其在国民经济中的占比相比，还有较大差距，特别是民营企业债券融资比重低的问题比较突出，需要进一步完善各类融资支持措施。2023年11月底，人民银行、金融监管总局、证监会等8部门联合印发《关于强化金融支持举措助力民营经济发展壮大的通知》，明确了25条具体举措。要把相关政策措施切实落到实处。在贷款投放方面，要持续加大信贷资源投入，督导银行业金融机构制定服务民营企业年度目标，提高服务民营企业相关业务在绩效考核中的权重，优化产品和服务，逐步提升民营企业贷款占比。在债券融资方面，要支持民营企业扩大发债品种，推动民营企业债券融资支持工具扩容增量，鼓励各类资金加大对民营企业债券的投资力度，多措并举促进民营企业发债融资规模扩大。在配套政策方面，要推进民营企业信用信息共享，健全风险分担和补偿机制，进一步增强政府性融资担保机构的增信分险作用。总之，就是要通过健全长效机制，努力做到金融对民营经济的支持与民营经济对经济社会发展的贡献相适应。

（三）**支持民营企业创新发展**。当前，市场竞争日趋激烈，产品和服务更新升级很快。对民营企业来说，创新不是选答题，而是必答题。要完善政策和制度设计，支持民营企业开展关键核心技术攻关，承担国家重大科技项目，与科研机构、高校合作建立技术研发中心等创新平台，参与新场景开发建设。要用好支持设备更新的政策，促进更多民营企业加快数字化转型和

59.支持民营经济发展壮大有什么措施？

技术改造。民营中小微企业经常遇到知识产权维权难题。下一步要建立知识产权侵权和行政非诉执行快速处理机制，降低维权成本，加大对民营企业创新保护力度。现在走向国际市场的民营企业越来越多，2023年有进出口实绩的民营企业从51万家增至55.6万家，民营企业进出口额占全部进出口总额的比重从50.4%提升至53.5%，但也经常遇到海外知识产权等纠纷。要完善对民营企业应对海外各类纠纷的指导帮助机制，为民营企业依靠创新走向国际市场保驾护航。

（四）**加强对个体工商户分类帮扶支持**。2023年底，全国登记在册的个体工商户有1.2亿多户，占经营主体总量的67.4%。考虑到数量巨大、点多面广的个体工商户发展水平参差不齐、需求多样化，《政府工作报告》特别强调"分类帮扶支持"。今年1月，国家市场监管总局等15个部门联合印发《关于开展个体工商户分型分类精准帮扶提升发展质量的指导意见》。分型就是把个体工商户划分为生存型、成长型、发展型3种，根据所处的不同发展阶段等特征给予差异化支持。分类就是确定知名、特色、优质、新兴4类示范，分别设定相应标准，引导个体工商户自愿参与申报比选，公正公开择优认定，给予不同的培育支持。要在分型分类基础上，把精准帮扶落实落细，促进个体工商户提高发展质量，让亿万"小块头"迸发出"大能量"。

（刘帅）

60. 如何健全防范化解拖欠企业账款长效机制？

这些年，由于多种因素影响，拖欠企业账款问题比较突出。2023年9月，国务院常务会议审议通过专项行动方案，对清理拖欠企业账款作了系统部署。今年要在去年取得积极进展的基础上，进一步加大清欠力度，完成好《清理拖欠企业账款专项行动方案》确定的目标。《政府工作报告》提出"健全防范化解拖欠企业账款长效机制"。要在严格执行《保障中小企业款项支付条例》等现有规定的同时，进一步在长效机制建设上发力，清理存量拖欠，防范新增拖欠。

（一）压实政府机关、事业单位、国有企业防范化解拖欠企业账款的责任。 在拖欠企业的账款中，部分是政府机关拖欠大型国有企业、大型国有企业又拖欠中小企业的"连环欠"。今年要继续压实责任，推动政府机关和央企国企带头偿还，解开企业之间相互拖欠的"连环套"，努力做到应清尽清。企业向政府机关、事业单位和国有企业催要账款时，经常被内部流程未走完、等待验收审核等理由推脱。对此，党中央、国务院已经明确，政府机关、事业单位和国有企业不得以内部人员变更、履行内部付款流程、等待竣工验收批复或决算审计为由，拒绝或延迟支付款项。为了把清理拖欠账款的责任落到位，要把清欠工作纳入预算执行等常规审计项目，将拖欠企业账款情况纳入地方政府、国有企事业单位领导干部任期经济责任审计内容。

60. 如何健全防范化解拖欠企业账款长效机制？

（二）对地方政府清偿拖欠企业账款加强支持和保障。政府机关及时偿还拖欠企业账款是法定义务，关系到政府信用和形象，关系到中小企业生存发展，关系到民间投资和经济增长，是解决拖欠账款问题的关键一环。要对地方政府清理拖欠企业账款给予必要支持，各地也要积极想办法，多渠道筹措清偿资金。现在稳增长的压力较大，如果一些地方盲目投资上项目，势必产生新的拖欠。要督促地方特别是财政困难较大的地方量入为出，对新上项目严格把关，防止上马超出财政承受能力的项目。今年要进一步强化政府投资项目审核和监督，在可行性研究阶段充分论证资金筹措方案，重点查处项目建设要求企业垫资等行为，从制度上保障地方财力不过度透支，该支付的款项有资金可付。

（三）健全拖欠企业账款信息公开和信用监管机制。"店大欺客"常常使被拖欠账款的中小企业无可奈何，很多中小企业担心失去订单，不敢向大型企业催讨。因此必须完善机制，提高大型企业拖欠账款的制度性成本。要建立健全拖欠账款定期披露、劝告指导、主动执法制度。继续推动大型企业完善年报公示，督促大型企业公开拖欠中小企业款项的合同数量、金额等信息，对未按规定公示或隐瞒真实情况、弄虚作假的大型企业，要依法列入经营异常名录，通过国家企业信用信息公示系统向社会公布。继续推动上市公司定期披露逾期应付账款情况，加强企业应收账款等有关情况的统计监测分析。除了通过信息公开形成市场和舆论监督压力外，还要对拖欠中小企业账款行为依法依规开展失信惩戒，增强刚性约束力。

（四）规范大型企业支付账款行为。一些大型企业会利用市场优势地位，要求中小企业签订含有"背靠背"条款的制式合同，规定在上游单位全部结算款项后再支付。针对这类现象，要加强监管，推动出台关于"背靠背"条款法律效力的司法解释，着力减少滥用市场地位、强行订立含有不合理条款的合同等行为。还有的大型企业设立财务公司，通过使用商业承兑汇票支付，变相延长支付期限。要推动完善票据贴现机制，强化票据市场信用约束和应收账款确权，规范应收账款电子凭证业务，减少滥用商业承兑汇票。

（五）**完善拖欠账款投诉处理机制**。常态化做好防范化解拖欠企业账款工作，既需要面上的整体性措施，也需要健全针对个案的响应机制。工信部搭建了违约拖欠中小企业款项登记投诉平台，各地也有相应的投诉渠道，要完善运行机制，提升响应效率，加强投诉事项的分办、催办、督办和反馈，更好推动解决企业反映的拖欠账款问题。在加大对恶意拖欠账款案例曝光的同时，还要为中小企业起诉被拖欠案件设置简易程序，批量处理、快审快执。

（刘帅）

61. 怎样加快全国统一大市场建设？

建设全国统一大市场，要加快建立全国统一的市场制度规则，打破地方保护和市场分割，打通制约经济循环的关键堵点，促进商品要素资源在更大范围内畅通流动。要按照党中央、国务院决策部署，立破并举、标本兼治，抓住关键、稳步推进，把各项重点任务抓实抓好，概括起来为"五统一、一破除"。

（一）建立统一的基础制度规则。经营主体反映比较集中的产权保护不力、市场准入壁垒、公平竞争受阻、社会信用缺失等问题，很大程度上归结为市场基础制度规则不完善。这些问题已严重影响市场配置资源的有效性，增大了交易成本。因此，从制度规则入手建设全国统一大市场，提高制度的统一性、规则的一致性、执行的协同性，不仅十分重要，也尤为紧迫。要健全以公平为核心原则的产权保护制度，平等保护各类经营主体，加大对非公有财产的保护力度，完善平等保护产权的法律制度和执法规则，大力加强知识产权保护，激发全社会的创新创造活力和动力。要实行统一的市场准入制度，严格落实"全国一张清单"管理模式，维护市场准入负面清单制度的统一性、严肃性、权威性。要维护统一的公平竞争制度，强化竞争政策基础地位，坚持对各类经营主体一视同仁、平等对待。要健全统一的社会信用制度，加强社会信用法治建设，健全中国特色社会信用体系。

（二）完善统一联通的市场设施。高标准的市场设施是全国统一大市场良好运行的重要支撑。现在市场基础设施联通不畅的问题还不少，比如现代流通网络还不完善、全国产权交易市场尚未联通、符合条件的公共资源交易尚未完全纳入统一平台等。要加快建设现代流通网络，优化商贸流通基础设施布局，加快数字化建设，推动线上线下融合发展。推动国家物流枢纽网络建设，大力发展多式联运，促进全社会物流降本增效。完善国家综合立体交通网，推进多层次一体化综合交通枢纽建设。完善市场信息交互渠道，推动全国产权交易市场联通，促进各领域市场公共信息互通共享。推动交易平台优化升级，深化公共资源交易平台整合共享，将公共资源交易平台覆盖范围扩大到适合以市场化方式配置的各类公共资源。

（三）打造统一的要素资源市场。虽然要素市场化改革已经取得一定进展，但土地、资金、技术、数据等要素高效流动仍存在较多非市场因素的影响。比如，城乡统一的土地市场、统一的资本市场还不够健全，全国统一的数据要素市场尚未形成，碳减排披露和绿色产品仍缺乏统一标准，等等。要健全城乡统一的土地市场，统筹增量建设用地与存量建设用地，完善城乡建设用地增减挂钩节余指标、补充耕地指标跨区域交易机制。加快发展统一的资本市场，强化重要金融基础设施建设与统筹监管，加强区域性股权市场和全国性证券市场板块间的合作衔接。培育统一的技术和数据市场，建立健全全国性技术交易市场，完善知识产权评估与交易机制，加快培育数据要素市场，推动数据资源开发利用。建设全国统一的能源市场和生态环境市场。

61. 怎样加快全国统一大市场建设？

（四）建设统一的商品服务市场。近些年来，商品和服务市场大发展，但循环不畅通的问题依然存在，比如我国内外贸融合面临法律法规标准论证衔接等制度性的障碍，内外贸产品不同线不同标不同质的情况仍然存在；再比如汽车、家电等回收体系不完善，不利于消费前端的释放。要促进内外贸标准、认证、监管等方面衔接，推进内外贸产品同线同标同质，支持外贸企业拓展内销，内贸企业拓展外销，培育一批内外贸融合展会商品交易市场，加快内外贸品牌的建设。要推动大规模设备更新和消费品以旧换新，加大政策引导支持力度，建设完善报废车辆回收拆解体系，突出标准牵引推动汽车更新换代。健全家电回收体系，探索创新回收模式，提升回收服务，推动家电低能耗替换高能耗。

（五）实施公平统一的市场监管。市场监管与经营主体息息相关，目前在资质、环保、质监、卫生、消防等方面还存在不少监管不到位、不统一的情况，经营主体在跨区域经营过程中还面临不少障碍。要加快健全统一市场监管规则，加强市场监管标准化规范化建设，增强市场监管制度和政策的稳定性、可预期性。强化统一市场监管执法，推进维护统一市场综合执法能力建设，建立综合监管部门和行业监管部门联动的工作机制，统一执法标准和程序，规范执法行为，减少自由裁量权，促进公平公正执法。全面提升市场监管能力，充分利用大数据等技术手段，加快推进智慧监管，提升市场监管政务服务、网络交易监管、消费者权益保护、重点产品追溯等方面跨省通办、共享协作的信息化水平。

（六）坚决破除地方保护和区域壁垒。各种地方保护和市场分割不仅扭曲了资源配置和价格信号，破坏了市场公平竞争秩序，还带来很大的重复建设和产能过剩隐患。下一步，要继续治理违规设置市场准入及迁移门槛、招投标和政府采购倾向本地企业、以补链延链为名搞自我封闭"小循环"等问题。结合专项整治发现的问题，加大整改落实力度并推动建立完善长效机制。建立涉企优惠政策目录清单并及时向社会公开，及时清理废除各地区含有地方保护、市场分割、指定交易等妨碍统一市场和公平竞争的政策，对新出台政策严格开展公平竞争审查。同时，指导各地区综合比较优势、资源环境承载能力、产业基础等因素，找准自身功能定位，力戒贪大求洋、低层次重复建设和过度同质竞争。加强地区间产业转移项目协调合作，推动产业合理布局、分工进一步优化。鼓励各地区持续优化营商环境，依法开展招商引资活动，防止招商引资恶性竞争行为，以优质的制度供给和制度创新吸引更多优质企业投资。

（杜庆彬）

62. 财税金融领域改革的方向是什么？

财税金融是宏观调控的重要手段，也是全面深化改革的重点领域。《政府工作报告》对财税金融改革作出了安排，要按照党中央确定的方向，扎实推进，加大对高质量发展的财税金融支持。

（一）财税领域改革的方向。坚持目标导向、问题导向，谋划新一轮财税体制改革，建立健全与中国式现代化相适应的现代财政制度。

一是健全政府事权、支出责任和财力相适应的制度。按照权责清晰、财力协调、区域均衡的中央和地方财政关系的要求，推动形成稳定的各级政府事权、支出责任和财力相适应的制度。进一步理顺中央和地方收入划分，完善地方税税制，适当扩大省级税收管理权限。落实落细已出台的中央与地方财政事权和支出责任划分改革相关方案。完善省以下财政体制，清晰界定省以下财政事权和支出责任，理顺省以下政府间收入关系，推动财力下沉，增强基层公共服务保障能力，促进基层财政平稳运行，建立"三保"长效保障机制。

二是完善财政转移支付制度。结合财政事权属性，厘清各类转移支付的功能定位，规范转移支付项目设置，清理整合支持方向类同、支持对象重复的转移支付项目。优化转移支付结构，加大一般性转移支付力度，合理确定共同财政事权转移支付的补助政策，聚焦政策目标精准安排专项转移支付，加强转移支付定期评估和退出管理。优化转移支付资金分配，研究建立完善促进高质量发展的转移支付激励约束机制，加强转移支付绩效管理，严格转移支付资金监管。

三是稳步推进税制改革。在保持宏观税负和基本税制稳定的前提下，进一步改革完善税收制度。优化税制结构，健全以所得税和财产税为主体的直接税体系，逐步提高直接税比重，更好发挥直接税在宏观经济中的自动稳定功能，适当降低间接税的税负水平，促进经济结构调整和发展方式转变。推动消费税改革，将更多高耗能、高污染产品纳入消费税征收范围，探索将消费税征收从生产环节后移至消费环节。完善增值税制度，畅通抵扣链条。建立数字经济税收体系。深化税收征管改革，依法依规征税收费，全面规范税收优惠政策。

四是深化预算管理改革。加大财政资金统筹力度，优化财政资源配置机制，聚焦区域协调发展、基本公共服务均等化、新型城镇化、生态文明建设、粮食安全等重点领域，强化国家重大战略任务财力保障，推动党中央重大决策部署落实到位。健全预算绩效管理机制，建立绩效评价结果与预算安排、政策调整挂钩机制。建立防范化解地方债务风险长效机制，完善全口径地方债务监测监管体系，分类推进地方融资平台转型，建立同高质量发展相适应的政府债务管理机制。

（二）金融体制改革方向。坚持党中央对金融工作的集中统一领导，深入贯彻落实党中央关于金融体制改革决策部署，持续深化金融供给侧结构性改革，构建现代金融体系，推动我国

62. 财税金融领域改革的方向是什么？

金融高质量发展。

一是建立健全科学稳健的金融调控体系。建设现代中央银行制度，健全货币政策和宏观审慎政策双支柱调控框架，做好跨周期和逆周期调节，保持货币政策的稳健性，维护人民币币值稳定和金融稳定，促进充分就业和经济增长。完善基础货币投放和货币供应调控机制，充实货币政策工具箱，畅通货币政策传导机制。深化利率汇率市场化改革，加快完善政策利率体系，畅通向市场利率、贷款利率传导机制。

二是建立健全结构合理的金融市场体系。进一步优化融资结构，提高直接融资比重。建设安全、规范、透明、开放、有活力、有韧性的资本市场，加快完善注册制基础性制度，健全有利于中长期资金入市的政策制度，完善上市公司分红、回购、股东增持等制度机制。加强债券市场制度建设，提高债券市场市场化定价能力和市场韧性。强化货币市场、外汇市场功能。稳慎发展期货和衍生品市场。

三是建立健全分工协作的金融机构体系。完善大中小金融机构定位和合理布局，支持国有大型金融机构做优做强，当好服务实体经济的主力军和维护金融稳定的压舱石，严格中小金融机构准入标准和监管要求，促进其专注主业、提质增效，推动政策性金融机构回归本源，发挥保险业的经济减震器和社会稳定器功能。健全金融机构法人治理，完善中国特色现代金融企业制度，完善国有金融资本管理，拓宽银行资本金补充渠道。

四是建立健全完备有效的金融监管体系。落实金融监管全覆盖，全面强化机构监管、行为监管、功能监管、穿透式监管、持续监管，消除监管空白和盲区。切实提高金融监管有效性，管合法更要管非法，管行业必须管风险，建立兜底监管机制。提升监管能力水平，推动监管"长牙带刺"、有棱有角，确保"监管姓监"。建立健全监管问责机制，强化"对监管的监管"。

五是建立健全多样化专业性的金融产品和服务体系。坚持把服务实体经济作为金融的根本宗旨，优化资金供给结构，加强对重大战略、重点领域、薄弱环节的优质金融服务，把更多金融资源用于促进科技创新、先进制造、绿色发展和中小微企业，大力支持实施创新驱动发展战略、区域协调发展战略，确保国家粮食和能源安全等，扎实做好科技金融、绿色金融、普惠金融、养老金融、数字金融"五篇大文章"，提升金融服务经济社会发展的质量水平。

（刘军民）

63. 社会民生领域改革的方向是什么？

当前社会民生领域还有不少短板和薄弱环节，要注重用改革的办法解决民生难题，进一步兜牢民生底线，不断提高基本公共服务水平，在高质量发展中持续增进民生福祉。

（一）完善收入分配制度。 分配制度是促进共同富裕的基础性制度，要构建初次分配、再分配、三次分配协调配套的基础性制度安排，规范收入分配秩序，规范财富积累机制，促进社会公平正义。一是优化初次分配制度。坚持按劳分配为主体、多种分配方式并存，努力提高居民收入在国民收入分配中的比重，提高劳动报酬在初次分配中的比重。健全工资合理增长机制，增加劳动者特别是一线劳动者劳动报酬。健全各类生产要素参与分配机制，构建知识、技术、数据等创新要素参与收益分配机制，强化以增加知识价值为导向的分配政策。探索多种渠道增加中低收入群体要素收入，多渠道增加城乡居民财产性收入。二是健全再分配机制。加大税收、社保、转移支付等调节力度和精准性。完善个人所得税制度。增加社会民生资金投入，推动教育、养老、医疗、托育、住房保障等基本公共服务均等化。三是发挥第三次分配作用。发展慈善事业，引导、支持有意愿有能力的企业和社会群体积极参与公益慈善事业，规范培育发展慈善组织，完善慈善捐助减免税制度和褒奖制度。健全志愿服务体系，发展社会工作服务机构和志愿服务组织。

（二）推进社会保障制度改革。社会保障是保障和改善民生、维护社会公平、增进人民福祉的基本制度保障。目前，我国以社会保险为主体，包括社会救助、社会福利、社会优抚等制度在内，功能完备的社会保障体系基本建成，但还存在制度碎片化、不同群体待遇差异较大、基本保障"一支独大"等问题。要加快完善覆盖全民、统筹城乡、公平统一、可持续的多层次社会保障体系，进一步织密社会保障安全网。一是深化多层次、多支柱养老保险体系建设。推进基本养老保险参保扩面，重点覆盖农民工和灵活就业人员，健全基本养老保险筹资和待遇合理调整机制，逐步提高退休人员基本养老金和城乡居民全国基础养老金最低标准。加快发展企业年金、职业年金，促进和规范发展第三支柱养老保险，全面实施个人养老金制度，积极发展商业养老保险，完善免税、延期征税等优惠政策。二是推进社会保险统筹。2018年以来我国实施了养老保险基金中央调剂制度，有效缓解了社保基金收支的区域结构性矛盾，确保了养老金按时足额发放。要完善养老保险全国统筹，推动基本医疗保险、失业保险、工伤保险省级统筹。三是健全分层分类的社会救助制度。加强低收入人口动态监测，对最低生活保障对象、特困人员、防止返贫监测对象、最低生活保障边缘家庭成员、刚性支出困难家庭成员及其他困难人员，按困难程度和类型提供常态化救助帮扶，逐步统一帮扶政策和标准，加快形成覆盖全面、分层分类、综合高效的社会救助格局。

　　（三）深化医药卫生体制改革。坚持"大卫生大健康"理念，推动医改与健康中国建设紧密结合，促进医疗、医保、医

63. 社会民生领域改革的方向是什么?

药协同发展和治理。一是深化公立医院改革。坚持以公益性为导向,推进医疗服务价格改革和规范化管理,调整技术劳务价值为主的治疗类、手术类和部分中医医疗服务价格。加快补齐儿科、老年医学、精神卫生、医疗护理等服务短板。深化公立医院薪酬制度改革,完善公立医院治理,加强医德医风建设。完善公立医院补偿机制。二是完善医疗保障制度。巩固健全全民基本医保,提高居民医保财政补助标准。建立健全医保门诊共济保障机制,落实异地就医结算。完善多层次医疗保障制度,完善大病保险和医疗救助制度,发展商业医疗保险。深化医保支付方式改革,开展按疾病诊断相关分组(DRG)付费或按病种分值付费(DIP)改革。以零容忍态度严厉打击欺诈骗保等违法行为。三是推进药品领域改革和创新发展。完善药品和医用耗材集中带量采购,加强药品供应保障和质量监管,持续推进基本药物优先配备使用,促进规范合理用药。支持创新药品研发,提升医药产业链配套水平和供应保障能力。

(四)深化养老服务改革。推进基本养老服务体系建设,健全居家社区机构相协调、医养康养相结合的养老服务体系,大力发展成本可负担、方便可及的普惠性养老服务,满足多层次多样化养老服务需求。一是健全基本养老服务清单。制定实施国家基本养老服务清单,明确具体服务对象、项目、内容、标准等,健全服务供给、服务保障、服务监管等机制,使基本养老服务体系覆盖全体老年人。二是深化公办养老服务机构改革。坚持公办养老机构公益属性,完善养老服务的投入机制、服务规范、建设标准、评价体系,提升公办养老机构服务水平。加大现有公办养老机构改造力度和规范化建设，开展养老机构等级评定工作，推动养老机构良性运行和可持续发展。三是加强城乡社区养老服务网络建设。补齐既有居住区养老服务设施短板，提升新建居住区养老服务设施达标配建率，进一步增加居家和社区养老服务供给，积极发展老年助餐服务，加强农村养老服务设施建设，提升基本养老服务便利化和可及化水平。

（刘军民）

64. 如何推动外贸质升量稳？

今年外需仍然面临较大的不确定性，世界经济增长动能不足，贸易保护主义抬头，预计全球贸易将维持较低增速。世贸组织预测，今年全球货物贸易量增长 3.3%。也要看到，我国外贸企业的韧性、创新力和竞争力不断提升，外贸发展仍然具备多方面优势和条件，有望保持回升向好态势。去年我国外贸稳住了基本盘，一个重要支撑是"新三样"等出口快速增长。长期来看，我国外贸要坚持走以质取胜之路，抓住重点市场、重点领域、重点产品，以质升促进量稳，在贸易创新发展中保持国际市场份额基本稳定。

（一）加强信贷信保支持和外汇服务。信贷信保方面，加大贸易信贷投放力度，进一步缓解外贸企业特别是中小微外贸企业融资难题。扩大出口信用保险覆盖面，优化承保和理赔条件，创新外贸新业态、服务贸易、数字贸易承保模式，积极拓展产业链承保。外汇服务方面，推进贸易外汇收支便利化，完善人民币跨境交易结算基础性制度，为真实合规的贸易提供更加便捷高效的跨境结算服务。引导外贸企业提升汇率避险意识和能力，鼓励银行丰富汇率风险管理产品，优化业务流程，降低避险服务成本。

（二）促进外贸新业态健康发展。这些年，跨境电商保持快速发展势头，占我国外贸比重从 2012 年的不到 1% 增至去年的近 6%。要持续完善配套政策，提升监管便利化水平，加快构建适应跨境电商发展的产业链和生态圈。支持外贸企业通过跨境电商拓展销售渠道、培育自主品牌。扎实推进跨境电商综合试验区建设，推动跨境电商赋能产业带。海外仓是新型外贸基础设施，目前数量已超过2500个。要深入开展海外仓高质量发展专项行动，引导支持外贸企业、物流企业优化建设布局，提升专业化、规模化、智能化水平。

（三）**支持加工贸易提档升级**。加工贸易是我国深入参与国际分工的重要方式，也是拉动中西部等地区外贸增长的重要动力，有利于扩大就业、优化产业结构、促进区域协调发展。要鼓励开展高附加值加工贸易，带动关联产业发展。促进保税维修规范健康发展，推动新一批保税维修试点项目落地。高质量培育梯度转移承接载体，适时认定第二批国家加工贸易产业园，完善对接合作机制，引导加工贸易梯度转移。

（四）**拓展中间品贸易、绿色贸易等新增长点**。中间品贸易在我国外贸中占较大比重，去年我国出口中间品占出口总值的45%以上，进口中间品占进口总值的近80%。扩大中间品贸易是加强国际产业链供应链合作的重要途径。要与有意愿的贸易伙伴深化合作，提高出口中间品的质量档次，积极开展供采对接。绿色贸易是贸易创新发展的重要方向。要引导外贸供应链绿色低碳协同转型，巩固提升"新三样"产品出口竞争力，扩大绿色船舶出口。还要完善边境贸易支持政策，推进边民互市贸易进口商品落地加工，支持边境地区产业发展，助力兴边富民、稳边固边。

（五）**积极扩大优质产品进口**。我国一贯坚持出口、进口并重，从不刻意追求贸易顺差。要进一步扩大市场开放，支持先

64. 如何推动外贸质升量稳？

进技术、重要设备、关键零部件进口，促进产业结构调整和优化升级。增加紧缺能源资源和农产品进口，扩大优质消费品进口。继续发挥进博会等重要贸易平台作用，培育进口贸易促进创新示范区，推动进口贸易与产业、消费深度融合。

（六）**发展服务贸易、数字贸易**。今年将发布实施全国版和自贸试验区版跨境服务贸易负面清单。在全国建立跨境服务贸易负面清单管理模式，这是扩大制度型开放的重要举措。要推动调整与负面清单不符的法规规章、规范性文件。近年来，服务贸易稳中提效，数字贸易快速发展，为外贸稳规模优结构作出了积极贡献。要出台服务贸易开放创新发展的政策，推动建设服务贸易创新发展示范区，促进特色服务出口基地提质升级。出台数字贸易改革创新发展的政策，做强做优数字服务出口基地，加快推进国际贸易单据数字化，提升我国数字贸易竞争力。

（七）**助力外贸企业降本提效**。建设现代化国际物流体系是增强国际产业链供应链韧性、发展对外经济贸易的重要支撑。要进一步加强国际运输合作，优化国际物流运输组织模式，推动口岸基础设施建设、提升换装能力，培育一批交通物流跨国企业。智慧海关建设是通关便利化改革的重要环节。要加快推进智慧海关建设，广泛运用新技术、新装备，构建"源头管控＋口岸监管＋后续查核＋打击走私"全方位、全链条监管体系，让通关管得住、放得开、通得快，更加安全便利。

（包益红）

65. 怎样加大吸引外资力度？

积极吸引和利用外商投资，是推进高水平对外开放、构建开放型经济新体制的重要内容。当前，我国吸引外资面临一些外部扰动因素，国际招商引资竞争加剧。要把吸引外资放在更加重要的位置，在招商引资方面落实和完善政策举措，增强外商投资信心，努力保持和巩固我国利用外资大国地位。

（一）继续缩减外资准入负面清单。2017年以来，我国连续5次修订外资准入负面清单。现行2021年版全国和自贸试验区外资准入负面清单已缩减至31条和27条。在制造业领域，自贸试验区版负面清单已实现制造业条目清零，全国版负面清单制造业条目还有2条。在服务业领域，保留了部分准入限制，如增值电信业务的外资股比不超过50%；医疗机构限于合资等。要修订外资准入负面清单，全面取消制造业领域外资准入限制措施，放宽电信、医疗等服务业市场准入，进一步提高开放水平。

（二）扩大鼓励外商投资产业目录。根据《外商投资法》，我国根据国民经济和社会发展需要，鼓励和引导外国投资者在特定行业、领域、地区投资。列入《鼓励外商投资产业目录（2022年版）》（以下简称《鼓励目录》）的领域，可享受进口自用设备免征关税、优先供应土地等优惠待遇，西部地区还可减按15%缴纳企业所得税。现行《鼓励目录》总条目1474条，其中全国目录519条，中西部目录955条。要对《鼓励目录》

65. 怎样加大吸引外资力度？

进行修订，引导外资投向先进制造、现代服务、高新技术、节能环保等领域，并扩大中西部地区鼓励范围。鼓励外资企业境内再投资方面，我国对境外投资者从中国境内居民企业分配的利润，用于境内直接投资暂不征收预提所得税。下一步，要优化政策实施方式，放大政策效应，鼓励外资企业长期扎根中国发展。

（三）落实好外资企业国民待遇。 要建立内外资不合理差别待遇政策措施常态化清理机制，尽快明确"中国境内生产"具体标准，保障外资企业依法参与政府采购活动、公平参与招投标活动、平等参与标准制定，确保平等享受支持政策。数据跨境流动是外资企业的重要关切，要推动出台相关具体规定，探索便利化的数据跨境流动安全管理机制，为符合条件的外资企业建立"绿色通道"。

（四）加强外商投资服务保障。 要继续发挥外资企业圆桌会议制度作用，切实推动解决外商在华投资经营中的实际困难和问题。围绕打造"投资中国"品牌，办精办好一系列重点活动，加大"走出去"引资力度，提升招商活动实效。提升外籍人员来华工作、学习、旅游便利度，对于解决外商后顾之忧、营造良好投资环境具有重要意义。要进一步优化签证通关等政策，优化支付服务、提升境外来华人员支付服务水平，发布并适时更新《外国商务人士在华工作生活指引》。

（五）深入实施自贸试验区提升战略。 自贸试验区和海南自由贸易港是改革开放"试验田"。2023年，22家自贸试验区实际使用外资、进出口总额分别占全国的19%和18.4%，发挥了改革开放综合试验平台的示范引领作用。要加强改革整体谋划和系统集成，对自贸试验区开展新一轮集中赋权，围绕贸易、投资、数据、金融、人才、科技创新等领域，推出一批系统性、突破性举措。深入开展差别化探索，推动全产业链创新发展。海南自由贸易港建设已经取得积极进展。要落实好建设总体方案，把制度集成创新摆在突出位置，扎实推进封关软硬件建设，有序开展高水平压力测试，进一步放宽市场准入，提升外向型经济发展水平。开发区是我国重要引资平台、产业和创新集聚区。目前，国家级开发区、省级开发区约有2700家。要推进开发区管理制度改革、发展模式创新，优化总体布局，持续激发发展活力，推动开发区高质量发展。

（包益红）

66. 如何推动高质量共建"一带一路"走深走实？

共建"一带一路"倡议是习近平总书记深刻把握世界大势、着眼人类前途命运，提出的重大国际合作倡议。去年是共建"一带一路"倡议提出 10 周年。在新的起点上，要坚持共商共建共享、开放绿色廉洁、高标准惠民生可持续的重要指导原则，深化"一带一路"合作伙伴关系，推动共建"一带一路"进入高质量发展的新阶段，共创发展新机遇、共谋发展新动力、共拓发展新空间。

（一）抓好八项行动落实落地。习近平总书记在第三届"一带一路"国际合作高峰论坛上提出的支持高质量共建"一带一路"八项行动，为"一带一路"建设指明了新方向，开辟了新愿景。八项行动涵盖构建"一带一路"立体互联互通网络、支持建设开放型世界经济、开展务实合作、促进绿色发展、推动科技创新、支持民间交往、建设廉洁之路、完善"一带一路"国际合作机制等方面。要细化落实八项行动实施方案，不断健全工作机制和举措，抓好论坛合作成果全面落地。

（二）稳步推进重大项目合作，实施一批"小而美"民生项目。一方面，加强与共建国家发展战略和市场需求对接，充分考虑共建国家各方关切，打造铁路、港口、机场以及"丝路海运"、中欧班列等标志性工程。另一方面，要不断擦亮"小而美"项目"金字招牌"，实施小型民生援助项目，做优做强"菌草"、鲁班工坊、"光明行"等品牌项目，着力提升当地民众的获得感幸福感。

（三）积极推动数字、绿色、创新、健康、文旅、减贫等领域合作。这些领域是共建"一带一路"的新兴领域、各方高度关切的领域。要加强数字丝绸之路建设，拓展和深化"丝路电商"合作，促进人工智能健康有序安全发展。在绿色基建、绿色能源、绿色交通、绿色金融以及应对气候变化等领域，不断深化务实合作。继续实施"一带一路"科技创新行动计划，高质量推进新一批联合实验室建设，支持各国青年科学家来华短期工作。发挥共建"一带一路"公共卫生合作网络作用，加强传染病防控、传统医药、医疗服务等合作。开展同共建"一带一路"国家的文明对话，运行好丝绸之路国际剧院、艺术节、博物馆、美术馆、图书馆联盟和旅游城市联盟。减贫合作是"一带一路"合作的重要领域，要加强国际发展合作，通过对外援助等方式共同促进减贫脱贫。

（四）加快建设西部陆海新通道。2019年8月，国务院批复印发《西部陆海新通道总体规划》。几年来，西部陆海新通道建设扎实推进，铁海联运班列已覆盖我国中西部18个省（区、市），货物通达100多个国家的300多个港口。中老铁路开通运营以来，截至2024年2月底，累计运输货物约3500万吨，北部湾国际门户港、洋浦区域国际集装箱枢纽港作用得到加强。要协同各方加快基础设施及通道能力建设，推动铁海联运、公铁联运、空陆联运、国际铁路运输、跨境班车等高质量运行，降低物流综合成本，构建更加经济、更高效率、更为融合、更加开放的西部陆海新通道。

（包益红）

67. 在深化多双边和区域经济合作方面会有哪些新举措？

我国是全球贸易投资合作的重要参与者和贡献者，要积极参与多双边和区域等国际经济治理体系建设，提高运用国际规则维护我国发展权益的能力，营造良好的开放发展环境，为推动经济全球化、共建开放型世界经济发挥更大作用。

（一）推动落实已生效自贸协定。 2023 年，我国自贸区建设取得积极成效，与多个国家签署自贸协定或升级议定书，自贸协定开放水平也有新提升，我国对尼加拉瓜、新加坡均以负面清单模式作出高水平服务贸易和投资开放承诺。目前，我国对外签署的自贸协定覆盖贸易额已占我国外贸总额的三分之一以上，立足周边、辐射"一带一路"、面向全球的高标准自贸区网络初见成效。要进一步提高自贸协定的利用率，高质量实施《区域全面经济伙伴关系协定》等自贸协定，通过宣介培训等帮助企业更好享到实惠，进一步促进商品、服务、投资在自贸区内自由便利流动，推动我国与自贸伙伴产业链供应链深度融合。

（二）商签高标准自贸协定和投资协定。 继续推动与有关国家和地区的自贸合作进程，推进中国—东盟自贸区 3.0 版谈判，争取启动一批与相关国家自贸谈判，继续推动与海合会等自贸合作，持续拓展我国自贸伙伴"朋友圈"。推动加入《数字经济伙伴关系协定》、《全面与进步跨太平洋伙伴关系协定》。以自贸协定谈判为抓手,提升货物贸易零关税产品比例,以负面清单方式全面推动服务贸易和投资扩大开放,积极纳入数字经济、绿色经济、标准认证、政府采购等高水平经贸规则。同时,主动对照相关规则,继续做好自主开放,为进一步提升自贸协定开放水平提供支撑。

(三)**全面深入参与世贸组织改革**。习近平总书记在二十届中共中央政治局第八次集体学习时发表重要讲话,要求积极参与世界贸易组织改革,提高驾驭高水平对外开放能力。目前,世界贸易组织有成员166个,占全球贸易比例在98%以上。要坚定维护以世界贸易组织为核心的多边贸易体制权威性和有效性,积极推动恢复世界贸易组织争端解决机制正常运转,推动世贸组织规则和机制与时俱进。要完善细化全面深入参与世贸组织改革的中国方案,继续参与和引领产业链供应链、塑料污染防治、涉碳经贸规则等新议题讨论,推动投资便利化协定扩员,完善高标准数字贸易多边规则。认真做好世贸组织第13届部长级会议(MC13)各项成果落实。还要积极开展二十国集团(G20)、亚太经合组织(APEC)、金砖国家、上合组织等机制合作,推动成员就争端解决、投资便利化、电子商务、渔业补贴、发展等世贸组织改革重点议题加强协调,为推进世贸组织改革提供支持。

(包益红)

68. 如何进一步化解房地产风险？

房地产一头连着宏观经济稳定发展，一头连着千家万户的幸福生活，涉及面广、外溢效应大，对经济社会大局稳定十分重要。化解房地产风险，要标本兼治，一方面要积极稳妥处置当下房地产风险，维护房地产市场平稳；另一方面要推动加快构建房地产发展新模式，促进房地产加快转型、实现健康可持续发展。

（一）当前房地产风险是转型过程中的阶段性问题。我国房地产市场的供求关系已经发生重大变化，正处在转型发展的过渡期，市场出现了一定波动，一些房地产企业过去高速扩张积累的风险也逐步释放。从相关国家的房地产发展历程看，转型过程中出现阶段性困难是符合市场和产业发展规律的，也是可防可控的。对房地产风险，党中央、国务院高度重视，部署相关部门和地方及时采取一系列措施，促进稳市场、防风险，包括因城施策优化房地产调控、推动降低房贷成本、积极推进保交楼工作等，起到了积极阶段性效果。在投资规模上，2023年全国房地产开发投资11.1万亿元，虽然仍在下降，但降幅较2022年收窄0.4个百分点；在销售面积上，全年一、二手房网签成交面积合计实现正增长；保交楼工作按计划稳步推进。从长远看，随着我国新型城镇化扎实推进、人民群众对住房品质的要求提高，我国房地产市场未来持续发展仍有坚实支撑，房地产风险将在高质量发展中逐步得到有效化解。

（二）**多措并举维护房地产市场平稳运行**。在去年工作基础上，今年各部门、各地方将根据市场形势变化，进一步完善工作措施，着力维护房地产市场稳定。一方面，城市政府要用好调控自主权，坚持因城施策、精准施策、一城一策，根据人口情况、供需情况以及保障需求，编制实施好住房发展规划，优化房地产政策，有针对性地调整信贷、限购限售、税费等方面措施，努力稳定房地产投资和销售。另一方面，要稳妥化解房地产企业风险。当前，房地产企业的难点主要是资金。要加快全面推进建立城市房地产融资协调机制，按照"一项目一方案"提出项目"白名单"，指导金融机构按照市场化原则，对不同所有制房地产企业合理融资需求要一视同仁给予支持，对资金能平衡的房地产项目要给予更大力度支持，帮助他们维持资金链稳定、实现自我良性循环。同时，对于严重资不抵债、失去可持续经营能力的房企，也要按照市场化、法治化原则有序推动出清。

（三）**加快构建房地产发展新模式**。我国房地产发展正从主要解决"有没有"，向主要解决"好不好"转变。从供给看，过去房地产业追求速度和数量的发展模式已经不能适应高质量发展要求，亟待寻求新的发展运营模式。从需求看，随着新型城镇化深入推进，人民群众对房地产的需求形式、需求层次正在发生变化。例如，如何破解住房供给总量充足但结构性矛盾突出的问题，让工薪阶层和困难群体住得下、住得好、住得起；如何满足城市"老破小"住宅居民对住房品质的升级需求等。

68. 如何进一步化解房地产风险？

这些都要求加快构建房地产发展新模式，在更高水平上实现新的供需均衡，促进房地产实现健康可持续发展。在发展目标上，要针对新型城镇化发展对房地产的新要求，更好满足不同群体的差异化、多样化住房需求。在资源配置上，要建立要素的科学化配置机制，实现"人、房、地、钱"等要素的合理联动和资源的高效利用。在制度建设上，要加快改革完善商品房基础性制度，包括开发方式、融资方式、销售方式等，有力有序推进现房销售。在工作抓手上，当前要加快推进保障性住房建设、城中村改造、"平急两用"公共基础设施建设等工程，重点加大配售型保障性住房的供给，更好满足城市居民，特别是工薪收入群体的刚性住房需求，带动扩大房地产领域有效投资，提升房地产企业产能利用效率。

（杨祎）

69. 怎样统筹好地方债务风险化解和稳定发展？

地方债务问题是市场和社会都较为关心的重大问题，对此要全面辩证看待。我国地方债务资金主要投向了对经济民生具有重大意义的项目，大多有实物资产，很多都有现金流收入。但是，一些地区积累的债务规模较大，风险隐患也不容忽视，需要统筹考量、稳慎处置，在推动风险化解的同时，促进相关地区找到新的发展路径，实现更可持续的发展。

（一）一揽子化债方案实施取得积极进展。防范化解地方债务风险是事关发展与安全、民生福祉、财政可持续运行的重大问题。2023年，按照党中央关于"要有效防范化解地方债务风险，制定实施一揽子化债方案"的决策部署，国务院督促指导各有关部门、各地方，按照"省负总责，市县尽全力化债"的原则，制定实施化债方案，逐项明确具体措施。同时，在地方政府债务限额空间内安排一定规模的再融资债券，支持地方特别是高风险地区化解隐性债务和清理政府拖欠企业账款等。经过各方面协同努力，地方债务风险得到整体缓解，地方政府法定债务本息兑付有效保障，隐性债务规模逐步下降，政府拖欠企业账款清偿工作取得积极进展，地方融资平台数量有所减少。

（二）推动地方在债务风险化解中找到新的发展路径。过去一年化解债务风险的成绩充分说明，党中央、国务院的决策部署是科学的、正确的。下一步要持续推动一揽子化债方案落地

69.怎样统筹好地方债务风险化解和稳定发展?

见效。在化解存量风险方面,指导督促地方严格落实主体责任,通过安排财政资金、压减支出、盘活存量资产资源等方式逐步推进风险出清。在防范增量风险方面,要严格规范地方政府新的举债投资,强化对违规违法举债问题监督问责,对新增隐性债务和不实化债等行为,发现一起、查处一起、问责一起,防止债务风险边清边冒。同时要看到,过去大规模举债搞建设的老路不能再走,也走不下去了,必须支持困难地区在债务化解过程中找到新的发展路径。要指导相关地区立足本地资源禀赋和比较优势,引导产业结构转型升级,着力在优化营商环境、改善政府服务上下功夫,努力激发民间投资、更多吸引外资,促进扩大消费,打造新的经济增长点。

(三)建立同高质量发展相适应的政府债务管理机制。地方政府适度举债,能够弥补财政资金不足,扩大有效投资,促进改善民生,为经济增长提供支撑,但如果缺乏有效约束和科学管理,也容易形成风险。一些地方债务风险高企,债务管理机制不健全是重要原因,特别是地方政府举债行为缺乏监督约束、不同类型债务监测监管不全面、地方融资平台企业与政府关系不顺等问题十分突出,必须下大力气加快补齐制度建设短板。一要加强地方政府法定债务管理。优化中央和地方政府债务结构,科学合理安排地方政府债务规模,统筹安排公益性项目债券,完善专项债券"借、用、管、还"全生命周期管理机制,提高资金使用效益。二要强化政府债务监测监管。建立完善全口径地方债务监测监管体系,按照实质大于形式的原则,把政府承担最终偿还责任的各类债务都纳入监测、统计、监管范围,坚决杜绝变相举债、违规举债、隐匿债务等问题，着力完善防范化解债务风险长效机制。三要分类推进融资平台改革转型。持续压减融资平台数量，撤销各类仅作为融资通道的"空壳类"平台，通过兼并重组等方式整合归并平台企业的同类业务，剥离平台企业的政府融资职能，把平台企业按功能分类转变为市场化运作的国有企业。

（杨祎）

70. 防范化解金融风险有哪些具体举措?

经过过去几年持续推进风险处置,我国金融风险总体收敛,特别是高风险中小金融机构数量大幅下降。当前,金融体系运行整体稳健,特别是大型金融机构经营状况良好,起到了重要的"压舱石"作用,应对风险冲击的基础较为坚实。但还有一些地方的部分中小金融机构风险相对较高,如果处理不好,集中爆雷也可能造成风险蔓延,必须有效加以解决。

(一)完善重大风险处置统筹协调机制。防范化解金融领域重大风险,不仅仅是哪一个部门或者哪一个方面的事,需要多部门、多方面协同配合,共同担当作为。完善重大风险处置统筹协调机制是提升风险处置效能的重要制度保障,其中包括了几方面的重要内容。一是明确并压实相关各方责任。企业是防范化解风险的第一责任人,要切实承担起主体责任,秉持审慎经营原则,加强风险管控,积极处置化解风险;金融监管部门要严格履行监管责任,行业主管部门也要按照中央金融工作会议明确的"管行业也要管风险"要求,担起本领域风险防控责任;地方政府要切实履行属地责任,与有关部门一同做好属地内重大风险,特别是地方中小金融机构风险的防范处置。二是强化重大风险处置协同配合。全国性、跨区域以及具有系统性威胁的风险,由风险防控主责部门或者有关协调机构牵头处置,其他部门根据自身职责做好配合,涉及地方政府职责的,地方应积极组织力量予以配合。地区性的风险，由地方政府牵头或地方政府与相关部门共同牵头处置，中央相关部门给予必要的指导和支持。三是完善公共资源使用机制。在风险处置中，总体应坚持市场化原则。对于一些特别重大、紧迫、市场化方式难以处置的风险，动用公共资源也是必要的。但必须建立成熟、完善的规则制度，合理有序地使用公共资源，以有效引导相关方面的预期，防范道德风险。

（二）深入推进高风险中小金融机构改革化险。化解中小金融机构风险，既要处置存量风险"治病救人"，也要通过治理改革"强身健体"。要继续按照党中央、国务院决策部署，坚持统筹兼顾，有力有序一体推进一些地方的高风险中小金融机构改革化险。一是积极稳妥推进。坚持市场化、法治化原则，加大力度推进风险处置。把握好时度效，充分考虑机构和市场的承受能力，有计划、分步骤地开展工作，切实防范处置风险的风险。二是分类精准施策。根据不同类型中小金融机构定位、风险形势和所在地域经济社会特点，有针对性地分类推进风险化险。"一省一策"启动实施农村信用社改革，"一行一策"加快高风险城市商业银行改革化险，"一企一策"制定其他类型中小金融机构风险处置方案。三是坚持标本兼治。推动中小银行机构强化治理、优化结构、提质增效，推进中小保险公司回归本源、突出保障功能，引导资产管理、财务公司、融资租赁等机构坚守定位、差异化发展。同时，在打击非法金融活动方面，要继续完善抓早抓小的工作机制，强化跨部门协同、央地协同，加强对非法金融活动的识别、评估和预警，始终保持高压震慑，

70.防范化解金融风险有哪些具体举措?

加快健全监管责任体系,形成对非法金融活动齐抓共管的良好态势。

(三)健全金融监管体制。有效而全面的金融监管,是防控金融风险的重要基础和保障。经过多年实践和发展,我国基本建立了一套符合国情的金融监管体制,在维护金融稳定方面发挥了重要作用,但总的看,一些领域还存在明显短板,与建设金融强国的要求还有差距。党的二十届二中全会部署了金融体制改革任务,其中金融监管体制改革是重头戏,中央金融工作会议对金融监管体制改革工作作了全面具体安排,《政府工作报告》提出要健全金融监管体制,提高金融风险防控能力,落实中要注重把握好几个方面。

在监管理念上,要坚持金融监管全覆盖。这包括三个方面要义:一是管合法更要管非法,始终坚持金融特许经营、持牌经营原则,既要管"有照违章",更要管"无照驾驶";二是管行业必须管风险,行业主管部门也负有风险防控职责,要严密防范一般商事行为异化为非法金融活动、衍生出金融风险;三是建立健全兜底监管机制,对跨部门、跨地区和新业态新产品等金融活动实施有效监管,确保一切金融活动特别是非法金融活动有人看、有人管、有人担责。

在监管方式上,要全面强化"五大监管"。坚持风险为本原则,抓准入、抓法人、抓治理,强化机构监管。坚持将依法保护金融消费者合法权益放在重要位置,强化行为监管。坚持"同一业务、同一标准"原则,强化功能监管。坚持"实质重于形式"原则,强化穿透式监管。坚持围绕金融机构全周期、金融风险全过程、金融业务全链条,强化持续监管。当前,特别要加快完善风险监测预警机制,强化压力测试并制定风险应对预案,督促指导金融机构健全公司治理,加强风险内控制度建设,筑牢风险防控第一道防线。

在监管力度上,要坚持"长牙带刺"。聚焦影响金融稳定的"关键事"、造成重大金融风险的"关键人"、破坏市场秩序的"关键行为",把板子真正打准、打痛。强化监审联动、行刑衔接、纪法贯通,切实提高违法违规成本。总之,就是要全面增强金融监管有效性,切实提高金融风险防控能力。

(杨祎)

71. 如何抓好粮食和重要农产品生产？

抓好粮食和重要农产品生产，是"三农"工作的首要任务。习近平总书记多次就此作出重要指示，提出明确要求。年初印发的中央一号文件，提出了一系列目标明确的任务和有针对性、操作性的政策举措。李强总理在十四届全国人大二次会议上所作的《政府工作报告》对此作出安排。归纳起来，重点是要抓好以下三个方面。

（一）**切实稳定粮食生产**。粮食产量保持在 1.3 万亿斤以上，是党中央明确提出的今年经济社会发展主要预期目标之一。这是一个底线任务，也是一个硬任务，要保质保量完成并不容易，而且在实际掌握中，还要锚定新增千亿斤粮食产能的目标任务，向更高水平努力。为此，需要在稳面积和提单产上两手发力，切实破解难点、化解风险点。

在稳面积上，要坚持按照近些年行之有效的做法，多措并举推动粮食播种面积落实落地。一是压实责任稳面积，无论是粮食主产区还是主销区、产销平衡区，都要全面落实粮食安全党政同责，切实将粮食播种面积任务细化分解到市县、落实到田间地块。二是强化政策支持稳面积，适当提高小麦最低收购价，合理确定稻谷最低收购价，完善农资保供稳价应对机制，扩大完全成本保险和种植收入保险实施范围，加大产粮大县支持力度，探索建立粮食产销区省际横向利益补偿机制，引导带动农民多种粮、主产区抓好粮。三是加强服务保障稳面积，加大农资供应、农机调度和资金等保障力度，积极支持开展代耕代种等服务，帮助农民适时播种、应播尽播。

在提单产上，要聚焦实施粮食单产提升工程，抓好关键举措落实。一是分品种制定落实好集成配套推广工作方案，根据不同粮食品种的具体情况，有针对性地制定和落实好良田良种良法良机良制集成配套举措，加快把先进适用的生产技术和模式推广到更大范围。二是抓好粮食生产大县整建制推进，以集成应用"主导品种、主推技术、主力机型"等单产提升关键技术为重点，扩大粮食生产大县整建制推进的覆盖率，加快促进大面积均衡提高单产。三是发挥好规模经营主体示范作用，鼓励引导规模种植主体率先普及集成配套增产，带动中小规模农户加快应用增产新技术新模式。

（二）扎实抓好大豆和油料生产。提升大豆和油料产能，是党中央作出的重大决策部署，必须实事求是、尊重规律，扎扎实实深入推进，决不能松劲懈怠。抓好大豆生产，重点是要巩固好扩种成果。近两年大豆扩种成效明显，但也出现了局部地区卖豆难、效益不高、重迎茬等制约和问题。要在稳住现有面积基础上，重点在推动提高单产、促进产加销良性循环上下功夫，为持续提升大豆产能打下坚实基础，防止出现大起大落。

抓好油料生产，关键是要多品种并举推进扩种。我国油料品种多，不同品种情况不同，必须多油并举、因品种施策，全面加快挖掘扩种潜力。油菜是国产食用植物油的第一大来源，要通过加快培育短生育期油菜品种、支持长江流域和部分南方地区利用

71. 如何抓好粮食和重要农产品生产？

冬闲田、促进北方适宜地区合理轮作等措施，稳步扩大种植面积。花生是我国产量最大和含油率最高的主要油料作物，要在继续推动主产区生产稳定增长的基础上，通过推进轮作倒茬等挖掘其他地区扩种潜力。油茶等木本油料扩种潜力很大，要以落实好《加快油茶产业发展三年行动方案（2023—2025年）》为重要抓手，加快把扩种潜力变成现实。对向日葵、胡麻、芝麻等特色油料，也要因地制宜把扩种潜力利用好。

（三）着力优化"菜篮子"产品生产。保证"菜篮子"产品稳定安全供给，与保障粮食安全一样，也是稳产保供的重要任务。当前我国"菜篮子"产品供给总量虽有保证，但大幅波动时有发生，特别是产需形势出现不少新情况新变化，迫切需要加快优化"菜篮子"产品生产和供给。今年要重点抓好三件事。

一是完善生猪产能调控机制。经过非洲猪瘟引发的超级"猪周期"后，我国生猪供求关系已由供不应求变为供过于求，产能过剩导致的猪肉价格持续低迷和中小养殖场户持续亏损已成为突出矛盾。要在稳定用地、环保、贷款等支持政策的同时，落实新修订的生猪产能调控实施方案，适度放宽调控绿色区间下限，引导生猪产能根据市场供求形势变化及时优化调整。

二是加快促进畜牧渔业转型升级。受消费需求增长放缓和进口压力加剧等影响，去年以来畜牧水产品特别是牛羊肉市场价格出现多年少有的下降态势，给畜牧渔业持续健康发展带来挑战。要深入开展肉牛肉羊提质行动，加强高产稳产饲草料基地建设，稳定牛羊肉基础生产能力。要完善液态奶标准，规范复原乳标识，促进鲜奶类消费，为奶业持续健康发展创造良好条件。要制定和落实好养殖水域滩涂规划，稳定养殖水面空间，实施好水产绿色健康养殖技术推广行动，加快发展水产健康养殖。

三是提升"菜篮子"产品应急保供能力。随着城镇化深入推进，需要异地供应的"菜篮子"产品数量越来越大、品种越来越多。要加快构建稳定可靠的"菜篮子"产销协作关系，完善重要"菜篮子"产品储备制度和应急保供预案，加强大中城市自建基地建设，发挥好城市批发市场、零售网点、社区菜市场等各类市场主体"蓄水池"调节作用。

（张顺喜）

72. 如何提升粮食和重要农产品稳产保供能力？

习近平总书记明确提出，农业强，首要是粮食和重要农产品供给保障能力必须强。近些年，我们依靠自己力量端稳中国饭碗，但粮食需求刚性增长，端牢饭碗压力大，必须坚持不懈夯实农业基础，加快提升粮食和重要农产品供给保障能力。2024年，要围绕全方位夯实粮食安全根基，重点强化以下五方面措施落实。

（一）**加强耕地保护和建设**。当前耕地保护建设正处在"不进则退"的较劲阶段，要在牢牢守住耕地数量红线的基础上，下大力气提升耕地质量，确保长期可稳定利用的耕地总量不减少、质量有提升。保数量，重点是严格落实耕地保护任务和抓实耕地占补平衡。要按照新一轮国土空间规划明确的耕地和永久基本农田保护任务，层层压实责任，对乱建"大棚房"、破坏黑土地等违法行为坚决整治、严厉打击，对违规占用耕地的分类稳妥开展整改复耕，不能脱离实际搞"一刀切"、"运动式"复耕，对撂荒地因地制宜推进利用，宜粮则粮、宜经则经。要改革完善耕地占补平衡制度，将各类对耕地的占用统一纳入占补平衡管理，将省域内稳定利用耕地净增加量作为下年度非农建设允许占用耕地规模上限，严控占用、严格补充。提质量，重点是建设好高标准农田和加强退化耕地治理。要按照逐步把永久基本农田全部建成高标准农田的部署要求，合理确定建设内容、优先序和年度建设任务,适当提高中央和省级投资补助水平,取消对产粮大县资金配套要求,优先把东北黑土地区、平原地区、具备水利灌溉条件地区的耕地建成高标准农田。要分区分类推进盐碱耕地治理,加大黑土地保护工程推进力度,深入实施耕地有机质提升行动,加强酸化等退化耕地治理。

(二)加强农业防灾减灾救灾设施装备体系建设。针对近年来我国农业自然灾害多发重发态势越来越明显的实际,加快补上短板弱项。在水利基础设施体系建设上,要在抓好灾后恢复重建、加快修复灾损水利设施的同时,扎实推进重点水源、灌区、蓄滞洪区建设和现代化改造,深入实施水库除险加固和中小河流治理、中小型水库建设等工程,加强小型农田水利设施建设和运行管护。在农业防灾减灾救灾监测保障体系建设上,要根据新一轮农业气候资源普查,扎实开展农业气候区划工作,优化完善农业气象观测设施站网布局,加强基层农业防灾减灾救灾队伍建设,健全基层动植物疫病虫害监测预警网络。在农业防灾减灾救灾机械装备体系建设上,要大力实施农机装备补短板行动,完善农机购置与应用补贴政策,开辟急需适用农机鉴定"绿色通道",按照"平战结合"原则推动建立防灾救灾农机储备和调用制度。

(三)加强农业科技创新。按照以科技创新开辟农业生产新空间、加快发展农业新质生产力的要求,着力提升农业科技创新体系的整体效能。在优化农业科技创新战略布局上,以支持重大创新平台建设为抓手,以产业急需为导向、企业创新为主体、科研人才为支撑,推动构建梯次分明、分工协作、适度竞

72. 如何提升粮食和重要农产品稳产保供能力？

争的农业科技创新体系。在推动种业振兴行动出成效上，完善联合研发和应用协作机制，对提升粮食产能急需的重要优良品种培育项目，组织调动优势资源进行协同攻关，开展好重大品种研发推广应用一体化试点，推动生物育种产业化扩面提速。在加强农业农村科技人才队伍建设上，实施好乡村振兴人才支持计划，强化农业科技人才和农村高技能人才培养使用，加强高等教育新农科建设，有序引导城市农业科技人才下乡服务。

（四）加强现代农业经营体系建设。按照把小规模农户逐步引入现代农业发展轨道的要求，着力加强农业生产经营队伍和农业社会化服务保障。在打造适应现代农业发展的生产经营队伍方面，聚焦解决"谁来种地"问题，以小规模农户为基础、新型农业经营主体为重点、社会化服务为支撑，全面加强教育培训和示范引导。在发展面向小规模农户的农业社会化服务上，优化提升基层农技推广体系，加强农业社会化服务平台和标准体系建设，发展壮大农业专业化社会化服务组织，提升家庭农场和农民合作社服务带动小规模农户能力，支持农村集体经济组织提供生产、劳务等居间服务，充分发挥供销合作社服务农民生产生活综合平台作用。

（五）加强多元食物供给和节约减损。提高粮食和重要农产品供给保障能力，既需要拓宽思路、广辟食物来源，又需要立足自身、加强节约减损，全面挖掘开源节流潜力。在加强多元食物供给方面，积极顺应城乡居民食物消费结构不断升级对多样化食物供给的需求，树立和落实好大农业观、大食物观，充分利用耕地之外的林地、草地、江河湖海等丰富资源，因地制宜加快发展木本粮油、森林食品、草原畜牧业和深远海养殖业，积极发展现代设施农业，探索发展生物科技产业，推动构建粮经饲统筹、农林牧渔结合、植物动物微生物并举的多元化食物供给体系。在加强节约减损方面，针对当前食物采收、储运、加工、销售、消费等环节的"跑冒滴漏"问题，加强节约减损技术措施落实和宣传引导，健全常态化、长效化的工作机制，久久为功推进粮食节约减损和健康消费不断取得新进展。

（张顺喜）

73. 巩固拓展脱贫攻坚成果有哪些重点工作？

巩固拓展脱贫攻坚成果是全面推进乡村振兴的底线任务。习近平总书记强调，要确保不发生规模性返贫，持续巩固拓展脱贫攻坚成果。李强总理在十四届全国人大二次会议上所作的《政府工作报告》对此作出安排。今年是巩固拓展脱贫攻坚成果同乡村振兴有效衔接5年过渡期的第4年，要继续压紧压实责任，强化政策和工作落实，坚决防止出现规模性返贫。

（一）**加强防止返贫监测和帮扶工作**。这是从制度上防止返贫的有效做法。2023年进一步明确了防返贫机制的具体规范和工作要求，组织开展集中排查，强化精准帮扶，识别纳入的监测对象中超过六成已消除返贫风险，其余均落实了针对性帮扶措施。要强化防止返贫监测和帮扶机制执行落实，坚决防止出现整村整乡返贫。一是抓好防止返贫监测。统筹考虑物价指数和农村低保标准增幅等情况，实事求是确定监测标准，持续开展返贫风险隐患排查，及时将有返贫致贫风险的人口纳入监测系统。加快推动防止返贫监测与低收入人口动态监测信息平台互联互通，加强跨部门信息整合共享，运用多部门大数据来强化筛查预警，进一步提高监测效率。二是及时落实帮扶措施。聚焦重点领域和关键环节消除返贫风险，持续巩固提升"三保障"和饮水安全成果。对存在因灾返贫风险的农户，符合政策规定的可先行落实帮扶措施。对有劳动能力的监测户全面落实开发式帮扶措施，对无劳动能力的监测户做好兜底保障。加强农村高额医疗费用负担患者监测预警，按规定及时落实医疗保障和救助政策。

（二）**分类推动帮扶产业发展**。2023年中央财政衔接推进乡村振兴补助资金用于产业发展的比重达到60%，成为推动帮扶产业发展的有力支撑。近些年脱贫地区帮扶产业发展出现分化，迫切需要分类明确针对性帮扶措施，推动帮扶产业提质增效、可持续发展。一是巩固一批，支持市场前景广、链条较完备的帮扶产业研发新技术新产品，推进产销精准衔接，打造区域公用品牌，促进融合发展。二是升级一批，支持资源有支撑、发展有基础的帮扶产业加快补上农业基础设施短板，升级田头保鲜、冷链物流等设施，促进加工增值。三是盘活一批，采取租金减免、就业奖补、金融信贷等措施，支持暂时出现经营困难或发展停滞的帮扶产业纾困。四是调整一批，及时调整发展难以为继的帮扶产业，妥善解决遗留问题，立足实际发展新的产业。

（三）**促进脱贫人口稳岗就业**。务工收入是脱贫人口的最主要收入来源，2023年脱贫人口务工总规模超过3300万人，务工收入约占脱贫人口收入的三分之二。促进脱贫人口持续较快增收，关键是稳定脱贫劳动力就业规模。今年将深入开展防止返贫就业攻坚行动，确保脱贫劳动力务工就业规模稳定在3000万人以上。拓宽外出就业渠道，落实东西部劳务协作帮扶责任，推进"雨露计划+"就业促进行动，实施国家乡村振兴重点帮扶县和大型易地搬迁安置区就业帮扶专项行动。促进就地就近

73. 巩固拓展脱贫攻坚成果有哪些重点工作？

就业，引导具备产业升级条件的帮扶车间发展为中小企业，统筹用好乡村公益性岗位，扩大以工代赈规模。提高脱贫劳动力就业技能，实施乡村工匠"双百双千"培育工程，鼓励各地组建区域劳务协作联盟，培育脱贫地区特色劳务品牌。

（四）**强化易地搬迁后续帮扶**。增强搬迁脱贫群众和搬迁安置区内生发展动力，支持易地搬迁安置区可持续发展。推进搬迁群众就业帮扶，开展有组织的劳务输出，强化就业服务培训，围绕安置区大力实施以工代赈项目。支持易地搬迁安置区有序承接东部地区产业转移，加大消费帮扶倾斜支持力度。持续深化安置社区治理，巩固提升安置区综合服务能力，引导社会组织在促进搬迁群众社会融入、特殊人群关爱、创业就业帮扶、养老服务等领域向易地搬迁集中安置区倾斜。构建优质均衡基本公共教育服务体系，提升易地搬迁安置地区医疗服务能力，加强养老服务设施和社会救助兜底保障，持续提高安置区公共服务水平。对易地搬迁至城镇后因人口增长出现住房困难的家庭，符合条件的统筹纳入城镇住房保障范围。

（五）**加大对重点地区帮扶支持**。国家乡村振兴重点帮扶县等重点地区巩固拓展脱贫攻坚成果任务重，实现加快发展难度大，需要集中各方面帮扶力量，加快提升整体发展水平。加大对国家乡村振兴重点帮扶县支持力度，将脱贫县涉农资金整合试点政策优化调整至160个国家乡村振兴重点帮扶县实施，加强整合资金使用监管。加大金融支持力度。持续开展医疗、教育干部人才"组团式"帮扶和科技特派团选派。深化东西部协作和定点帮扶，加强社会力量帮扶，优化驻村第一书记和工作队选派管理,深入推进"万企兴万村"行动,开展社会组织助力乡村振兴专项活动。

(张伟宾)

74. 在推进农村改革发展方面有哪些具体举措？

推进农村改革发展，是促进乡村全面振兴的重要举措。《政府工作报告》对稳步推进农村改革发展作出部署。今年年初印发的中央一号文件对提升乡村产业发展水平、提升乡村建设水平、提升乡村治理水平以及强化改革驱动等提出一系列重要举措。主要有以下四个方面。

（一）**强化农村改革创新**。改革是农业农村发展不断取得新成就的重要法宝。要鼓励各地实践探索和制度创新，强化改革举措集成增效，进一步激发乡村振兴的动力活力。一是稳步推进农村土地制度改革，启动第二轮土地承包到期后再延长30年整省试点，坚持"大稳定、小调整"，确保大多数农户原有承包权保持稳定、顺利延包。稳慎推进农村宅基地制度改革。二是深化农村集体产权制度改革，落实集体所有权、明晰农户财产权、放活资产经营权，赋予农民更加充分的财产权益，促进新型农村集体经济健康发展。三是加快构建现代农业经营体系，聚焦解决"谁来种地"问题，以小农户为基础、以新型农业经营主体为重点、以社会化服务为支撑，加快打造适应现代农业发展的高素质生产经营队伍。提升家庭农场和农民合作社生产经营水平，发展农业社会化服务。深化集体林权、农垦、供销社等改革，提高为农服务能力。

（二）**培育壮大乡村富民产业**。产业振兴是乡村振兴的重中之重，也是实际工作的切入点。要着眼促进农民增收，持续壮大乡村富民产业,提升乡村产业发展水平。一是大力发展乡村特色产业,依托农业农村特色资源,充分挖掘乡村在经济、生态、社会、文化等多个方面的独特价值,做好"土特产"文章。二是推动农产品加工业优化升级,促进农产品就近就地转化增值,推进农产品生产和初加工、精深加工协同发展,支持区域性预冷烘干、储藏保鲜、鲜切包装等初加工设施建设,提高加工流通效率和效益。三是促进农村一二三产业融合发展。坚持产业兴农、质量兴农、绿色兴农,加快构建粮经饲统筹、农林牧渔并举、产加销贯通、农文旅融合的现代乡村产业体系,把农业建成现代化大产业,促进更多优质农产品出村进城。

（三）**建设宜居宜业和美乡村**。乡村建设是推进乡村全面振兴的重要内容。要瞄准"农村基本具备现代生活条件"的目标,适应乡村人口变化趋势,增强乡村规划引领效能,优化村庄布局、产业结构、公共服务配置,扎实有序推进乡村建设各项工作。一是深入推进农村人居环境整治提升,稳步推进农村改厕,分类梯次推进农村生活污水治理,开展农村黑臭水体动态排查和源头治理,健全农村生活垃圾分类收运处置体系,完善农村再生资源回收利用网络。二是推进农村基础设施补短板,科学规划布局建设重点和次序,统筹推进农村供水保障、"四好农村路"、农村电网巩固提升等建设,加强农村充电桩、冷链物流、寄递配送等设施建设,加大农村危房和农房抗震改造力度,提高乡村基础设施完备度。三是提升农村基本公共服务水平,实施好农村基本公共服务提升行动,优化公共教育服务供给,改善农村寄宿制学校办学条件,办好必要的乡村小规模学校,推动服务重心下移、资源下沉,支持发展农村老年助餐和互助服

74. 在推进农村改革发展方面有哪些具体举措？

务，更好满足农民对优质公共服务的需求。四是加强农村生态文明建设，持续打好农业农村污染治理攻坚战，扎实推进化肥农药减量增效，一体化推进乡村生态保护修复，持续巩固长江十年禁渔成效，推进水系连通、水源涵养、水土保持，复苏河湖生态环境，强化地下水超采治理。

（四）加强和改进乡村治理。乡村全面振兴离不开稳定安宁的社会环境。要完善党组织领导的自治、法治、德治相结合的乡村治理体系，让农村既充满活力又稳定有序。坚持大抓基层鲜明导向，健全县乡村三级联动创先进、整顿后进机制，全面提升乡镇干部抓乡村振兴能力，完善党组织领导的村级组织体系，加强村干部队伍建设。完善推广积分制、清单制、数字化、接诉即办等务实管用的治理方式，推动解决"小马拉大车"等基层治理问题。实施乡村振兴人才支持计划，壮大乡村人才队伍。坚持和发展新时代"枫桥经验"，完善矛盾纠纷源头预防、排查预警、多元化解机制，深入推进平安乡村建设，健全农村扫黑除恶常态化机制，增强农民群众的获得感、幸福感、安全感。大力加强农村精神文明建设。改进创新农村精神文明建设，推动新时代文明实践向村庄、集市等末梢延伸，促进城市优质文化资源下沉，增加有效服务供给。持续推进农村移风易俗，坚持疏堵结合、标本兼治，创新移风易俗抓手载体，强化村规民约激励约束功能，持续推进高额彩礼、大操大办、散埋乱葬等突出问题综合治理。加强乡村优秀传统文化保护传承和创新发展。广泛开展乡村文体活动，办好中国农民丰收节。

（张伟宾）

75. 新型城镇化建设如何推进？

我国城镇化还有很大发展提升空间，2023年全国常住人口城镇化率为66.2%，而发达经济体城镇化率平均在80%左右。并且我国户籍人口城镇化率低于常住人口城镇化率，2022年我国户籍人口城镇化率只有47.7%，比当年常住人口城镇化率低17.5个百分点。坚持以人为本，深入推进新型城镇化，让更多的农业转移人口融入城市，既有利于拉动消费和投资、持续释放内需潜力，也有利于改善民生、促进社会公平正义，是推进中国式现代化的必由之路。

（一）加快农业转移人口市民化。深入实施新型城镇化战略行动，以农业转移人口为重点，兼顾其他非户籍常住人口，统筹推进户籍制度改革和城镇基本公共服务均等化，促进农业转移人口加快融入城市。一是深化户籍制度改革。全面落实城区常住人口300万以下城市取消落户限制的要求，推动城区常住人口300万至500万城市取消落户限制，完善超大特大城市积分落户政策，推动具备条件的都市圈和城市群实行户籍准入年限同城化累计互认。二是扩大城镇基本公共服务覆盖范围。聚焦农业转移人口最关心的子女教育、住房保障、社会保险等问题，提高非户籍人口在常住地享有基本公共服务水平。强化迁入地政府为农民工随迁子女提供义务教育的责任，提高学前教育普及普惠水平，鼓励有条件的县（市、区）将城镇常住人口

75. 新型城镇化建设如何推进？

全部纳入住房保障政策范围。扩大农业转移人口社会保障覆盖面，引导农业转移人口按规定参加职工基本养老和医疗保险，促进灵活就业人员和新就业形态劳动者参加养老保险。三是做好农业转移人口就业服务工作。完善就业公共服务平台，加强就业供需对接，促进农民工有序外出和就近就业。加强零工市场规范化建设，拓宽灵活就业渠道。加强农民工职业技能培训，推广订单、定向、定岗培训模式，面向新生代农民工开展职业技能培训，做好大龄农民工就业扶持。四是健全农业转移人口市民化配套政策。实行"人地钱"挂钩，中央和省级财政市民化奖励资金对农业转移人口落户规模大、新增落户多、基本公共服务成本高的地区加大支持，中央预算内投资、地方政府专项债券的资金安排向吸纳农业转移人口落户多的城市倾斜，落实城镇建设用地增加规模与吸纳农业转移人口落户数量挂钩政策。

（二）**推动县城成为新型城镇化的重要载体**。现在越来越多的农村居民到县城就医、就业、上学，要顺应人口集聚趋势，推动城镇化率低且人口规模大的市县，加快补齐基础设施和公共服务短板，协调推进新型工业化和城镇化，实现以产兴城、以城促产、以业聚人，更好满足农民就近就业安家需求。一是培育县域特色优势产业。优化产业链布局，健全产业跨地区转移机制，支持中西部地区市县积极有序承接东部地区产业转移。推动各市县依托资源禀赋和产业基础发展各具特色的优势产业，培育壮大新的增长点增长极。持续推进市县各类开发区、产业园区软硬件环境提档升级，完善产业园区配套政策。省级政府要"一县一策"引导各区县明确主导产业发展方向和培育要求,优化产业园区考核标准,引导产业项目在地区合理布局。二是增强县城综合承载能力。统筹县城生产、生活、生态、安全需要,因地制宜补齐县城短板弱项,促进县城产业配套设施提质增效、市政公用设施提档升级、公共服务设施提标扩面、环境基础设施提级扩能,同时要加强规模较大的中心镇建设。产粮大县承担着保障粮食安全的重任,要支持其提升公共服务能力,率先在粮食调出量大的主产省开展试点,重点支持基础教育学校、医疗卫生机构、养老托育服务机构等公共服务设施建设。引导人口持续减少的市县转型发展,促进人口和公共服务资源适度集中。

(三)优化城镇化空间布局和形态。我国经济发展的空间结构正在发生深刻变化,中心城市和城市群正在成为承载发展要素的主要空间形式。要提升城市群一体化发展和都市圈同城化发展水平,促进大中小城市和小城镇协调发展。一是有序培育现代化都市圈。推动超大特大城市加快转变发展方式,有序疏解非核心功能、推进优质教育医疗资源下沉,增强对周边市县辐射带动能力。培育一批现代化都市圈,着力提升同城化发展水平,加强基础设施互联互通、产业创新分工协作、公共服务共建共享。二是分类推动城市群发展。优化提升京津冀、长三角、珠三角、成渝、长江中游城市群,增强国际影响力。发展壮大山东半岛、粤闽浙沿海、中原、关中平原、北部湾等城市群,提升人口、经济集聚能力。培育发展哈长、辽中南、山西中部、黔中、滇中、呼包鄂榆、兰州—西宁、宁夏沿黄、天山

75. 新型城镇化建设如何推进?

北坡等城市群,促进国土空间均衡开发和经济布局优化。三是扎实推进成渝地区双城经济圈建设。推动重庆、成都合力建设现代基础设施网络,加快建设成渝中线高铁。聚焦汽车、电子信息、关键软件、装备制造、特色消费品等领域,共建有国际竞争力的先进制造业集群。联合开展毗邻地区自然保护地和生态保护红线监管,共筑长江上游生态屏障。推动出台川渝公共服务一体化深化便捷生活行动事项,提升公共服务便利化水平。

(四)深入推进县域内城乡融合发展。以县域为基本单元推进城乡融合发展,促进县乡村功能衔接互补、资源要素优化配置。一是促进县域内城乡基础设施一体化发展。推进城镇基础设施向乡村延伸,推动供气供热管网向城郊乡村和规模较大的中心镇延伸,以县域为单元推进城乡供水一体化、集中供水规模化建设,因地制宜实施小型供水工程规范化建设。探索污水垃圾收集处理、道路等城乡一体化管护。健全县乡村物流配送体系,促进农村客货邮融合发展。二是促进县域内公共服务资源共享。加强农村教育、文化、医疗、社会保障、养老托育等公共服务补短板。推进城乡学校共同体建设,促进县域普通高中发展提升。推广医疗卫生人员"县管乡用、乡聘村用",实施教师"县管校聘"改革。健全农村养老服务体系,因地制宜推进区域性养老服务中心建设。三是推进县域产业协同发展。整合县域优势资源,优化县域产业布局,完善县域产业园区配套设施,推进镇域产业集聚,提高一二三产业融合发展水平。支持建设一批农业现代化示范区、优势特色产业集群、国家现代农业产业园、农业产业强镇。推动休闲农业提质增效,建设一批全国休闲农业重点县。培育农业产业化联合体,将新型农业经营主体、涉农企业扶持政策与带动农户增收挂钩。

(刘日红)

76. 如何提高我国城市安全韧性水平?

安全韧性城市是指城市能够有效防范和抵御各种重大冲击，迅速恢复机能，保持城市核心功能正常运转，并在应对冲击中不断提升城市整体功能的城市范式。安全韧性是城市运行的重要基础，是城市可持续发展的重要内容。我国城市建设已经取得长足发展，但这些年在应对各类突发冲击中暴露出不少脆弱性。要注重补短板、强弱项、堵漏洞，加强城市基础设施建设，实施城市更新，加快提高城市基础设施质量和防风险能力，使城市既有"面子"也有"里子"，让人民群众享有更高品质的城市生活。

（一）加强城镇老旧小区等建筑改造。在前几年工作的基础上，继续推进 2000 年底前建成的需改造城镇老旧小区改造任务，完善小区配套设施，支持有条件的楼栋加装电梯，因地制宜建设小区停车、充电等设施，强化小区及周边环境整治，加强无障碍环境、适老化设施建设，提升城市社区设施条件和人居环境。以群众关切的"一老一幼"设施为重点，推动城市社区嵌入式服务设施建设，让群众在家门口享受到优质普惠社区服务。更新老旧街区，推动功能转换、活力提升。

（二）推进"平急两用"公共基础设施建设。总结三年多的疫情防控经验，需要加快推动超大特大城市将安全理念前移，在相关设施建设中先期嵌入疫情防控、应急减灾需求，打造"平急两用"公共基础设施,"平时"用作旅游、康养、休闲、市场流通等,"急时"可迅速转换为隔离安置或物资应急中转场所。具体来说,就是围绕城市辖区内的山区县(区),打造一批具有隔离功能的旅游居住设施,升级一批医疗应急服务点,新建或改扩建一批城郊大型仓储基地等,构建应急医疗和物资保障为一体、有机衔接的整体解决方案,提升城市应对突发公共事件的能力。

(三)**实施城中村改造**。城中村是在工业化、城镇化快速发展过程中形成的,普遍存在公共卫生安全风险大、房屋安全和消防安全隐患多、配套设施落后、环境脏乱差、社会治理难等突出问题。经过前些年持续改造,经济价值较高的地块基本被纳入改造计划,目前遗留下来的城中村建筑密度大、违章建筑多、产权关系复杂、拆迁安置成本高,多数都是难啃的"硬骨头"。要在总结前些年有益经验的基础上,综合采取拆除新建、整治提升、拆整结合等多种方式,按照城市标准有力有序有效推进。政策支持方面,对符合条件的项目,中央财政通过现有渠道适当给予补助,纳入地方政府专项债券支持范围,鼓励银行业金融机构按照市场化、法治化原则提供城中村改造贷款,适用现行棚户区改造有关税费支持政策。

(四)**增强城市防灾减灾能力**。这些年极端天气现象增多,城市内涝问题时有发生。要实施城市排水防涝能力提升工程,开展排涝通道系统整治,强化城市暴雨洪水预报,加快消除历史上严重影响生产生活秩序的易涝积水点,推进海绵城市建设。城市地下管线是维持城市运转的"生命线",我国城市很多早期

76. 如何提高我国城市安全韧性水平？

敷设的地下管线已经处于老旧状态，安全隐患问题突出。要推进城市生命线安全工程建设，对材质落后、使用年限较长、运行环境存在安全风险、不符合相关标准规范的城市燃气、供水、排水、供热等老化管道和设施实施更新改造。扎实开展自建房安全隐患整治。

（五）**推进绿色智慧城市建设**。加快建立地级及以上城市生活垃圾分类处理系统，稳步推进废旧物资循环利用重点城市建设和大宗固废综合利用示范，全面推进"无废城市"建设。推广绿色建材、清洁取暖和分布式光伏应用，加快既有建筑节能和供热计量改造。加快完善充电基础设施体系，便利新能源车使用。积极推进"千兆城市"建设，加强城市基础设施数字化、智能化更新改造。

（刘日红）

77. 如何提高区域协调发展水平？

我国区域发展协调性、平衡性不断增强，同时也面临发展极化现象突出、南北发展差距拉大等新问题。适应区域发展新形势，要优化完善区域政策体系，促进各类要素合理流动和高效集聚，充分发挥各地区比较优势，按照主体功能定位，积极融入和服务构建新发展格局，打造高质量发展新动能。

（一）**推动西部大开发形成新格局**。持续优化西部地区重大生产力布局，修订西部地区鼓励类产业目录，前瞻部署一批新材料、新能源装备制造重大工程，打造东西部产业合作重点平台，稳步推进西部骨干通道建设，高水平推进内陆开放和沿边开放。深入落实支持内蒙古、广西、云南、贵州等高质量发展的政策措施，提升西部地区发展动力和活力。

（二）**推动东北全面振兴取得新突破**。支持东北地区加快传统优势产业转型升级和新兴产业培育，增强粮食安全保障能力，筑牢北方生态安全屏障，加快建设交通、能源、信息等现代化基础设施，深化与东北亚区域合作，加快构筑我国向北开放新高地。推动东北地区冰雪经济发展，制定支持东北地区发展现代化大农业政策，编制东北地区批量增加耕地实施方案，实施东北地区国有企业振兴专项行动，完善支持东北全面振兴人才政策。

（三）**促进中部地区加快崛起**。落实好洞庭湖生态经济区规

77. 如何提高区域协调发展水平？

划，支持湘鄂赣、豫皖等省际合作发展和淮河沿线地区合作发展，出台支持湘赣中南部地区共同对接融入粤港澳大湾区建设的政策举措，实施中部地区先进制造业集群培育提升行动。推动粮食生产、能源原材料、现代装备制造及高技术产业基地建设，发展综合交通运输枢纽。

（四）**鼓励东部地区加快推进现代化**。加快培育世界级先进制造业集群，引领新兴产业和现代服务业发展，发挥对全产业链的稳链固链强链作用，巩固开放先导地位，提高创新能力和经济增长能级。支持福建探索海峡两岸融合发展新路，建设两岸融合发展示范区，加快平潭综合实验区建设。支持山东深化新旧动能转换、推动绿色低碳高质量发展，建设好济南新旧动能转换起步区。深入推进上海浦东、天津滨海、浙江舟山群岛、广州南沙、南京江北等国家级新区建设。

（五）**推进京津冀协同发展**。牢牢牵住北京非首都功能疏解这个"牛鼻子"，细化完善相关疏解政策。抓好雄安新区一揽子支持政策落实，推动雄安新区重大工程项目建设，推动实施新一批具备条件的北京非首都功能疏解项目。推进北京城市副中心城市功能配套设施建设。推动京津双城在交通、公共服务、社会治理、生态保护等方面加强合作。

（六）**深化长三角一体化发展**。紧扣一体化、高质量两个关键，出台实施持续深入推进长三角一体化高质量发展的政策措施。制定长三角生态绿色一体化发展示范区改革授权事项清单，协调解决长三角港口资源整合难点问题。制定支持上海加快"五个中心"建设重点领域配套政策。编制长三角地区未来产业协同发展规划。出台淮海经济区高质量发展规划纲要。

（七）**推动粤港澳大湾区建设**。围绕新发展格局的战略支点、高质量发展的示范地、中国式现代化的引领地的战略定位，制定实施新时期深化粤港澳大湾区建设的政策措施，辐射带动周边地区加快发展。推动珠江口一体化发展，支持汕头加快对接融入粤港澳大湾区建设。推进琼州海峡一体化发展。做好横琴粤澳深度合作区封关运作相关工作。

（八）**持续推进长江经济带高质量发展**。坚持共抓大保护、不搞大开发，统筹推进沿江产业布局和转移，继续加强长江经济带生态环境综合治理。以长江干流和主要支流沿线城市为重点，加快实施污水管网改造更新。出台持续推进长江十年禁渔工作的政策文件。有序推动纯电池动力船舶技术在中短途内河货船、短途中小型客船等应用。编制实施长江国家文化公园建设保护规划。

（九）**推动黄河流域生态保护和高质量发展**。打好黄河生态保护治理、污染防治、深度节水攻坚战，实施"一泓清水入黄河"等生态保护修复重大工程，支持沿黄省区因地制宜探索生态保护和高质量发展的创新路径。深入推进黄河支流综合治理。加大甘南—若尔盖黄河上游水源涵养区、乌梁素海、黄河口等重点区域生态保护力度。构建黄河流域生态保护长效机制，深化黄河上中下游毗邻地区合作发展。支持宁夏建设黄河流域生态保护和高质量发展先行区。推动山东、河南深化合作。

（十）**大力发展海洋经济**。完善精细化用海管理机制，强化国家重大项目用海保障，积极参与国际海洋合作，推进建设海

77. 如何提高区域协调发展水平?

洋强国。制定提升现代海洋城市、全国海洋经济发展示范区等建设水平的政策措施。实施一批海洋科技、装备、育种等重点工程。出台加强海岛海水淡化利用、海洋能规模化利用等政策措施。制定加强无居民海岛保护管理的政策。

（十一）**促进区域战略间联动融合发展**。创新促进区域协调发展体制机制，支持有条件的地区开展区域战略融合发展先行探索。出台推动产业跨地区梯度转移和优化布局的政策，深化东中西部产业协作。优化重大生产力布局，加强国家战略腹地建设。坚持陆海统筹，促进陆海在空间要素、产业布局、资源利用、生态环境等方面全方位协同发展。推进京津冀、长三角、粤港澳大湾区科创产业融合发展，加强关键核心技术联合攻关。支持粤桂深化合作，推动广西打造成为粤港澳大湾区的重要战略腹地，完善北部湾港口建设。提升海南自贸港与粤港澳的设施互联互通水平，促进两地相向发展。协同推进长江经济带、黄河流域绿色联动发展，强化源头地区生态环境保护合作，促进生态产品跨区域交易，优化配置长江—黄河流域水资源。分类实施帮扶政策，支持欠发达地区、革命老区、民族地区、生态退化地区、资源型地区和老工业城市等加快发展。加强边疆地区建设，深入推进兴边富民，支持边境城镇提升稳边固边能力。

（刘日红）

78. 怎样深入实施主体功能区战略？

主体功能区战略突出资源环境承载能力在实现人与自然和谐共生中的基础作用，突出各地在全国"一盘棋"中基于比较优势的功能定位，是优化国土空间格局的重要依据。当前，主体功能区战略实施面临一些新情况新问题。比如，与其他国家重大战略融合协同不够、主体功能分区相对单一、配套政策不够完善，等等。接下来要重点做好以下工作。

（一）**加强顶层设计**。研究制定新时期深化落实主体功能区战略和制度的意见，编制实施主体功能区优化实施规划，明确新时期战略实施的目标、任务、路径、政策和组织保障。

（二）**完善国土空间管控**。全面完成各级国土空间规划批复实施，完成长江经济带—长江流域、京津冀、成渝地区双城经济圈、黄河流域、长三角国土空间规划编制。在国土空间管控指标的约束下，结合不同主体功能区类型，根据耕地和永久基本农田保护红线、生态保护红线、城镇开发边界的优先序，统筹优化农业、生态、城镇等各类空间，提高土地资源配置精准性和利用效率。

（三）**构建主体功能综合布局**。衔接区域重大战略、区域协调发展战略，在更大区域范围统筹发展和保护，打造创新型区域经济体系，构建相对完整的区域生态系统和生态安全屏障，形成较高农产品自给保障能力。

（四）**优化主体功能分区**。立足资源禀赋和经济社会发展实

78. 怎样深入实施主体功能区战略？

际,优化调整城市化地区、农产品主产区、重点生态功能区布局,培育边境地区、能源资源富集区、历史文化资源富集区、海洋重点发展区等其他功能区,形成"3+N"格局。

(五)健全配套政策。制定出台土地利用、资源开发等配套政策。完善重点生态功能区财政转移支付制度,推动建立农产品主产区一般性转移支付制度。建立健全农产品主产区、重点生态功能区产业准入负面清单,加大中央预算内投资倾斜力度。

(六)强化战略落地实施。主要包括四个方面：一是优化监测评估和动态调整机制,从资源环境承载能力、人口和经济结构、自然资源利用等方面,对不同类型主体功能区进行监测评估,依据评估结果和国家重大战略实施等情况,对主体功能区名录进行动态调整。二是建立健全差异化绩效考核评价机制。农产品主产区重点考核耕地规模和质量、农业综合生产能力、农民收入等指标。重点生态功能区重点考核生态保护红线、生态环境质量、生态产品价值实现、产业准入负面清单执行、绿色发展等指标,地区生产总值及工业增加值、财政收入、固定资产投资等不列入考核范围,继续探索 GEP 绩效考核制度。城市化地区重点考核地区生产总值、财政收入、要素集聚程度、城镇土地(建设用海)产出效率、单位地区生产总值能耗等指标。三是鼓励地方结合主体功能定位优化行政机构设置,重点生态功能区、农产品主产区可适当整合精简工业领域部门,进一步提高行政效能。四是选择典型区域和市县开展综合试点,给予充分改革探索空间和必要支持,探索更加体现主体功能区要求的发展新模式、新路径,形成可复制可推广的经验。

(刘日红)

79. 生态环境综合治理如何加强？

良好生态环境是最公平的公共产品，是最普惠的民生福祉。习近平总书记一直高度重视生态环境综合治理，去年在全国生态环境保护大会和中央经济工作会议上又对这方面工作作出新的重要部署。李强总理在《政府工作报告》中对推动生态环境综合治理作出安排部署。下一步，将重点抓好以下工作。

（一）持续深入推进污染防治攻坚。坚持精准治污、科学治污、依法治污，深入推进环境污染防治，持续改善生态环境质量。

深入实施空气质量持续改善行动计划。以京津冀及周边、长三角、汾渭平原等重点区域为主战场，以细颗粒物控制为主线，强化源头管控、多污染物协同控制和区域污染协同治理。因地制宜有序推进北方地区清洁取暖，高质量推进钢铁、水泥、焦化行业超低排放改造，大力推进"公转铁"、"公转水"，扎实推进柴油货车污染防治攻坚行动。加强区域联防联控，深化重污染天气重点行业绩效分级。

统筹水资源、水环境、水生态治理。着力保障河湖基本生态用水，完善河湖生态流量管理机制，加强河湖生态流量监管。深入推进重点流域水污染防治，加强饮用水水源地环境监管，强化入河入海排污口排查整治，深化工业园区水污染整治，推进城镇污水收集处理，分类推进黑臭水体整治。推动建立水

79. 生态环境综合治理如何加强?

生态考核机制,加大保护修复力度,着力以水岸共治促进水清岸绿。

加强土壤污染源头防控。强化优先保护类耕地保护,整县推进耕地土壤污染源排查整治,扎实推进受污染耕地安全利用和风险管控。依法加强建设用地用途变更和污染地块风险管控的联动监管,严格居住用地、公共管理与公共服务用地准入管理,加强关闭搬迁企业腾退地块土壤污染管控。深化土壤污染防治先行区、地下水污染防治试验区建设,稳妥有序开展地下水污染防治重点区划定。

强化固体废物、新污染物、塑料污染治理。全面推进"无废城市"建设,着力打造一批"无废城市"建设标杆。加强固体废物综合治理,限制商品过度包装,全链条治理塑料污染。深化全面禁止"洋垃圾"入境工作,严防各种形式固体废物走私和变相进口。落实新污染物治理行动方案和新化学物质环境管理登记制度,开展新污染物环境信息统计调查、风险评估和管控。

(二)**着力提升生态系统多样性、稳定性、持续性**。从生态系统整体性出发,坚持山水林田湖草沙一体化保护和系统治理,持之以恒推进生态建设。

加强生态环境分区管控。科学划分生态环境管控单元,通过环境评价合理确定优先保护、重点管控、一般管控三类管控单元。精准编制差异化生态环境准入清单,聚焦解决突出生态环境问题,提出"一单元一策略"的生态环境准入要求。加强生态环境分区管控成果实施应用,将管控要求融入相关政策制定和规划编制，落实到环境准入、环境管理等工作中。积极提升管理和服务效能，促进生态环境分区管控系统与其他有关业务系统加强信息共享、业务协同。

组织打好"三北"工程三大标志性战役。抓好一批标志性项目，为实施好"三北"工程六期规划打牢基础。继续支持引导中央企业深度参与"三北"工程建设，实施浑善达克—科尔沁沙地南缘综合治理项目，发挥生态治理和绿色产业融合发展示范作用。统筹用好各方面资金，鼓励地方探索采用先建后补、以工代赈等方式参与"三北"工程建设。

推进以国家公园为主体的自然保护地建设。完善自然保护地法律法规体系，推动出台《国家公园法》，修订《自然保护区条例》《风景名胜区条例》。高质量建设国家公园，逐步建设完善"天空地"一体化监测体系，妥善处置历史遗留问题，稳妥有序推进设立新的国家公园。推动整合优化现有各类自然保护地，更好划分边界范围和功能分区。

加强重要江河湖库生态保护治理。强化丹江口库区及其上游流域水质监管，从源头上保障好南水北调水质安全。加快实施永定河、洞庭湖等重点河湖综合治理与生态修复，严格河湖水域岸线空间管控，强化涉河建设项目全过程监管。针对河湖库乱占、乱采、乱堆、乱建等问题，纵深推进"清四乱"常态化规范化。落实全国重点河段、敏感水域河道采砂管理有关各方责任，严厉打击非法采砂。

持续推进长江十年禁渔。加强执法监管，健全执法协作机制，用好信息化手段、智能化设施，有效应对违规垂钓等新情

79. 生态环境综合治理如何加强？

况新问题。做好退捕渔民安置保障，推动存在返贫风险的退捕渔民纳入监测帮扶范围，加大职业技能培训、公益性岗位安置力度。加快推进长江水生生物多样性恢复，加强中华鲟、长江江豚等重点物种保护。

实施生物多样性保护重大工程。加强就地保护与栖息地修复，推进生态系统整体性保护，提升国家重点保护物种保护水平。实施迁地保护与种质资源保护，逐步建立国家植物园体系，建设珍稀濒危野生动物种源繁育基地，进一步建设国家种质资源库。强化生物安全风险防控，提高生物安全监管应急处置能力。支持生物资源科学合理规范利用，开展生物资源开发利用、生物遗传资源获取与惠益分享。完善生物多样性评估体系，建立生物多样性调查与监测长效机制。推动生物多样性保护进一步融入经济、社会发展全过程，促进应对气候变化、环境污染治理、保护生物多样性协同发展。

（高振宇）

80. 加强生态环境分区管控有哪些具体措施？

生态环境分区管控是以保障生态功能和改善环境质量为目标，实施分区域差异化精准管控的环境管理制度。2023年11月，习近平总书记主持召开中央全面深化改革委员会第三次会议，审议通过《关于加强生态环境分区管控的指导意见》，并对做好这项工作作出重要部署。李强总理在《政府工作报告》中对加强生态环境分区管控提出明确要求。下一步，有关方面将组织各地分级编制发布和实施本行政区内生态环境分区管控方案，重点开展以下几方面工作。

（一）**科学划分生态环境管控单元**。这是实施生态环境分区管控的基础支撑。基于生态环境结构、功能、质量等区域特征，通过环境评价，充分考虑生态系统功能、生物多样性、污染物排放、资源环境承载能力等，以生态、大气、水、土壤、声、海洋等各要素管控分区成果为基础，衔接行政边界，合理确定优先保护、重点管控、一般管控三类生态环境管控单元。

（二）**精准编制差异化生态环境准入清单**。这是加强生态环境分区管控的重要依据。全面落实市场准入负面清单，根据生态环境功能定位，聚焦解决突出生态环境问题，系统集成生态环境管理要求，从管控污染物排放、防控环境风险、提高能源资源利用效率等方面，提出"一单元一策略"的生态环境准入要求，引导产业科学布局、有序转移、转型升级。

80. 加强生态环境分区管控有哪些具体措施？

（三）**统筹推进生态环境分区管控的实施应用**。这是发挥生态环境分区管控作用的关键环节。利用生态环境分区管控成果，服务国家和地方重大发展战略实施，科学指导各类开发保护建设活动。推动各级政府及有关部门将生态环境分区管控要求融入涉及区域开发建设活动、产业布局优化调整、资源能源开发利用等政策制定和相关规划编制中。运用生态环境分区管控成果，推动完善规划环评、项目环评、产业园区开发建设活动管理，发挥在生态环境源头预防体系中的基础性作用。强化生态环境分区管控与生态环境管理政策协同，推进与各要素环境管理、执法和监督工作的协调联动。

（四）**深入推进生态环境分区管控数字化建设**。这是提升生态环境分区管控管理效能的有效途径。以生态环境分区管控信息管理平台为载体，在线办理生态环境分区管控成果备案、跟踪评估等业务，提供数据管理、成果查询等服务。加强与其他业务系统互联互通、数据共享共用，妥善运用物联网、人工智能等新技术新手段，不断提高生态环境分区管控的效率和水平。

（五）**加强生态环境分区管控实施情况评估和监管**。这是促进生态环境分区管控落实落地的有力保障。各级生态环境部门将适时对地方生态环境分区管控工作开展情况进行年度跟踪和五年评估，深入了解相关制度建设、工作推进、实施成效等情况，及时完善政策、改进工作。加强生态环境分区管控实施情况日常监督管理，有针对性地实施奖励和处罚，推动生态环境分区管控落到实处、见到实效。

（高振宇）

81. 如何进一步推进以国家公园为主体的自然保护地建设？

自然保护地在维护国家生态安全中居于首要地位。习近平总书记在党的二十大报告中强调，推进以国家公园为主体的自然保护地体系建设。李强总理在《政府工作报告》中对这项工作提出明确要求。经过多年不懈努力，我国初步建立以国家公园为主体、以自然保护区为基础、以各类自然公园为补充的自然保护地体系，已正式设立三江源、大熊猫等首批5个国家公园，建有各类自然保护地近万处，各类自然保护地面积占到陆域国土面积的18%，90%的陆地自然生态系统类型、74%的国家重点保护野生动植物物种得到了有效保护。下一步，将继续贯彻落实中共中央办公厅、国务院办公厅《关于建立以国家公园为主体的自然保护地体系的指导意见》等文件要求，推进以国家公园为主体的自然保护地建设。重点将做好以下几方面工作。

（一）健全自然保护地法律法规体系。推动出台《国家公园法》，修订《自然保护区条例》、《风景名胜区条例》，研究形成规范自然保护地管理的措施，为自然保护地建设管理提供完善的法律法规和制度保障。

（二）高质量建设国家公园。组织国家公园编制保护修复、科研监测等专项实施方案，细化弹性管理措施，妥善处置矿业

81. 如何进一步推进以国家公园为主体的自然保护地建设？

权、小水电、人工商品林等历史遗留问题。逐步建设完善国家公园"天空地"一体化监测体系，统筹推进科研、监测、宣教三大平台建设。稳妥有序推进设立新的国家公园，逐步把自然生态系统最重要、自然景观最独特、自然遗产最精华、生物多样性最富集的区域纳入国家公园体系。

（三）推动整合优化现有各类自然保护地。因地制宜解决自然保护地区域交叉、空间重叠的问题，将符合条件的优先整合设立国家公园，其他各类自然保护地按照同级别保护强度优先、不同级别低级别服从高级别的原则进行整合。对同一自然地理单元内相邻、相连的各类自然保护地进行合并重组，打破因行政区划、资源分类造成的条块割裂局面，合理确定归并后的自然保护地类型和功能定位，优化边界范围和功能分区，实现对自然生态系统的整体保护。

（高振宇）

82. 怎样发展绿色低碳经济？

生态环境问题归根结底是发展方式问题。习近平总书记多次强调，坚持把绿色低碳发展作为解决生态环境问题的治本之策，加快形成绿色生产方式和生活方式。李强总理在《政府工作报告》中，对大力发展绿色低碳经济作出安排部署。下一步，要推进产业结构、能源结构、交通运输结构、城乡建设发展绿色转型，把经济活动、人的行为限制在自然资源和生态环境能够承受的限度内，在绿色转型中推动发展实现质的有效提升和量的合理增长。

（一）落实全面节约战略。节约资源是我国的基本国策，是维护国家资源安全、推进生态文明建设、推动高质量发展的一项重大任务。今年将加大节能降碳工作力度，制定节能降碳行动方案，分行业分领域实施节能降碳专项行动，滚动提升能耗和碳排放相关标准，加大对重点领域节能降碳改造支持力度，加快既有建筑节能和供热计量改造。出台节约用水条例，强化水资源节约集约利用，严格水资源总量和强度指标管控，提升重点用水行业、产品用水效率，加快推进农业节水增效、工业节水减排、城镇节水降损。开展非常规水资源利用提升行动，制定加快发展节水产业的指导意见。同时，着眼推动节地、节材、节矿，健全节约集约利用土地制度，推进原材料节约和资源循环利用，推进绿色矿山建设。

82. 怎样发展绿色低碳经济？

（二）**完善支持绿色发展的政策举措和相关市场化机制**。推动绿色低碳发展，需要促进有效市场和有为政府更好结合，充分调动各方面的积极性。下一步，将加大财政支持力度，优化生态文明建设领域财政资源配置。强化税收政策支持，严格执行环境保护税法，完善征收体系。大力发展绿色金融，支持符合条件的企业发行绿色债券，引导各类金融机构和社会资本加大投入，探索区域性环保建设项目金融支持模式，稳步推进气候投融资创新。综合考虑企业能耗、环保绩效水平，完善高耗能行业阶梯电价制度。同时，健全资源环境要素市场化配置体系，把碳排放权、用能权、用水权、排污权等纳入要素市场化配置改革总盘子。完善生态产品价值实现机制，推进生态环境导向的开发模式和投融资模式创新。健全生态保护补偿制度，出台生态保护补偿条例，推进生态综合补偿，真正让保护者、贡献者得到实惠。

（三）**推动废弃物循环利用产业发展**。加强废弃物循环利用，对于减少资源消耗、实现减污降碳协同增效都具有重要意义。今年2月，国务院办公厅印发《关于加快构建废弃物循环利用体系的意见》。下一步，将以提高资源利用效率为目标，加快构建覆盖全面、运转高效、规范有序的废弃物循环利用体系。推进废弃物精细管理和有效回收，加强工业废弃物、农业废弃物、社会源废弃物精细管理和分类回收。提高废弃物资源化和再利用水平，强化大宗固体废弃物综合利用，加强废旧家电家具等再生资源高效利用，引导二手商品交易便利化规范化，促进废旧装备再制造。加强废旧动力电池等重点废弃物循环利用，探索新型废弃物循环利用路径。完善支持政策和用地保障等机制，培育壮大资源循环利用产业，推动产业集聚化发展，引导行业规范发展。

（四）促进节能降碳先进技术研发应用。这是影响绿色低碳经济发展水平和竞争力的关键因素。下一步，将着力推进绿色低碳科技自立自强，创新生态环境科技体制机制，构建市场导向的绿色技术创新体系。把减污降碳、多污染物协同减排等作为国家基础研究和科技创新的重点领域，加强关键核心技术攻关。加强企业主导的产学研深度融合，引导企业、高校、科研单位共建一批绿色低碳产业创新中心，加大高效绿色环保技术装备产品供给。实施生态环境科技创新重大行动，建设生态环境领域大科学装置和重点实验室等创新平台。加强绿色低碳技术推广，组织实施绿色低碳先进技术示范工程，推进绿色产业示范基地建设。

（五）建设美丽中国先行区。我国各地环境条件、产业状况差别较大，在一些具备条件的地方率先建设美丽中国先行区，可以积累先进经验，增强示范带动作用。下一步，将聚焦区域协调发展战略和区域重大战略，加强绿色发展协作，打造绿色低碳发展高地。一方面，突出重点、分类指导，立足区域功能定位，有针对性地制定政策措施，集中解决区域性流域性生态环境问题。比如，在长江经济带，重点是坚持共抓大保护，建设人与自然和谐共生的绿色发展示范带；在黄河流域，重点是坚持以水定城、以水定地、以水定人、以水定产，建设生态保护和高质量发展先行区。另一方面，强化协作、凝聚合力，打

82. 怎样发展绿色低碳经济？

破传统以行政区域为单位的环境治理模式，强化生态环境共保联治。比如，京津冀地区将不断完善生态环境协同保护机制，粤港澳大湾区将持续深化生态环境领域规则衔接、机制对接，长三角地区将着力推进共保联治和一体化制度创新。同时，鼓励各地区充分发挥自身特色，立足本地实际谱写美丽中国建设省域篇章。

（高振宇）

83. 如何积极稳妥推进碳达峰碳中和?

习近平总书记指出,我们承诺的"双碳"目标是确定不移的,但达到这一目标的路径和方式、节奏和力度则应该而且必须由我们自己作主。要坚持先立后破、稳中求进、循序渐进,在绿色低碳转型过程中保障能源安全、产业链供应链安全、粮食安全和群众正常生产生活。

(一)深入实施2030年前碳达峰行动方案。将碳达峰贯穿于经济社会发展全过程和各方面,推动重点领域、重点行业和有条件的地方率先达峰。实施能源绿色低碳转型行动,大力发展风能、太阳能、生物质能、海洋能、地热能等新能源,不断提高非化石能源消费比重。实施工业领域碳达峰行动,优化产业结构,加快退出落后产能,大力发展战略性新兴产业,加快传统产业绿色低碳改造。推进城乡建设绿色低碳转型,加快既有建筑和市政基础设施节能降碳改造,推动超低能耗、低碳建筑规模化发展。加快形成绿色低碳运输方式,大力推进"公转铁"、"公转水",加快铁路专用线建设,提升大宗货物清洁化运输水平。推进山水林田湖草沙一体化保护和修复,提高生态系统质量和稳定性,提升生态系统碳汇增量。增强全民节约意识、环保意识、生态意识,倡导简约适度、绿色低碳、文明健康的生活方式。

(二)构建清洁低碳安全高效的能源体系。要深入推进能源

83. 如何积极稳妥推进碳达峰碳中和？

革命，控制化石能源消费，加快建设新型能源体系。加快构建新型电力系统，大力提升新能源安全可靠替代水平。推动风电光伏高质量发展，启动全国风电和光伏发电资源普查，加强大型风电光伏基地和外送通道建设，推动分布式能源开发利用，持续推动光热发电规模化发展。积极稳妥推动海上风电开发建设。稳步推动可再生能源制氢项目发展，积极安全有序发展核电，开工建设一批条件成熟的沿海核电机组，积极稳妥发展水电。提高电网对清洁能源的接纳、配置和调控能力。持续优化完善主网架，推动跨省份输电通道核准建设，增强电力省间互济能力，推动配电网高质量发展，加快推进煤电等支撑性调节性电源建设，积极发展虚拟电厂、负荷聚合商、综合能源服务等新业态，挖掘用户侧灵活调节潜力。发展新型储能，促进新型储能与电力系统各环节融合发展。促进绿电使用和国际互认。落实绿证全覆盖等工作部署，加快制定绿证核发和交易规则。充分利用多双边国际交流渠道，推动国际机构特别是大型国际机构碳排放核算方法与绿证衔接。抓好煤炭、油气资源低碳清洁高效利用。煤炭利用要实现全过程全要素清洁低碳。合理控制石油消费增速，科学优化天然气消费结构，大力推进油气输送降碳提效，积极推动油气加工转型升级，深入开展碳捕集技术研发应用。

（三）推动减污降碳协同增效。开展多领域、多层次协同创新试点，提升多污染物与温室气体协同治理水平。编制国家温室气体清单。实施甲烷排放控制行动方案，研究制定其他非二氧化碳温室气体排放控制行动方案。强化挥发性有机物全流程、全环节综合治理。推进玻璃、石灰、矿棉、有色等行业污染深度治理，推进钢铁、水泥、焦化等行业及燃煤锅炉超低排放改造。全面开展锅炉和工业炉窑简易低效污染治理设施排查，通过清洁能源替代、升级改造、整合退出等方式实施分类处置。坚决遏制"两高"项目盲目发展，对"两高"项目实行清单管理、分类处置、动态监控，全面排查在建项目，科学评估拟建项目，深入挖潜存量项目。

（四）不断完善和发展碳市场。我国的碳市场由碳排放权交易市场和温室气体自愿减排交易市场组成。进一步发展全国碳排放权交易市场，扩大行业覆盖范围，不断丰富交易品种、交易主体、交易方式，激发市场活力，充分发挥市场机制在碳减排资源配置中的决定性作用。逐步推行免费分配和有偿分配相结合的碳配额分配方式，适时引入有偿分配并逐步提升有偿分配比例。促进全国温室气体自愿减排交易市场稳定运行。加快研究和发布温室气体自愿减排项目方法学等技术规范，为相关领域自愿减排项目审定、实施与减排量核算、核查提供依据。

（五）推动能耗双控逐步转向碳排放双控。这是积极稳妥推进碳达峰碳中和的重要制度保障。2023年，中央全面深化改革委员会第二次会议审议通过《关于推动能耗双控逐步转向碳排放双控的意见》，提出了有计划、分步骤推动制度转变的工作安排和实施路径。要提升碳排放统计核算核查能力，深化核算方法研究，加快建立统一规范的碳排放统计核算体系。支持行业、企业依据自身特点开展碳排放核算方法学研究，建立健全碳排放计量体系。加快建立产品碳足迹管理体系，制定产品碳足迹

83. 如何积极稳妥推进碳达峰碳中和？

核算基础通用国家标准，明确产品碳足迹核算边界、核算方法、数据质量要求和溯源性要求等。在确保方法统一和数据准确可靠的基础上，建立相关行业碳足迹背景数据库，为企业开展产品碳足迹核算提供公共服务。

（王胜谦）

84. 稳就业促增收有哪些措施?

促就业是政府的重要职责。随着经济持续回升向好,做好今年稳就业工作具有较好基础和条件。但同时经济运行仍存在不确定因素,就业总量压力不减,结构性矛盾凸显,稳就业还面临不少困难挑战。要认真贯彻党中央关于把稳就业提高到战略高度通盘考虑的重要要求,坚持实施好就业优先战略,加力实施和完善有利于稳就业的政策举措。

(一)在推动高质量发展中促进就业增长。解决就业问题最终要靠发展,实现高质量充分就业必须紧紧依靠高质量发展。一是支持就业容量大的行业企业发展。制造业、接触型服务业等行业具有就业容量大、带动效率高的优势特点。在实施经济社会发展规划计划时,要积极发展具有就业竞争力的产业,努力拓展就业岗位,推动重点企业用工服务保障向中小企业延伸,不断推动就业量的扩大和质的提升。二是在发展新动能过程中培育新的就业增长点。大力发展数字经济、绿色经济,推动传统产业高端化、智能化、绿色化转型,培育壮大先进制造业集群,创造更多智力密集型就业机会。三是大力开发社会民生领域就业岗位。当前,养老、托育、助残、社区工作、慈善公益等社会民生领域服务需求旺盛、岗位空间充足。据统计,全国有3200多万失能半失能老年人,而目前专业养老护理员仅34万人,按3∶1的国际一般标准,缺口达1000多万人;全国3岁

84. 稳就业促增收有哪些措施？

以下婴幼儿有近 3000 万，三分之一以上婴幼儿家庭有托育需求，目前从业人员仅有 100 多万人；全国有 1700 多万重度残疾人，每年 600 万人有康复需求；全国 65 万个城乡社区仅有 400 多万社区工作者，平均每个社区仅有 6 人左右，与实际需求缺口很大；全国还有 90 万家社会组织，目前从业人员 1100 多万，就业空间很大。要大力开发社会民生领域就业岗位，加大对社会服务机构的支持力度，鼓励引导扩大就业岗位、吸纳更多就业。文化旅游等行业就业带动力强，据测算，每增加 1 个旅游业直接就业机会，能间接带动 5—7 个就业岗位，要深挖潜力、着力释放消费需求，扩大就业空间。

（二）加大对稳就业的政策支持力度。针对今年就业面临的新情况，需要在三个方面加大力度。一是加大宏观政策支持力度。各地区各部门在制定出台政策举措时，有利于稳就业促就业的政策要多出早出，对就业有收缩和抑制作用的举措要慎出少出，财税、金融、产业、环保等政策要充分考虑稳就业需要。今年中央预算内投资、专项债、国债等政府性投资规模是近年来较高的，实施大规模设备更新和消费品以旧换新、加强技术改造也将创造大量就业机会，要充分发挥对就业的带动作用，着力扩大就业增量。二是加大促就业专项政策力度。这方面涉及的政策比较多，包括税费减免、就业补助、稳岗扩岗专项贷款等。对常态化实施的政策，要根据实施情况及时加以完善，扩大范围、增强实效；对稳岗返还、一次性吸纳就业补贴等阶段性政策，要适时进行评估，该延续的延续、需调整优化的调整优化，保持政策的稳定性连续性。三是强化稳就业政策储备。

要加强对就业走势的预研预判,针对潜在的风险隐患,做好前瞻性政策储备,不断丰富稳就业政策工具箱,确保一旦需要及时推出,坚决防范和化解规模性失业风险。

（三）努力促进城乡居民通过劳动就业增收。《政府工作报告》提出今年居民收入增长与经济增长同步,目标更积极、难度也很大。一方面,要支持鼓励更多群众通过就业实现增收致富。调查显示,当前居民人均可支配收入的七成、脱贫家庭收入的八成,都来自工资性收入和经营性收入,可以说就业创业是居民收入的主要来源。要积极创造更多就业机会,鼓励群众广泛参与就业活动,提高全社会劳动参与率,夯实增收的基础。另一方面,要强化政策支持和改革力度。深化收入分配制度改革,研究制定扩大中等收入群体、促进低收入群体增收的措施,完善企业薪酬调查和信息发布机制,引导企业合理确定工资水平。去年不少省份上调了最低工资标准,今年一些符合调整条件的省份还将继续作出合理调整,要健全最低工资标准评估机制,保障低收入劳动者获得合理的工资报酬。

（乔尚奎）

85. 如何促进高校毕业生等重点群体就业？

高校毕业生、退役军人、农民工、就业困难人员等，是做好就业工作需要突出的重点群体。要强化分类施策，确保高校毕业生等重点群体稳定就业，确保脱贫人口务工规模保持在3000万人以上。

（一）**强化高校毕业生等青年促就业举措**。预计今年高校毕业生超过1170万人，再创历史新高，必须采取更有力举措解决好他们的就业问题。在就业渠道上，要充分发挥市场化就业主渠道作用。据统计，近年来高校毕业生到各类经营主体就业保持在六成左右，要落实和完善税收减免、职业培训补贴、社会保险补贴等政策，支持各类企业特别是民营企业扩大招聘规模。支持新一代信息技术、新能源等中高端制造业及现代服务业创造更多适合毕业生的岗位，在产业、就业等政策上给予倾斜。对机关事业单位、国有企业等政策性岗位，要稳定招聘规模，优化招聘安排，为毕业生求职留足时间。在就业导向上，要积极鼓励毕业生到基层一线去、到艰苦边远地方去，扎实实施"三支一扶"计划、特岗计划、西部计划等基层服务项目，提升大学生乡村医生专项计划等项目质效，落实好国家助学贷款代偿、放宽职称评审条件等支持政策。在服务指导上，要一手抓职业指导，针对毕业生存在的慢就业、缓就业等问题，加强就业政策宣介、信息推送，进行职业规划和就业创业指导，帮助他们转变就业观念、提升求职能力；一手抓就业促进服务，组织实施好就业服务攻坚行动、"千校万岗"招聘等就业服务活动，为他们提供贯穿全年、衔接校内外的"不打烊"服务。对离校未就业毕业生，困难家庭、残疾等毕业生和长期失业青年，要加强重点帮扶，促进尽早就业。同时，加强高等教育学科专业结构调整优化，推进高校课程体系改革，深化校企合作，减少人岗结构性错配。

（二）多渠道促进外出和返乡农民工就业。目前我国农民工超过2.9亿人，稳就业的任务比较重。一是努力稳定和扩大脱贫人口务工规模。脱贫人口稳定就业是确保不发生规模性返贫的关键所在。要加强劳务输出省份和输入省份的衔接协作，准确了解脱贫人口务工需求，优先提供就业信息、落实就业岗位。经济大省要发挥就业承载力强的优势，力争吸纳更多外地脱贫人口就业，为全国稳就业大局多作贡献。要大力培育劳务品牌，巩固劳务协作成果，加大对国家乡村振兴重点帮扶县脱贫人口帮扶力度。二是努力为外出农民工提供更多就业岗位。外出农民工约占农民工总量的60%，要坚持开展"春风行动"、"联合招聘"等各类促就业活动，聚焦农民工和有用工需求的用人单位，集中开展引导有序外出、组织招聘用工等服务，确保全年外出农民工稳中有增。要加强农民工务工地就业服务，监测企业用工状况，有针对性地完善帮扶措施。三是强化返乡就业农民工支持。要结合推进乡村全面振兴，壮大乡村富民产业，吸引有经验、有技术的农民工返乡创业。挖掘返乡创业园场地资源，培育一批创业孵化基地，从政策、服务、金融等方面完善

85. 如何促进高校毕业生等重点群体就业？

支持举措，为返乡农民工创业提供全方位支持。

（三）**统筹做好退役军人安置和帮扶就业**。要用好相关政策，深入挖掘退役军人人力资源潜能，促进就业安置、发挥最大效用。在计划安置上，要创新完善机制，拓宽安置渠道，盘活安置岗位资源，更好地体现岗位与服役贡献挂钩、与个人德才匹配。要推进"阳光安置"，进一步规范安置移交方式和程序，建立健全通过考试考核竞争选岗的安置模式，确保公平公正。在就业扶持上，要加强培训和帮扶，促进高质量充分就业。继续完善支持退役军人就业创业的金融、税收、场地等政策，推动与各类企业深化合作，创造更多优质岗位资源。要扎实开展针对性培训，强化以转变择业观念为主导的适应性培训，健全以就业为导向、供需一体的技能培训体系，支持退役军人稳定就业、更好创业。近年来，不少退役军人在基层治理、乡村振兴等领域充分发挥优势专长，实现了一举多得的效果。要完善相关的培养选拔、组织保障等机制，为退役军人创造更多施展才华的舞台。

（四）**加大对困难人员的就业帮扶力度**。重点是4000多万低保群众、200万需要帮扶的残疾人、数百万零就业家庭成员等就业困难群体。一方面，要组织开展好就业援助活动。进一步摸清困难人员底数，分类实施岗位推送、创业指导、技能培训等援助措施，帮助更多人实现就业。对通过市场化渠道难以就业的，符合条件的要纳入公益性岗位予以安置保障，对受灾的困难群众，尽可能开发一些临时的公益性岗位，解决部分受灾群众短期内难以外出就业的问题。另一方面，要加强对特殊困难就业人员的帮扶力度。继续实施好促进残疾人就业三年行动,创新打造"美丽工坊"等残疾妇女就业品牌项目,促进多渠道就业。对失业人员特别是其中的困难人员,既要按规定为符合条件的参保失业人员及时足额发放失业保险金,也要加强就业指导、技能培训和岗位信息推介,促进尽快就业。

(乔尚奎)

86. 加强就业服务和权益保障有哪些具体措施？

加强就业服务、保障劳动者合法权益，是政府履行促就业职责的重要内容。要充分发挥我国就业服务体系的优势作用，加大劳动者权益保障力度，为稳就业创造良好环境。

（一）**大力提升就业服务质量**。主要从三个方面着力：一是用好公共就业服务体系。目前，我国已经建立了覆盖城乡的五级公共就业服务体系，其中县级以上人社部门的公共就业服务机构有 4700 余家，超过 98% 的街道（乡镇）、社区（村）设立了专门的服务窗口，还有 1200 多个公共就业服务网站。对职业介绍、职业指导等 10 类免费获取的基本公共就业服务，要全面提高服务质效，同时推动就业服务向基层延伸，打造"15 分钟就业服务圈"、家门口就业服务站。组织开展好 2024 年全国公共就业服务专项活动，加快推进全国统一的公共就业服务平台建设，汇集各地公共就业服务资源，形成服务合力。二是完善灵活就业服务。将灵活就业服务全面纳入政府公共就业服务范围，依托全国已建成运行的 6900 多家零工市场，着力提升服务功能、规范运行模式、丰富服务内容。针对平台就业、打零工等不同类型灵活就业人员的特点，拓宽线上线下服务渠道和方式；对跨区域流动就业的，进一步便利社保参保缴费、畅通社保关系转移接续。三是发挥人力资源服务机构作用。全国有 6.3 万家市场化人力资源服务机构、2.1 万个人力资源服务网站，规模大、专业化程度相对高,也更贴近市场。要积极引导他们参与重点群体公共就业服务、重点企业用工保障等,提升就业指导、职业规划等服务功能,更好满足劳动者多样化的择业需求。

(二)适应发展需要加强职业技能培训。围绕提升劳动者就业能力、促进缓解就业结构性矛盾,推动职业技能培训进一步聚焦聚力、提升效能。一是突出重点行业和急需紧缺工种强化培训。据有关方面预测,"十四五"期末我国制造业重点领域技能人才缺口将达到3000万人,要聚焦战略性新兴产业、先进制造业等急需紧缺职业,创新实施高技能领军人才培育计划,促进人才链与产业链融合发展。目前家政、养老照护、育幼等生活服务业用工缺口较大,据统计,我国家政服务从业人员超过3700万人,但仍有2000万人以上的缺口。要以实施巾帼家政服务专项培训工程为载体,积极组织开展多渠道、多层次、多类型的职业培训,提升从业人员的技能水平和职业道德素养。二是充分调动各方面培训积极性。我国有各类职业院校1万多所,还有2000多个国家级高技能人才培训基地、技能大师工作室等,要加大硬件设施、师资力量、教材资源投入力度,着力提升建设水平和育才功能。发挥产教融合实训基地、公共实训基地等平台作用,提升技能培训的综合承载能力。充分发挥企业培训中心等载体作用,支持鼓励企业依托自身优势开展针对性培训。三是加快健全职业技能培训制度机制。要建好培训项目目录、培训机构目录、补贴性培训实名制信息管理系统等"两目录一系统",完善落实职业技能培训补贴政策,加强培训基础建设和效能评价,推进职业技能培训健康发展。加快健全终身职业技能

86. 加强就业服务和权益保障有哪些具体措施？

培训制度，推动职业教育、技工教育高质量特色发展，畅通技能人才职业发展通道，造就更多高技能人才和大国工匠。

（三）切实加强劳动者权益保障。在就业压力较大的情况下，侵害劳动者权益的问题可能增多，需要更加重视、加大保障力度。一是营造公平就业环境。当前社会上对性别、年龄、身份、学历等各类就业歧视的反映相对较多。要加强人力资源市场秩序规范和突出问题整治，及时纠正含有歧视内容和不合理限制的招聘行为。对违规开展求职招聘服务、侵害劳动者权益的，依法予以打击惩处。二是保障农民工工资支付。随着整治力度加大，拖欠农民工工资问题得到逐步缓解，但一些行业领域、建设项目等仍存在欠薪风险。既要聚焦突出问题开展好"薪暖农民工"等专项服务行动，集中解决一批欠薪问题；更要着眼健全根治欠薪长效机制，细化落实保障农民工工资支付的法规制度，全链条监测工资支付各个环节，着力构建源头预防、动态监管、失信惩戒相结合的制度保障体系，推动从根本上解决拖欠农民工工资问题。三是加强新就业形态劳动者权益保障。我国新就业形态就业人员超过 8000 万人，但职业安全等方面保障仍有不少短板。近年来通过开展职业伤害保障试点，已经将部分劳动者纳入保障范围，今年要扩大试点，将更多地区、更多平台企业的劳动者纳入保障范围。同时，要落实好新就业形态劳动者休息和劳动报酬等方面的权益保障举措，引导企业规范用工、新就业形态劳动者依法维权。要加强劳动关系协商协调机制建设，推进劳动争议多元化解，促进社会和谐稳定。

（乔尚奎）

87. 如何抓好新冠疫情等重点传染病防控?

去年以来,针对传染病疫情流行的新形势,在以习近平同志为核心的党中央坚强领导下,各地区各部门坚持联防联控、多病同防,统筹应对新冠、流感等呼吸道传染病疫情,实现新冠疫情防控平稳转段,为经济社会发展创造了良好环境。今年疫情防控形势仍然存在不确定性,新冠病毒还在不断变异,多病叠加流行的趋势短期内难以消除,特别是"X疾病"全球流行风险加大,必须始终绷紧疫情防控这根弦,扎实做好各项防控措施落实。重点抓好以下工作。

(一)毫不放松抓好新冠疫情等重点传染病常态化防控。实践证明,无论新冠病毒毒株如何变异,中央制定实施的"乙类乙管"防控措施科学有效,要坚持不懈抓好各项防控措施落实,持续巩固疫情防控成果。要密切跟踪国内外疫情动态,及时研判疫情走势、病毒变异、局部聚集性疫情扩散风险等情况。要加强疫情监测报告,强化入境人员卫生检疫、发热门诊病例检测以及变异毒株监测,统筹做好流感、登革热等季节性传染病监测,尤其要重点关注聚集性不明原因肺炎,建立疫情风险评估制度,落实日监测、周分析、月评估制度,确保一旦发现异常,能够及时发出预警并采取应急处置措施。要聚焦重点场所、重点机构、重点人群,紧盯重要时间和节点,结合传染病季节性流行特点和人群免疫水平,及早部署和推进实施有针对性的

87. 如何抓好新冠疫情等重点传染病防控？

传染病防控措施。要强化干部队伍培训和专业队伍建设，健全完善党政主导、部门协作、动员社会、全民参与的综合防控工作机制，加强常态化监督检查，确保各项防控措施落实到位。

（二）**加快补齐疫情防控应急处置短板**。要根据疫情防控新形势，进一步健全防控监测网络，提升各级疾控机构传染病检验检测和信息报告能力，推动建立健全智慧化多点触发传染病监测预警体系，在优化传染病和突发公共卫生事件报告系统的基础上，进一步拓展监测渠道和信息来源。启动建设哨点医院、病原微生物网络实验室、监测站点三张"主动监测网"，拓宽舆情等社会感知监测，及时发现涉疫异常线索，进一步提高传染病疫情实时分析、集中研判和科学预警能力。三年疫情防控表明，现场流调是个薄弱环节，要持续完善疾病预防控制体系，加强疾控应急和现场流调队伍建设，切实提升现场流行病学调查能力。要以构建常态化分级分层分流医疗卫生体系为目标，强化医疗机构内部和医疗机构之间的资源统筹调配，提前做好药品、设备等相关应急救治物资的储备，充实儿科、呼吸科及发热门诊等重点科室和农村等薄弱地区传染病一线救治力量，及早做好医务人员培训，提高诊疗识别和个人防护能力，不断提升基层应急救治能力，满足群众看病就医需求。

（三）**继续推进疫苗和药物研发使用**。疫苗和药物是应对突发传染病疫情最有力的武器。要结合疫情形势变化和病毒变异情况，对现有的疫苗和药物研发路径加强评估，科学谋划下一阶段攻关方向，积极开展新型疫苗和有效药品研发。要完善平战结合的疫情防控和公共卫生科研攻关体系，充分发挥新型举国体制优势，统筹高校、科研院所、企业等各方面科研力量，提高体系化科技攻关能力和水平。一般来说，重大传染病5年小流行、10年大流行。要加强战略谋划和前瞻性布局，实施重大传染病防治科研攻关专项，积极开展生命科学领域的基础研究和卫生健康领域关键核心技术攻关，加快生物医学科技创新发展步伐，为可能出现的新的突发疫情提前做好防治技术储备。随着疫情形势好转，群众接种疫苗意愿不高。要加大宣传和组织动员力度，积极引导老年人、有基础性疾病的患者等重点人群接种新冠、流感疫苗，提高重点人群群体免疫水平。

（四）深入开展爱国卫生运动。爱国卫生运动是我国预防控制疾病流行的传统法宝。要结合疫情防控需要，开展城乡环境卫生整治，持续抓好背街小巷、老旧小区、城中村、城乡接合部等重点区域和建筑工地、农贸市场、小餐饮店等重点场所环境卫生治理，常态化开展清脏治乱大扫除。推进实施农村人居环境整治提升行动，开展村庄清洁和绿化行动。强化重点公共场所卫生管理，完善人员密集场所卫生设施。要广泛开展病媒孳生地清理工作，有效防控传染病传播。要加强社会健康综合治理，加强基层爱国卫生工作网络建设，加快爱国卫生运动与基层治理工作融合，推广周末大扫除、卫生清洁日等活动，推动爱国卫生运动融入群众日常生活。要大力倡导全民健康意识和健康生活习惯，引导群众把近年来养成的居家通风、勤洗手、保持社交距离、科学佩戴口罩等好习惯坚持下去，做好家庭和个人防护，做自己健康第一责任人，筑牢卫生健康第一道防线。

（王汉章）

88. 如何促进医保、医疗、医药协同发展和治理？

医保、医疗、医药都是为人民健康服务的，协调好才能形成合力。习近平总书记强调，要促进医保、医疗、医药协同发展和治理，完善人民健康促进政策。李强总理在十四届全国人大二次会议上所作的《政府工作报告》中对促进"三医"协同发展和治理作出了部署。重点抓好以下工作。

（一）进一步完善全民基本医保制度。全民基本医保是"三医"联动改革的关键一环。首先要稳步提高保障水平，这是基础性工作。今年居民医保人均财政补助标准继续提高30元，对个人缴费要综合考虑多方面因素，精准做好测算工作。同时加强宣传引导，强化激励约束，巩固居民参保率。要有序推动基本医疗保险省级统筹，研究制定提高统筹层次的配套政策，建立健全与统筹层次相适应的管理体系。要完善国家药品集中采购制度，强化集采中选产品使用、供应、考核、监测等全链条管理，落实集采结余资金留用等激励政策，探索医保支付与集采价格协同的有效方式，畅通集采药品进入医院渠道，坚决避免集采药品的短缺断供。强化医保基金使用常态化监管，织密医保基金监管安全网。要深化医保付费机制改革创新，加快推动医保支付方式改革，激发医疗机构管理和使用医保基金的内生动力。要落实和完善异地就医直接结算，进一步优化跨省异地就医结算管理服务，稳步提高住院费用跨省直接结算率，便利群众看病报销。

（二）持续推进公立医院高质量发展。 公立医院是我国医疗服务体系的主体，群众对医改成效的评价，很大一部分体现在公立医院的临床专科能力和服务水平上。要深化以公益性为导向的公立医院改革，按照"腾空间、调结构、保衔接"的思路，推动落实地方政府投入责任和集采结余资金留用、医疗服务价格动态调整等政策，优先调整儿科、麻醉、精神、药学、护理等薄弱学科的服务价格，保障公立医院正常运转，夯实公立医院公益性基础。要突出抓好薪酬制度改革，把"两个允许"政策落实到位，充分体现医务人员的技术劳务价值。要强化公立医院预算绩效管理和成本核算，加强对医院人、财、物、技术等核心资源的精细化管理，提高公立医院管理运行效率。要以满足重大疾病临床需求为导向，加强肿瘤、麻醉、重症、儿科、精神等临床专科建设，支持高水平医院建设疑难复杂专病及罕见病临床诊疗中心、人才培养基地和医学科技创新与转化平台。要结合国际临床医学发展趋势，加大再生医学、精准医疗、生物医学等关键诊疗技术攻关力度，推动相关临床专科进入国际前列。县医院在农村医疗卫生服务体系中地位独特，是解决县域居民看病难看病贵的关键。要深入推进"千县工程"，开展全国县医院医疗服务能力评估，有针对性地补齐县域医疗服务的短板弱项。

（三）持续改善群众就医感受。 以患者为中心改善医疗服务，既是深化医改的内在要求，也是提升群众看病获得感的重要举措。要稳步有序推进病房改造，适当提高床位配置水平，

88. 如何促进医保、医疗、医药协同发展和治理?

保留一定的单人间、多人间比例,在政策允许的范围内增加特需医疗服务供给,满足人民群众多元化需求。要扩大专业护理人才招用规模,深入开展改善护理服务行动,推进优质护理,增加医疗机构护士配备,提升护理服务水平。要深入推进全面提升医疗质量行动,进一步完善医疗质量安全管理制度、医疗服务行为规范,提升医疗服务标准化、规范化水平。要加强医院文化建设,增进医患沟通,加强人文关怀,有效改善就医环境。现在,国家全民健康信息平台基本建成,17个省份开展了电子病历省内共享调阅,204个地市开展检查检验结果互通共享。要进一步抓好这项工作,加快推进检查检验结果在大范围内互认,缩短患者就医时间、减轻医疗费用负担。

(四)加快构建分级诊疗服务格局。要促进优质医疗资源扩容和区域均衡布局,今年重点深化"双中心"(国家区域医疗中心和国家医学中心)管理体制和运行机制改革,优化完善管理考核、动态调整机制,推动地方落实投入、医保、人事等各方面的保障,逐步形成"双中心"建设的政策体系,确保健康可持续运行。要拓展基层医疗卫生服务功能,根据基层群众看病需要,进一步提高乡镇卫生院和社区卫生服务中心建设标准,健全基层医疗卫生机构临床科室设置和设备配备,促进与上级医院协调联动,增强乡镇卫生院二级及以下常规手术等医疗服务能力,同时扩大基层医疗卫生机构慢性病、常见病用药种类,方便基层群众就医。加强基层医疗卫生人才队伍建设,落实好"县招乡用"、"乡聘村用"、岗位津贴等激励政策,吸引一批正规培训的全科医师下到基层,增强群众到基层看病的吸引力。

要以基层医疗机构为主要平台,以老年人、孕产妇、慢性病患者等为重点,扎实有序做好家庭医生签约服务。要健全签约服务收付费机制,实行签约居民在就医、转诊、用药、医保、价格等方面的差异化政策,特别要改革医保付费机制,报销政策向签约居民倾斜,引导群众基层首诊。

(王汉章)

89. 促进中医药传承创新有哪些支持政策？

中医药学包含着中华民族几千年的健康养生理念及其实践经验，是中华民族的伟大创造和中国古代科学的瑰宝。习近平总书记多次对中医药工作作出重要指示批示，强调遵循中医药发展规律，传承精华，守正创新，推动中医药事业和产业高质量发展。李强总理在十四届全国人大二次会议上所作的《政府工作报告》中明确要求，要促进中医药传承创新，加强中医优势专科建设。贯彻落实好党中央和国务院决策部署，促进中医药振兴发展，需要采取以下重点措施。

（一）以优势专科建设为重点，建强符合中医特色的医疗服务体系。 大力加强中医优势专科集群建设，建设 1000 个左右的国家中医优势专科，强化中医医院儿科、老年病科、中医专病门诊建设，构建我国中医专科建设发展新格局。推进中西医结合，开展重大疑难疾病中西医临床协作，实施综合医院中西医协同发展能力提升行动，推进诊疗模式改革创新，不断提高癌症、心脑血管病、糖尿病、感染性疾病等重大疑难疾病和慢性病、传染性疾病临床疗效。要接续推进中医类国家医学中心和区域医疗中心、中医特色重点医院建设，促进优质医疗资源提质扩容和均衡布局。围绕做好新冠、流感等呼吸道传染病防控，加强中医医院急诊科、重症医学科建设和儿科、呼吸科等资源统筹，及时完善中医药防治方案，推进儿童用药剂型创新，最大程度满足群众看中医需求。

（二）以提升中药质量为抓手，推进现代中医药产业加快发展。要研究出台提升中药质量、促进中医药产业高质量发展的政策措施，强化金融支持，促进中药产业链价值链循环畅通。要强化规划引领和技术指导，发挥龙头企业作用，引导道地药材规范种植，推进珍稀濒危中药材人工繁育，协同推进中药材种植、生产、流通全过程质量管理和追溯体系建设，推动中药材种植由重规模、求产量向重质量、求效益转变。要实施重大新药创制等重大项目，持续推进古代经典名方关键信息考证，加快古代经典名方、医疗机构制剂研发，加快中药剂型改良工艺创新，提高研发水平。要加快推进中药标准研究和中药制造数字化、智能化，促进中药产业转型升级。要完善中成药多维度评价技术体系和标准体系，持续推进中药疗效评价研究。要优化炮制基地建设布局，对古法炮制、临床短缺品种开展重点挖掘，深入挖掘中药炮制等原创技术中蕴含的科学原理和临床价值。

（三）以科技创新为支撑，塑造中医药发展新优势。深化中医药领域全国重点实验室和中国中医药循证医学中心建设，推动国家中医药传承创新中心建设，启动国家中医药管理局重点实验室建设，建设一批高层次科研平台。要完善中医药重大科研项目组织形式和管理机制，深化中医药领域的科学研究、产品研发和创新发展。要实施好高水平中医医院临床研究和成果转化能力试点，产出一批中医药防治重大疾病的高质量疗效证据，推进临床成果及时转化为诊疗规范、中药新药、诊疗装备。

89. 促进中医药传承创新有哪些支持政策？

要实施好中医药特色人才培养工程（岐黄工程），新遴选一批岐黄学者、中医药创新团队，分类推进重点学科、优才、西学中等项目实施。要创新人才发展体制机制，推进中医药人才分类评价体系建设，落实基层中医药人才"定向评价、定向使用"政策，引导各类人才向基层流动，努力实现基层"馆馆有中医师"。

（四）以深化中医药改革为动力，加快破除制约中医药发展的体制机制障碍。 中医药改革是促进医保、医疗、医药协同发展和治理的重要内容，要把握重点、抓住关键，健全中医药资源的保护和利用机制，补齐中医药事业发展短板，充分发挥中医药特色优势，促进中医药传承创新发展。要结合中医药特色，研究制定促进公立中医医院高质量发展和完善中医医院运行机制的政策举措，健全符合中医药特点的医保支付方式，探索符合中医药特点的"三医"联动改革模式。要扎实推进国家中医药综合改革示范区、中医药传承创新发展试验区建设。研究制定符合中医药特点的专利审查标准、中医药传统知识保护制度，完善中医药法律法规体系，加强中医药行业标准制修订及推广应用。要加快推进中医药数字化，激发中医药数据要素价值。

（五）以推进中医药文化建设和对外交流合作为契机，不断提升中医药影响力和传播力。 实施好中医药文化弘扬工程，办好群众喜闻乐见的中医药健康文化传播活动，推进中医药博物馆体系建设，深化全国中医药文化宣传教育基地建设，推出一批中医药文创精品，充分展示中医药的历史价值、文化价值、时代价值。要实施好中医药国际合作专项，继续布局建设一批中医药海外中心，打造中医药对外交流的示范平台和重要窗口，推动中医药高质量融入共建"一带一路"。积极参与传统医药治理规则的制定，支持发布一批高质量的中医药国际标准，不断巩固我传统医药大国地位，做传统医药治理的参与者、推动者、引领者，发挥传统医药在构建人类卫生健康共同体中的独特优势。

（王汉章）

90. 如何做好养老服务保障工作?

为有效保障老年人的基本生活,国家连续多年提高了相关的财政补助和保障标准。综合考虑经济发展、财力水平及保障和改善民生需要,今年《报告》提出提高城乡居民基础养老金最低标准,继续提高退休人员基本养老金等社会保障水平。同时围绕社会关注的养老服务问题,进一步加大支持力度。

(一)**适当提高养老保障水平**。我国目前领取基本养老保险待遇的人员超过 3 亿人,养老金是他们的主要收入来源,适当提高待遇水平,有利于进一步增进老年人福祉。第一,城乡居民基础养老金月最低标准提高 20 元。我国从 2009 年开展新型农村社会养老保险试点,2014 年建立统一的城乡居民养老保险制度。居民养老保险全国最低标准最初为每人每月 55 元,经过 5 次提高,到 2023 年达到每人每月 103 元。与低保金、退休人员基本养老金等保障水平相比,城乡居民基础养老金较低。考虑到群众关切、城乡居民基础养老金实际情况和财力可持续性,今年全国最低标准再提高 20 元,较上年增长 19.4%、是近年来增幅较大的,调整后将达到每人每月 123 元,政策惠及超过 1.7 亿人。123 元只是全国最低标准,地方可以在此基础上根据财力状况继续增加基础养老金,加上参保人的个人账户部分,实际能领取的待遇会更高一些。按照预算安排,提高标准所需的资金由中央和地方共同负担,其中中央财政补助占大头,更好保障这项惠民政策落地。第二，继续提高退休人员基本养老金。经过多年的连续调整，城镇退休职工基本养老金水平逐步提高，2023年又按平均增长3.8%的水平进行了调整，1.4亿退休人员基本生活得到较好保障。考虑到就业人员工资增长和物价涨幅等有关情况，今年继续提高退休人员基本养老金具备一定条件，且退休人员生活保障水平整体仍然偏低，提标也有利于改善他们的收入和生活。今年将按照相关的政策机制进行一定比例的调整，总的还是坚持激励和约束并重，定额调整、挂钩调整和适当倾斜相统筹，更好体现"多缴多得、长缴多得"的导向。

（二）加强养老服务供给。重点是围绕我国老年人的养老需求、养老服务中的短板弱项等，优化相关的资源配置。第一，大力支持居家社区养老服务。据调查，我国97%左右的老年人选择居家社区养老。要围绕失能老年人等居家照护需求，积极推进老年助餐服务、家庭养老床位、志愿互助等服务，加快推进社区嵌入式养老服务设施建设，有效提高居家社区养老服务的可及性便捷性。推动制定居家社区养老服务清单、服务标准，着力提升生活照料、医疗护理、精神慰藉、紧急救援等服务能力。第二，优化养老服务资源布局。加强城乡社区养老服务网络建设，积极在县乡层面发展具备全日托养、日间照料、上门服务、区域协调指导等综合功能的区域养老服务中心，在社区大力培育连锁化、规模化运营的养老服务机构。针对部分养老机构床位空置率偏高、护理型床位不足等问题，要优化养老机构床位结构，加大对民办养老机构的政策支持，帮助降低运营成本，为老年人提供价格可承受的普惠养老服务。第三，加快

90. 如何做好养老服务保障工作？

补齐农村养老服务短板。我国农村老龄化程度比城市高，对养老服务需求更为迫切。但农村养老服务体系建设滞后，家庭养老和土地保障功能弱化，困难更为突出。要加强农村地区养老服务设施建设，推进乡镇敬老院转型建设为区域养老服务中心，完善乡镇医疗机构与农村养老服务机构合作，有效扩大农村养老服务供给。同时，因地制宜发展邻里互助点、农村幸福院、养老大院等互助养老模式，多措并举解决好农村养老服务问题。

（三）**大力发展银发经济**。我国老年人口规模大，老龄化速度快，既带来一定的挑战，也蕴含着巨大的潜力。2023年，我国60岁及以上老年人口近3亿人、占总人口的比重达到21.1%，生存型和发展型的需求都很大。一方面，要围绕满足老年人多样化需求，引导企业有针对性地加大老年用品和服务供给。据统计，2023年我国老年用品市场规模达到5万亿元，产品数量和种类具备了一定规模，但仍有很大提升空间。要结合老年人衣食住行医等不同的场景需求，特别是需求较为集中的生活起居、食品保健、健康管理、安全保障等，开发更多个性化、实用化的老年用品。对家政服务、老年旅游、养老金融等产品和服务，也要拓展产品种类、丰富服务业态，并抓好产品质量和安全监管。另一方面，要支持企业提高质量标准，通过优化供给引领激发消费潜能，培育新的经济增长点。我国老年用品和服务的标准化、品质化水平仍然不高。要开展高标准领航行动，在老年用品、适老化改造、智能技术应用等领域开展标准化试点，加快培育一批具有示范引领作用的银发经济经营主体，规划布局若干高水平银发经济产业园区，提升产业发展水平。通过打造高品质、多元化的老年用品和服务生态,有利于扩大老年群体的选择,也有利于释放潜在消费需求,促进提高老年生活品质和扩大内需形成良性循环。

(王存宝)

91. 发展银发经济有哪些发力点？

发展银发经济是实施积极应对人口老龄化国家战略的重要举措，关乎经济发展和民生福祉。习近平总书记在二十届中央财经委员会第一次会议、中央经济工作会议上强调要发展银发经济，今年《政府工作报告》提出明确要求，我们要认真抓好贯彻落实。

（一）**在解决老年人急难愁盼上持续发力**。2023年底，我国60岁及以上老年人已超2.9亿，占总人口21.1%。满足老年人基本生活和服务需求，是发展银发经济的重要着力点。一要发展老年助餐服务。根据第五次城乡老年人生活状况抽样调查，我国老年人22.1%有助餐服务需求，要深入落实积极发展老年助餐服务行动方案，创新老年助餐组织形式、服务模式、运营机制，引导餐饮企业、物业服务企业和公益慈善组织等参与，在可持续的基础上扩面提质增效，惠及更多老年人。二要优化老年健康服务。加强综合医院、中医医院老年医学科、康复医院、护理院（中心、站）等建设，提高老年病防治水平。深化医养结合，提高基层医疗卫生机构康复护理、健康管理能力，扩大家庭医生签约服务覆盖面。三要完善养老照护服务。目前我国养老服务床位有820.1万张，要增加护理型床位比例，提高失能失智等老年人照护服务能力。加强县乡村三级养老服务网络建设，补齐农村养老服务短板。四要拓展社区便民服务。适应90%多的老年人选择居家社区养老的实际需求，发展社区嵌入式服务设施，鼓励家政、物业等人员提供助老服务，积极开展老年文体活动，让老年人就近就便享受服务。

（二）**在扩大高品质产品和服务供给上持续发力**。随着经济社会发展水平提升，老年人提高生活品质的愿望不断增强，特别是以"60后"为代表的新老年群体，其养老需求正在从生存型向发展型转变，这对增加多样化高品质产品供给提出了新的要求。一要强化老年用品创新和推广应用。发挥我国科技创新实力雄厚、工业体系健全、老年用品市场规模大等优势，推动老年服饰、鞋帽、保健产品以及助听器、拐杖等康复辅助器具功能升级，发展抗衰老产业，不断研发制造新产品。完善智慧健康养老产品及服务推广目录，推进新一代信息技术以及移动终端、可穿戴设备、服务机器人等集成应用。二要扩大旅游服务供给。完善酒店、民宿等服务设施，培育旅居养老目的地，发展老年旅游保险业务，让老年人更好享受"诗和远方"。三要丰富发展养老金融产品。支持金融机构依法合规发展养老金融业务，在全国实施个人养老金制度，不断夯实应对人口老龄化的社会财富储备。

（三）**在做优做强相关产业上持续发力**。目前我国银发经济规模在7万亿元左右，占国内生产总值比重约6%，与发达国家相比还有较大差距，必须统筹发展老年阶段的老龄经济和未老阶段的备老经济，壮大潜力产业，推动银发经济规模化、标准化、集群化、品牌化发展。一要培育银发经济经营主体。鼓励引导国有企业结合主责主业拓展银发经济相关业务，充分发挥民营经济作用，推动形成一批龙头企业。二要强化标准引领。开展高标准领航行动，在养老服务、文化和旅游、老年用品、

91. 发展银发经济有哪些发力点？

适老化改造、智能技术应用等领域开展标准化试点，带动提高产品和服务质量。三要扩大产业规模。在京津冀、长三角、粤港澳大湾区、成渝等区域规划布局高水平银发经济产业园区，促进产业集群发展。培育老年用品展会、博览会，依托中国品牌日等活动开展银发经济自主品牌宣传。拓宽消费渠道，打造一批让老年人放心消费、便利购物的线上平台和线下商超。

（四）**在强化要素保障、优化发展环境上持续发力**。一方面，要强化土地、资金、技术、人才等要素支撑。科学编制供地计划，保障养老服务设施和银发经济产业用地需求。用好中央预算内投资相关专项、地方政府专项债券、普惠养老专项再贷款等，为符合条件的银发经济产业项目提供支持。围绕银发经济重点领域推动前瞻性、战略性科技攻关，通过中央财政科技计划支持相关科研活动，建立银发经济领域数据有序开放和合理开发利用机制。加强人才队伍建设，支持和引导普通高校、职业院校增设银发经济相关专业，鼓励开展养老护理等职业技能等级培训及评价。另一方面，要营造各方支持的良好环境。推进老年友好型社会建设，持续落实"十四五"时期支持200万户特殊困难高龄、失能、残疾老年人家庭居家适老化改造任务。加强老年人优待，广泛开展敬老活动，选树表彰孝亲敬老先进典型。强化老年人权益保障，广泛开展老年人识骗防骗宣传教育活动，严厉打击欺老虐老以及打着养老旗号搞圈钱欺诈、非法集资等违法行为，让老年人安享幸福生活。

（刘开标）

92. 从哪些方面健全生育支持政策？

保持适度生育水平，是促进人口长期均衡发展的现实需要。今年《政府工作报告》提出健全生育支持政策，要坚持系统观念，将婚嫁、生育、养育、教育一体考虑，不断完善各项生育支持政策，以人口高质量发展支撑中国式现代化。

（一）**优化完善生育支持措施**。重点是完善财政、税收、保险、教育、住房、就业等积极生育支持措施，不断提高生育意愿并推动向生育行为转化。2022年，国家决定将纳税人照护3岁以下婴幼儿子女的相关支出，按照每个婴幼儿每月1000元的标准定额扣除。2023年，将上述扣除标准提高到2000元，同时还有10多个省份在不同层级探索实施育儿补贴制度，北京、广西率先按程序分别将16项、9项辅助生殖类医疗服务项目纳入基本医保支付范围，进一步减轻了相关家庭的经济负担。2024年，国家将研究建立家庭生育养育教育成本监测体系，继续加大工作力度，围绕提高优生优育水平、完善生育休假和待遇保障机制、加强优质教育资源供给等推动出台更多具体的措施。一是优化生育假期制度。这属于时间上的支持政策。对现有的法定产假等制度，要结合各地已普遍提高实际产假时间的情况研究完善，对育儿假、陪护假、哺乳假等方面的政策和管理要进一步细化优化，鼓励支持用人单位实行弹性工作制，缓解家庭在育儿时间投入方面的压力。二是完善经营主体用工成

92. 从哪些方面健全生育支持政策？

本合理共担机制。要结合实际完善生育假期成本分担机制，合理确定政府、用人单位、家庭等相关方责任，研究适当加大财政或社会保障制度支持，延长生育津贴支付期限，降低企业的用人成本。

（二）**大力发展普惠托育服务**。家庭是养育孩子的第一责任主体，随着三孩生育政策实施，"谁来带娃"成为很多家庭面临的难题。从 2020 年至 2023 年，国家共安排中央预算内投资 36 亿元，新建 48 个地市级以上托育综合服务中心，各地区也加大了投入力度，2023 年国家卫生健康委等命名了第一批 33 个全国婴幼儿照护服务示范城市。目前，全国共有提供托育服务的机构近 10 万个，托位约 480 万个，每千人口托位数约 3.4 个，与全国近 3000 万的婴幼儿数量和强烈的托育服务需求相比，托位缺口仍然较大，有的托育机构还面临运营成本高、专业人才不足等困难。2024 年，国家将实施普惠托育专项行动，多渠道增加托育服务供给，充分调动社会力量积极性，加大对各类托育服务机构的支持力度，帮助把运营成本、收托价格降下来，让有需要的婴幼儿家庭能够送得起、用得上。同时，加强部门综合监管，提升托育服务质量，守住安全和健康底线。加快推进托育服务立法，切实保障托育依法规范发展。

（三）**积极营造生育友好社会氛围**。这是一项需要持续努力、久久为功的工作，也是健全生育支持政策的重要内容。要深入推进婚俗改革和移风易俗，在我国传统节日和世界人口日、国际家庭日、国际女童日等重要时间节点，持续宣传弘扬新型婚育文化，破除婚嫁大操大办、高价彩礼等陈规陋习，引导树立正确的婚恋观、家庭观、生育观。进一步发挥各类媒体作用和群团组织优势，积极开展人口基本国情宣传教育，提倡适龄婚育、优生优育，倡导尊重生育的社会价值、尊重父母、儿童优先、夫妻共担育儿责任。推进儿童友好城市建设，推动儿童友好要求在社会政策、公共服务、权利保障、成长空间、发展环境等方面得到充分体现。全面开展健康家庭建设，培育幸福健康家庭典型，营造重视家庭、尊重生育、性别平等的社会氛围。

（刘开标）

93. 如何进一步织密扎牢民生兜底保障安全网？

当前一些地方财政收支压力较大，部分群众就业增收面临困难，需要更加重视困难群众基本生活兜底保障。要细化完善政策举措，抓好办成一批群众可感可及的实事，坚决兜住、兜准、兜好民生底线。

（一）健全分层分类的社会救助体系。要按照对象分层、内容分类、动态监测、综合施策的要求，有效做好困难群众帮扶救助。一是基本生活救助要应保尽保。低保对象、特困人员属于最困难的一类群体，特别是其中有 1900 多万通过纳入兜底保障实现脱贫的人口，更是重中之重。要统筹防止返贫和低收入人口帮扶政策，研究相关政策的衔接，保持政策总体稳定，确保不出现脱保漏底。完善用好全国低收入人口动态监测信息平台，运用其涵盖的 6600 多万低收入人口数据情况，加强精准监测和识别，将符合条件的困难群众及时纳入保障范围，切实做到应保尽保。二是急难救助要及时到位。特别是进一步打通异地救助的"堵点"，落实"分级审批"、"先行救助"、乡镇（街道）临时救助备用金等政策，从制度上调动地方政府的积极性，主动落实异地救助责任，全面推进由急难发生地实施临时救助。三是专项社会救助要精准覆盖。医疗、教育、住房、就业等专项救助，是分层分类社会救助体系的重要组成部分。去年将专项救助范围扩大到低保边缘家庭、刚性支出困难家庭，要进一步细化政策规定,全面开展认定工作,并分别纳入相应的专项救助范围。此外,在做好物质救助基础上,要根据困难群众的多元化需求,加快发展服务类救助,制定相关的政策措施,推动社会救助由资金救助、实物救助向服务救助拓展,加快形成"物质+服务"的救助方式,更好保障困难群众基本生活。

(二)做好留守儿童和困境儿童关爱救助。留守儿童和困境儿童是需要特别关注的群体,各级政府、家庭和社会各方面都要加强关爱保护。一是强化各方面责任。首先要强化家庭的监护责任,督促父母增强监护责任意识,履行好抚养、教育和保护等方面责任。同时要落实地方属地责任,充分发挥66万多名村(居)儿童主任作用,健全监测预防、强制报告、应急处置、评估帮扶、监护干预"五位一体"的基层儿童保护机制。二是着力解决突出困难和问题。聚焦基本生活、教育、医疗和心理健康等方面问题,采取有力政策举措。在保障基本生活方面,要用好现有的帮扶政策和服务渠道,主动、精准识别发现留守儿童和困境儿童,及时纳入相应的社会救助和保障范围。在教育、医疗方面,主要是落实好教育资助、医疗康复等政策,保障义务教育入学,保障他们有病时能够及时就医,减轻家庭医疗支出负担。由于缺乏陪伴和关爱,留守儿童和困境儿童出现心理健康问题的风险较高。现在全国建立了30多万所城乡社区儿童之家,要统筹运用好这些平台,加强心理、情感、行为和安全自护等指导服务,让他们获得生活照护和情感慰藉。此外,要稳步提升儿童福利水平,完善困境儿童分类保障政策,加强孤儿、事实无人抚养儿童的救助保障,不断提高保障水平。

93. 如何进一步织密扎牢民生兜底保障安全网？

（三）加强残疾预防和康复服务。一方面，对残疾预防工作要常抓不懈。要树立全人群、全生命周期的残疾预防意识，继续落实好《国家残疾预防行动计划（2021—2025年）》，提高全社会残疾风险综合防控能力，有效减少残疾的发生与发展。要巩固残疾儿童少年义务教育入学率，着力提升特殊教育发展水平，通过家庭医生签约服务等方式，提高残疾人医疗服务质量。同时，要广泛开展残疾人群众性文化体育活动，丰富残疾人精神文化生活，加快无障碍环境建设，让残疾人出行、交流、生活、工作更加安全便利，促进残疾人平等参与。另一方面，要更加重视提高残疾康复服务水平。康复是残疾人最迫切的需求。目前，残疾人基本康复服务覆盖率稳定在85%以上。要继续锚定残疾人"人人享有康复服务"目标，深入开展精准康复行动，推动医疗康复发展，让残疾人得到及时有效的康复服务。从现实情况看，我国持证残疾人中有近1700万重度残疾人，一些重度残疾人常年卧床、依靠家人照料，给家庭带来沉重的经济负担和精神压力，也严重影响残疾人生活质量。要突出加强残疾人托养照护服务，充分发挥各方面优势、调动各方面积极性，研究完善重度残疾人托养照护服务制度和政策，使重度残疾人得到更好照料，帮助他们的家人解除后顾之忧，达到"托养一个人、解脱一家人"的效果。

（王存宝）

94. 如何丰富人民群众精神文化生活？

文化兴则国家兴，文化强则民族强。党的二十大报告强调要满足人民日益增长的精神文化需求，今年《政府工作报告》对丰富人民群众精神文化生活作出具体部署，主要是抓好四方面工作。

（一）深入学习贯彻习近平文化思想，广泛践行社会主义核心价值观。党的十八大以来，习近平总书记在新时代文化建设方面有一系列新思想新观点新论断，内涵丰富、论述深刻，是新时代党领导文化建设实践经验的理论总结，丰富和发展了马克思主义文化理论，构成了习近平新时代中国特色社会主义思想的文化篇，形成了习近平文化思想。要深入学习贯彻习近平文化思想，更好担负起在新的历史起点上继续推动文化繁荣、建设文化强国、建设中华民族现代文明这一新的文化使命。着眼于培养担当民族复兴大任的时代新人，推动理想信念教育常态化制度化，以庆祝中华人民共和国成立 75 周年为契机，加强爱国主义教育，深入开展社会主义核心价值观宣传教育，厚植爱党爱国爱社会主义情怀。完善思想政治工作体系，推进大中小学思想政治教育一体化建设。深入实施公民道德建设工程，开展群众性精神文明创建活动，一体推进社会公德、职业道德、家庭美德、个人品德建设，更好培育时代新风新貌。加强网络内容建设，推进网络综合治理，深入开展"净网"、"清朗"、"剑

94. 如何丰富人民群众精神文化生活？

网"系列专项行动，培育积极健康、向上向善的网络文化。

（二）创新实施文化惠民工程，大力发展文化产业。要坚持把社会效益放在首位、社会效益和经济效益相统一，促进文化事业和文化产业高质量发展。加强文化精品创作生产，引导广大文化文艺工作者践行以人民为中心的创作导向，深入生活、扎根人民，推出更多展现中国精神、反映时代气象、深受人民喜爱的优秀作品。健全现代公共文化服务体系，推进城乡公共文化服务体系一体化建设，开展更多健康有益、启智润心的群众文化活动。深化全民阅读活动，加快构建覆盖城乡的全民阅读推广服务体系。进一步扩大公共文化场馆免费开放范围、提高服务水平，积极采取延长开放时间、提高参观人数限额、创新展陈方式等措施缓解供需矛盾、优化参观体验。以重大文化产业项目为抓手优化产业结构布局，加快培育一批品牌文化产业园区，打造富有竞争力的文化企业，提高文化产业规模化、集约化、专业化水平。改造提升演艺、娱乐、工艺美术等传统业态，培育线上演播、数字艺术、互动式沉浸式产品等新业态新模式，形成更多新的文化产业增长点。促进文化和旅游深度融合，扩大优质旅游产品供给并提升文化品位、丰富精神内涵，完善旅游设施服务，规范旅游市场秩序，强化旅游安全保障，持续巩固旅游市场回升向好态势。

（三）加强文物系统性保护和合理利用，推进非物质文化遗产保护传承。认真贯彻落实党中央关于坚持保护第一、加强管理、挖掘价值、有效利用、让文物活起来的工作要求，着力推动对文物古迹、古老建筑、名城名镇、历史街区、传统村落、文化景观、非遗民俗等文化遗产的系统性保护。开展第四次全国文物普查,全面掌握我国不可移动文物资源情况,为加强文化遗产保护夯实工作基础。深入实施中华文明探源工程和"考古中国"重大项目,为更好认识源远流长、博大精深的中华文明提供新材料、新证据和新成果。系统实施重点文物保护工程,加强低级别不可移动文物保护管理,强化可移动文物和古籍保护修复,加强历史文化名城、街区、村镇等的整体保护和活态传承。健全文物安全长效机制,着力防范法人违法、盗窃盗掘、火灾事故等风险。推进国家文化公园、国家考古遗址公园建设,深入挖掘长城文化、大运河文化、长征精神、黄河文化、长江文化的深厚内涵、历史底蕴和时代价值。发挥好红色遗址、革命文物在党史学习教育、革命传统教育、爱国主义教育等方面的重要作用,生动传播红色文化。做好文物保护单位惠民开放,重视运用数字化等技术加强文物研究阐释传播,依托文物资源开发群众喜闻乐见的文创产品。贯彻"保护为主、抢救第一、合理利用、传承发展"的工作方针,深入实施非物质文化遗产传承发展工程。完善调查记录体系,实施传承人研修培训计划,推进非遗工坊、非遗保护示范基地等建设,促进非遗技艺传承。依托非遗资源开发文化旅游产品,加大非遗传播普及力度,调动全社会关注非遗保护传承的积极性。

（四）**深化中外人文交流,提高国际传播能力。** 落实全球文明倡议,秉持开放包容理念,广泛参与世界文明对话,深入开展同各国人文交流合作,推动文明交流互鉴。继续实施好"文化丝路"计划,举办中法文化旅游年、中俄文化年,广泛开展

94. 如何丰富人民群众精神文化生活？

各层级文化交流活动，努力开创世界各国人文交流、文化交融、民心相通新局面。坚守中华文化立场，提炼展示中华文明的精神标识和文化精髓，加快构建中国话语和中国叙事体系。完善国际传播工作格局，创新对外话语表达方式，形成同我国综合国力和国际地位相匹配的国际话语权，讲好中国故事、传播好中国声音，展现可信、可爱、可敬的中国形象。

（王晓丹）

95. 如何加强文化遗产保护传承？

文物和文化遗产承载着中华民族的基因和血脉，是不可再生、不可替代的中华优秀文明资源。2023年6月2日，习近平总书记在出席文化传承发展座谈会时强调，要像爱惜自己的生命一样保护历史文化遗产，加强文物保护利用和文化遗产保护传承。要认真贯彻落实党中央关于坚持保护第一、加强管理、挖掘价值、有效利用、让文物活起来的工作要求，着力加强对文物古迹、古老建筑、名城名镇、历史街区、传统村落、文化景观、非遗民俗等文化遗产的系统性保护，赓续中华文脉、推动中华优秀传统文化创造性转化和创新性发展。

（一）加强文物系统性保护。目前，我国拥有各类不可移动文物76.7万处，其中全国重点文物保护单位5000余处；国有可移动文物1.1亿件（套），其中一二三级珍贵文物近400万件（套）；还有世界文化遗产39项、世界自然遗产14项、文化与自然双重遗产4项。这是老祖宗留下的宝贵历史文化财富，一定要精心保护好、传承好、利用好。要深入实施中华文明探源工程和"考古中国"重大项目，为更好认识源远流长、博大精深的中华文明提供新材料、新证据和新成果。树立"大考古"工作思路，建设中国特色中国风格中国气派的考古学，深入挖掘和阐发文物资源蕴含的中华优秀传统文化精髓，更好构筑中国精神、中国价值、中国力量。系统实施重点文物保护工程，

95. 如何加强文化遗产保护传承？

加大古建筑、古遗址、古墓葬、石窟寺、石刻、近现代建筑等文物古迹的保护力度，做好低级别不可移动文物保护管理工作，强化可移动文物和古籍保护修复。完善保护机制，保留历史原貌，加强历史文化名城、街区、村镇等的整体保护和活态传承。健全文物安全长效机制，着力防范法人违法、盗窃盗掘、火灾事故等风险，加强执法督察，严厉打击文物犯罪。加快推进文物保护法修订，用最严格制度最严密法治保护文物。落实全球文明倡议，推进文明交流互鉴，深化与共建"一带一路"国家、亚洲文化遗产保护联盟成员国等在古代文明研究、联合考古、古迹修复、博物馆交流等方面的务实合作。加强文物保护必须进一步摸清保护对象底数，我国分别从1956年、1981年、2007年开始开展过三次全国文物普查，从2023年11月至2026年6月开展第四次全国文物普查。这次文物普查将建立国家不可移动文物资源总目录，全面掌握我国不可移动文物资源情况，逐步构建全面普查、专项调查、空间管控、动态监测相结合的资源管理体系，为全面加强文化遗产保护夯实工作基础。

（二）**推进文物合理利用**。文化遗产传承靠保护也靠利用，文物的活力在于融入生活、回归社会、服务人民。要对接乡村振兴、区域协调发展等国家重大战略，推动考古发掘、文物建筑和文物保护利用示范区、历史文化名城名镇名村保护等更好助力经济社会发展。推进国家文化公园、国家考古遗址公园建设，深入挖掘长城文化、大运河文化、长征精神、黄河文化、长江文化的深厚内涵、历史底蕴和时代价值。发挥好红色遗址、革命文物在党史学习教育、革命传统教育、爱国主义教育等方面的重要作用,生动传播红色文化,讲好党的故事、革命的故事、英雄的故事。重视运用数字化技术、全媒体方式加强文物研究阐释传播,创新沉浸式、互动式历史文化体验,依托文物资源开发数字化藏品和群众喜闻乐见的文创产品。博物馆是保护和传承人类文明的重要场所,近年来"博物馆热"持续升温,去年以来三星堆博物馆新馆、中国考古博物馆、殷墟博物馆新馆相继开放并迅速成为网红打卡地,不少热门博物馆预约困难。要持续优化博物馆布局,创建中国特色世界一流博物馆和国家级重点专题博物馆,支持规范非国有博物馆健康发展,同时不断创新展陈方式、提升服务水平,让更多人近距离感受文物魅力。要以时代精神激活中华优秀传统文化的生命力,让收藏在禁宫里的文物、陈列在广阔大地上的遗产、书写在古籍里的文字都活起来,丰富全社会历史文化滋养。

(三)推进非物质文化遗产保护传承。非物质文化遗产是中华文明绵延传承的生动见证,是联结民族情感、维系国家统一的重要基础,被誉为历史文化的"活化石"。目前,我国已经建立国家、省、市、县四级非遗名录体系,共有各级非遗代表性项目10万余项、各级代表性传承人9万余名,43个项目列入联合国教科文组织非遗名录名册。尽管我国非遗资源丰富,但由于不少非遗技艺没有文字记录,有赖于师徒之间口传心授、长期实践,随着时代发展变迁,一些非遗技艺正面临后继无人的困境。要贯彻"保护为主、抢救第一、合理利用、传承发展"的工作方针,深入实施非物质文化遗产传承发展工程。完善调查记录体系,实施传承人研修培训计划,推进非遗工坊、非遗

95. 如何加强文化遗产保护传承？

保护示范基地等建设，推动非遗活动进校园、非遗知识进教材、非遗传承人上讲台，促进非遗技艺传承。市场传承是最有效的传承，要依托非遗资源开发多种多样的文化旅游产品，让传统技艺重焕光彩，让非遗更好地走近消费者、需求者。加大非遗传播普及力度，调动全社会关注非遗保护传承的积极性。

（王晓丹）

96. 从哪些方面加强国家安全体系和能力建设？

党的十八大以来，习近平总书记就维护国家安全作出一系列新论断新部署。党的二十大报告指出，必须坚定不移贯彻总体国家安全观，把维护国家安全贯穿党和国家工作各方面全过程，确保国家安全和社会稳定。李强总理在十四届全国人大二次会议上所作的《政府工作报告》中，对维护国家安全和社会稳定作出部署安排。我们要深入学习领会、认真贯彻落实。要坚持高质量发展和高水平安全良性互动，持续增强防范化解风险的能力，着力应对好各类风险挑战，以高水平安全为强国建设、民族复兴提供坚实保障。

（一）加强重点领域安全能力建设。我们作为世界第二大经济体和14亿多人口大国，必须筑牢重点领域安全基础，增强应对各类风险冲击的能力。一是全方位夯实粮食安全根基。近年来我国粮食生产连年丰收、产量屡创新高，但对粮食的需求仍在刚性增长，保障粮食安全必须常抓不懈。在努力促进粮食丰收的同时，还要在完善生产收储加工体系上下功夫，提高管理能力，完善基础设施建设，全面提升保障粮食安全的能力。二是强化能源资源安全保障。要充分用好国内国际两个市场、两种资源，提升保障水平。一方面，要增强国内资源保障能力，加大油气、战略性矿产资源勘探开发力度，推进增储上产。另一方面，要加强海外矿产资源开发合作，提升油气进口保障能

96. 从哪些方面加强国家安全体系和能力建设？

力。持续抓好能源资源价格调控监管，稳定市场运行。三是加快构建大国储备体系。进一步加强重点储备设施建设，建好粮食、石油、煤炭、大宗商品等方面储备基地，优化储备品种、规模和结构布局，确保平时备得足、储得好，关键时刻调得出、用得上。加强储备管理运营和安全防护，提升现代化管理水平，更好发挥储备体系的功能作用。四是有效维护产业链供应链安全稳定。产业链供应链在关键时刻不能掉链子，这是大国经济必须具备的重要能力。一方面，要着力推动强链补链延链，实施好制造业重点产业链高质量发展行动，持续推进关键核心技术和重大技术装备攻关工程，加快构建自主可控、安全高效的产业链供应链。另一方面，深化产业链供应链国际合作，共同打造安全稳定、畅通高效、开放包容、互利共赢的全球产业链供应链，为全球和中国经济长期稳定发展提供重要支撑。

（二）提高公共安全治理水平。公共安全一头连着经济发展和社会稳定大局，一头连着千家万户。必须既立足当前、着力解决突出问题，又立足长远、不断完善制度机制，提高公共安全保障能力，切实维护人民群众生命财产安全。要全面贯彻安全第一、预防为主的方针，加快推动治理关口前移，突出加强源头管控、精准化监测预警、动态化风险评估等制度机制建设，强化重点领域常态化监管，提升风险防范意识，推动公共安全治理模式向事前预防转型。要坚持眼睛向下、持续向基层末梢聚焦发力，坚持资源向基层倾斜、力量向一线下沉，健全保障机制，加大基础性投入，着力夯实安全生产基层基础。要夯实防灾工程基础，切实用好国债资金，按照既定的项目总体方案，聚焦重大风险和薄弱环节，高质量推进自然灾害应急能力提升等工程实施。强化预警和应急响应联动，健全救援救助机制，切实提高防灾减灾救灾能力。要完善和落实安全生产责任制，加强重点行业、重点领域安全监管，深入开展安全隐患排查整治，筑牢安全生产人民防线，有效遏制重特大安全事故。

（三）**完善社会治理体系**。健全共建共治共享的社会治理制度，提升社会治理效能。要强化城乡社区服务功能，在增加服务供给、补齐服务短板、创新服务机制上持续用力。要进一步发挥好社会组织、志愿服务、公益慈善等作用。保障妇女儿童、老年人、残疾人合法权益。要加强矛盾风险源头防范化解。坚持和发展新时代"枫桥经验"，完善正确处理新形势下人民内部矛盾机制，加强和改进人民信访工作，畅通和规范群众诉求表达、利益协调、权益保障通道。完善网格化管理、精细化服务、信息化支撑的基层治理平台，健全城乡社区治理体系，及时把矛盾纠纷化解在基层、化解在萌芽状态。要强化社会治安整体防控。坚持依法严打方针，精准打击电信网络诈骗、跨境赌博、涉黑涉恶、涉枪涉爆、侵害妇女儿童权益和黄赌毒、食药环、盗抢骗等突出违法犯罪，不断增强人民群众安全感。完善群众参与平安建设的组织形式和制度化渠道，更好地广纳民智、广聚民力，建设人人有责、人人尽责、人人享有的社会治理共同体。

（孙韶华）

97. 提高安全生产水平要重点抓好哪些工作？

近年来，我国公共安全保障能力持续提升，为有效防范化解风险挑战、促进经济社会发展、保障人民生命财产安全提供了有力支撑。但也要看到，安全生产领域依然面临复杂严峻挑战、还存在短板弱项。必须既立足当前、着力解决突出问题，又立足长远、不断完善体制机制，全面提高治理水平，切实保护人民生命财产安全、维护改革发展稳定大局。

（一）着力加强事前预防。公共安全治理是一个包括事前预防、监测预警、事中应急处置和事后恢复的完整过程。长期以来，我国公共安全治理比较注重危机处置和事后补救，相比而言，事前预防作用发挥有待加强。面对公共安全的新形势新需要，党的二十大作出推动公共安全治理模式向事前预防转型的重要部署。从安全生产来看，当前形势依然复杂严峻，对加强事前预防有着更迫切需求。一些长期积累的安全生产风险隐患集中显现，传统领域风险与新领域风险并存，产业规模增长快与"小散乱"企业多并存，等等。要全面贯彻安全第一、预防为主的方针，加快推动治理关口前移，进一步提高公共安全保障能力。要突出加强源头管控。综合运用法治、政策、科技、标准、工程治理等手段，严把规划安全关、安全准入关，提高安全设防的能力和水平。要强化重点领域常态化监管。对安全生产风险高、灾害隐患大的重点区域，比如城市高层建筑、地下轨道交通、大型综合体、危化企业等单位，人员密集类场所，老旧小区、棚户区、城中村的居民自建房等，要进一步加强日常防范、常态监管、前端处理，做到风险隐患早识别、早研判、早防范。

（二）着力夯实基层基础。基层一线是公共安全的主战场。要坚持眼睛向下、持续向基层末梢聚焦发力。我国是一个14亿多人口的大国，城乡间、地区间、行业间生产力发展水平差异明显，应急管理体系建设不平衡不充分的矛盾突出，特别是基层安全治理薄弱，成为突出的短板，表现在基层风险防范意识、应急救援能力不强，体制机制还不健全，救援人员、设备、经费等资源配备不足等方面。要坚持资源向基层倾斜、力量向一线下沉，健全保障机制，加大基础性投入，根据地区人口数量、经济规模、灾害事故特点、安全风险程度等因素，配齐配强应急救援力量。

（三）坚决遏制重特大事故发生。2023年内蒙古阿拉善盟煤矿坍塌、山西吕梁永聚煤矿火灾等重特大事故教训惨痛。安全生产责任重于泰山，须臾不可放松。要以全面开展安全生产治本攻坚三年行动为抓手，进一步加强重点领域、薄弱环节安全隐患排查整治，努力实现本质安全水平大提升。

一是深入落实安全生产责任制。紧紧抓住责任制这个"牛鼻子"，以责任到位推动安全制度措施到位。地方各级党委政府要落实"党政同责"领导责任，切实把安全生产摆在重要位置来抓。各部门要认真落实"三管三必须"的监督管理责任，即

97. 提高安全生产水平要重点抓好哪些工作？

"管行业必须管安全、管业务必须管安全、管生产经营必须管安全"。对发生重特大事故或者存在重大隐患拒不整改的，要严肃追责问责。积极推动企业健全安全责任体系，把责任措施层层压实到各个环节、具体岗位、每个人。从不少事故暴露的问题看，监管职责边界不清、"都管都不管"等问题还大量存在。去年有关方面对燃气全链条、各环节责任进行了梳理明确，取得初步成效。要聚焦重点领域、高危行业及新兴业态，紧盯"一件事"明确责任分工、健全工作机制、推进联合监管，消除监管空白，形成监管合力。

二是抓好重点行业领域安全生产。矿山方面，强力开展行业安全整治，严格落实防范遏制矿山领域重特大事故硬措施，对井上井下、露天井工、煤矿非煤矿山全面排查"过筛子"。危化品方面，制定化工企业异常工况安全处置准则，推动技术设备安全升级改造，深入推进化工园区安全整治提升。消防方面，要重点对"九小场所"即"小型学校幼儿园、小型医疗机构、小餐饮、小旅店、小生产加工企业等场所"、人员密集场所、多业态混合经营场所等开展"拉网式"排查，全面整治突出风险隐患。此外，还要做好其他高风险领域和场所、城镇燃气、自建房等方面的排查整治。深入排查整治电梯、索道、大型游乐设施等特种设备安全隐患，织牢人民群众生命安全保障网。

三是筑牢安全生产人民防线。深入普及防范风险意识。聚焦"人人讲安全、个个会应急"，持续开展安全宣传活动。加强各类企业和社会单位全员安全培训，提升从业人员安全素质和技能。广泛传播普及事故预防和应急知识,融入场景进行事故演练演训,提升社会公众风险防范意识和自救互救能力。加大"互联网+执法"推广应用,鼓励社会力量积极参与支持安全生产。

(孙韶华)

98. 如何完善社会治理体系？

社会安全有序，人民才能安居乐业，国家才能长治久安。党的十八大以来，以习近平同志为核心的党中央加强社会治理，推动社会治理现代化取得重大成就，续写了社会长期稳定奇迹。党的二十大报告强调，"健全共建共治共享的社会治理制度，提升社会治理效能"。我们要坚持和加强党对社会治理工作的领导，坚持人民在社会治理中的主体地位，遵循治理规律，把握时代特征，创新和完善社会治理，确保社会既充满活力又和谐有序。

（一）健全城乡社区治理体系。城乡社区是人们生产生活的主要空间，也是社会治理的基础单元。长期以来，党和政府通过社区这个平台，深入宣传党的方针政策，广泛组织和动员群众，办好民生实事和公共事务，积极回应群众关切，彰显了中国特色基层治理的显著优势。比如，在抗击新冠疫情中，社区作为抗疫工作最基本单位，有效支撑了精准防控，发挥了保障人民健康、维护社会稳定的重要作用。但也要看到，我国城乡社区发展不平衡不充分问题依然突出，社区治理和服务水平距离人民群众需求还有差距。比如，目前建有功能完善老年服务站的社区数量还不多，难以满足老年人的日常生活需求。再如，不少社区组织存在"事多人少留不住"、人才"断层"现象严重等问题。要进一步健全党组织领导的自治、法治、德治相结合的城乡基层治理体系，建立健全城乡社区治理规则体系、标准体系和评价体系。壮大社区人才队伍，优化人员结构，拓宽发展渠道，保持合理待遇水平，让他们安心扎根社区、服务群众。要强化城乡社区服务功能，在增加服务供给、补齐服务短板、创新服务机制上持续用力。去年底，《城市社区嵌入式服务设施建设工程实施方案》印发，加强面向社区居民，提供养老托育、社区助餐、家政便民、健康服务、体育健身、文化休闲、儿童游憩等服务的设施建设。要按照方案要求强化配套支持、推进工程实施，重点优化"一老一小"和助残服务，强化社区为民、便民、安民功能，让社区成为居民最放心、最安心的港湾。

（二）引导支持社会组织、人道救助、志愿服务、公益慈善等健康发展。 社会组织是社会治理的重要参与者和实践者。目前我国有近90万家社会组织，覆盖了经济社会方方面面。社会组织在助力脱贫攻坚、科技创新、环境保护、民生保障等方面发挥了重要作用，但也有一些社会组织凝聚力和自我约束不足，存在行为不规范、管理不严格，甚至违法乱纪的问题。要在方向引领、制度保障、监督管理、环境营造等方面发力，引导支持社会组织规范有序发展、发挥积极作用。要健全社会工作者职业体系，不断壮大志愿者队伍，为他们搭建平台、创造条件，更好发挥专业社工和志愿服务在社会治理中的作用。动员汇集更多社会资源，积极开展扶贫帮困、助学助医等民生服务和爱心活动。近年来，全社会慈善意识不断增强，全国登记慈善组织超过1.3万个，公益慈善力量在脱贫攻坚、疫情防控、乡村振兴等多方面发挥了积极作用。要进一步弘扬慈善文化，积极

98. 如何完善社会治理体系？

引导有意愿有能力的企业、社会组织和个人投身慈善、回报社会。加快推进信息化建设，健全综合监管体系，提升慈善事业的透明度和公信力。此外，还要发挥社会组织、志愿服务、公益慈善等作用，保障妇女儿童、老年人、残疾人合法权益。

（三）坚持和发展新时代"枫桥经验"，推进矛盾纠纷预防化解。新时代"枫桥经验"最突出的特点，就是牢牢抓住基层基础这一本源，最大程度把矛盾风险防范化解在基层、化解在萌芽状态。要完善正确处理新形势下人民内部矛盾机制，贯彻落实《信访工作条例》，加强和改进人民信访工作，畅通和规范群众诉求表达、利益协调、权益保障通道，持续加强信访问题源头治理和积案化解，最大限度把矛盾问题解决在当地。要推进信访工作法治化，牢固树立法治理念，推动信访工作依法规范运行、群众诉求依法理性表达、合法权益依法有效保护。要完善网格化管理、精细化服务、信息化支撑的基层治理平台，发挥调解、仲裁、行政复议、诉讼等方式化解矛盾的作用，排查化解重点领域矛盾纠纷。

（四）强化社会治安整体防控，切实维护社会安定。坚持依法严打方针，精准打击电信网络诈骗、跨境赌博、涉黑涉恶、涉枪涉爆、侵害妇女儿童权益和黄赌毒、食药环、盗抢骗等突出违法犯罪，不断增强人民群众安全感。健全社会心理服务体系和疏导机制、危机干预机制，严防发生个人极端暴力事件。要坚持打防结合、整体防控，专群结合、群防群治，加快完善立体化、信息化社会治安防控体系，提高对动态环境下社会治安的控制力，把握社会治安工作主动权。完善群众参与平安建设的组织形式和制度化渠道,更好地广纳民智、广聚民力,建设人人有责、人人尽责、人人享有的社会治理共同体。

(孙韶华)

99. 如何做好 2024 年外交工作？

2024年是中华人民共和国成立75周年，也是实现"十四五"规划目标任务的关键一年。要深入贯彻党的二十大精神，以习近平外交思想为指导，按照中央外事工作会议对今后一个时期对外工作的全面部署，对标中国式现代化目标任务，坚持自信自立、开放包容、公道正义、合作共赢的方针原则，围绕推动构建人类命运共同体这条主线，积极作为、开拓前行，努力为党和国家事业发展营造更加稳定有利的外部环境，为促进世界和平稳定与发展繁荣作出新贡献。重点应把握以下几个方面。

（一）深刻领会构建人类命运共同体理念内涵。中央外事工作会议指出，党的十八大以来，对外工作取得历史性成就、发生历史性变革，创立和发展了习近平外交思想，开辟了中国外交理论和实践的新境界，为中国特色大国外交提供了根本遵循。构建人类命运共同体是习近平外交思想的核心理念，是对建设一个什么样的世界、怎样建设这个世界给出的中国方案，是新时代中国特色大国外交追求的崇高目标。构建人类命运共同体，是以建设持久和平、普遍安全、共同繁荣、开放包容、清洁美丽的世界为努力目标，以推动共商共建共享的全球治理为实现路径，以践行全人类共同价值为普遍遵循，以推动构建新型国际关系为基本支撑，以落实全球发展倡议、全球安全倡议、全球文明倡议为战略引领，以高质量共建"一带一路"为实践平台，推动世界走向和平、安全、繁荣、进步的光明前景。要深刻领会、全面把握构建人类命运共同体理念的科学内涵和重大意义。

（二）全力做好元首外交的服务保障。今年元首外交的议程很多，要办好中非合作论坛、博鳌亚洲论坛、中国国际进口博览会、全球共享发展行动论坛等主场外交活动，推动中非关系和中国同"全球南方"国家关系提质升级，宣示中国维护亚洲繁荣稳定和世界和平发展的政策主张，展现中国继续扩大进口和支持经济全球化的实际行动，深化国际发展合作以更好落实全球发展倡议。做好我国领导人出席上合组织峰会、金砖国家领导人会晤、二十国集团领导人峰会、亚太经合组织领导人非正式会议等多边峰会的筹办工作。

（三）持续拓展同各国友好合作。以中俄建交75周年为契机，深化中俄战略互信和互利合作，在国际和地区重要事务上保持沟通协调，推动两国新时代全面战略协作伙伴关系不断走深走实。落实好中美元首旧金山会晤达成的重要共识，敦促美方把承诺落到实处，同中方一道秉持相互尊重、和平共处、合作共赢的原则，恪守中美三个联合公报精神，尊重彼此核心关切，妥善管控分歧，探索形成两个大国的正确相处之道。坚持中欧全面战略伙伴关系定位，密切中欧高层往来和战略沟通，共同支持多边主义和绿色发展，推动中欧关系行稳致远。坚持亲诚惠容理念和与邻为善、以邻为伴的周边外交方针，增进同亚洲邻国的友好互助和利益融合。深化同广大发展中国家的团结友好和务实合作，共同维护和扩大发展中国家的话语权和影响力。

（四）推动践行真正的多边主义。以和平共处五项原则提出70周年为契机，推动构建新型国际关系。倡导平等有序的世界多极化，坚持大小国家一律平等，反对霸权主义和强权政治，维护国际公平正义，切实推进国际关系民主化。推动国际社会共同恪守联合国宪章宗旨和原则，共同坚持普遍认同的国际关系基本准则，通过平等协商、充分对话方式共同建设公正合理的全球治理体系，支持联合国未来峰会达成顺应时代潮流的"未来契约"。巩固建设好扩员后的"大金砖合作"，支持巴西、秘鲁举办二十国集团峰会、亚太经合组织领导人非正式会议等多边会议，扩大"全球南方"影响力。全面落实全球安全倡议，坚持公平公正，积极劝和促谈，建设性参与解决巴以冲突、乌克兰危机等国际和地区热点，提出更多中国方案，贡献更多中国智慧，展现负责任大国的应有担当。中国始终做世界和平的建设者、全球发展的贡献者、国际秩序的维护者。

（五）促进各国合作共赢和共同发展。积极推进普惠包容的经济全球化，维护以世贸组织为核心的多边贸易框架，坚决反对逆全球化、泛安全化，反对各种形式的单边主义、保护主义，支持自由贸易和相互开放市场，主张各国应提升贸易和投资自由化、便利化水平，共同维护全球产业链供应链稳定安全畅通，推动经济全球化朝着更加开放、包容、普惠、均衡的方向发展，惠及更多国家和人民。落实全球发展倡议，加大对全球发展合作的投入，帮助发展中国家提升自主发展能力，助力各国共同实现现代化。抓好支持高质量共建"一带一路"八项行动的落实落地，稳步推进重大项目合作，实施一批"小而美"民生项目，积极推动数字、绿色、创新、健康、文旅、减贫等领域合作。提升领事服务质量，为中外人员往来提供更多出入境便利。加强海外利益保护机制建设，持续完善海外中国平安体系。

（刘武通）

附　录

《政府工作报告》起草组负责人介绍起草情况并答记者问

国务院新闻办公室于 2024 年 3 月 5 日（星期二）上午 11 时 30 分举行吹风会，请《政府工作报告》起草组负责人、国务院研究室主任黄守宏解读《政府工作报告》，并答记者问。吹风会由国务院新闻办公室新闻局局长、新闻发言人陈文俊主持。以下为吹风会文字实录。

《政府工作报告》起草组负责人介绍起草情况并答记者问

陈文俊：女士们、先生们，中午好！欢迎大家出席国务院新闻办吹风会。今天，我们很高兴地邀请到《政府工作报告》起草组负责人、国务院研究室主任黄守宏先生出席吹风会，为大家解读《政府工作报告》。下面先请黄守宏先生作介绍。

黄守宏：各位记者朋友，大家中午好！很高兴和大家见面，介绍《政府工作报告》起草的相关情况。

大家知道，去年是贯彻中国共产党第二十次全国代表大会精神的开局之年，今年是新中国成立75周年，也是实现"十四五"规划目标任务的关键一年。在当前世界经济形势复杂多变的背景下，作为世界第二大经济体的中国，过去一年的工作怎么样、怎么看？今年又定下什么新目标、打算怎么干、发展前景如何等，这些问题不仅中国老百姓关心，国际社会也广泛关注。今天上午李强总理所作的《政府工作报告》对去年的工作进行了回顾，对今年的工作作出了部署，阐明了施政方略，回应了各方关切。

中共中央、国务院高度重视《政府工作报告》的起草工作，习近平总书记主持中央政治局常委会会议、中央政治局会议，审议《政府工作报告》，多次作出重要指示，提出明确要求，这为我们《报告》起草工作指明了方向、提供了根本遵循。李强总理主持今年的《政府工作报告》起草工作，先后主持召开国务院常务会议、国务院全体会议进行讨论，也多次召开专题会议研究和修改《报告》，研究制定相关政策。

《政府工作报告》作为政府施政的纲领性文件，是有一定规范的。今年的《报告》既遵从这个规范，同时也有一些新的特点。这些特点可以从很多方面来概括，我个人理解，可以从三个方面来看：

第一，《报告》上接天线、下接地气。所谓"上接天线"，就是《报告》把准政治定位，全面贯彻了以习近平同志为核心的党中央的决策部署。这可以说是今年《报告》最突出的特点、最重要的特点。大家知道，本届政府去年履职之初就明确提出，要当好贯彻党中央决策部署的执行者、行动派、实干家。今年《政府工作报告》开始起草的时候，李强总理就明确提出要求，《报告》必须不折不扣贯彻党中央的决策部署。今年《报告》的主要内容，包括去年工作的回顾和今年政府工作的总体要求、主要预期目标、宏观政策取向、重点工作任务等，都是按照习近平总书记在去年中央经济工作会议发表的重要讲话精神起草的。今年《政府工作报告》部署了十项重点工作任务，有九项是习近平总书记在中央经济工作会议讲话中部署的重点任务。同时，考虑到科技、教育、人才是全面建设社会主义现代化国家的基础性、战略性支撑，考虑到党的二十大报告把"科技、教育、人才"单列一章，所以《政府工作报告》增加了一条"深入实施科教兴国战略，强化高质量发展的基础支撑"。同时《政府工作报告》根据惯例，增加了文化、社会治理、政府自身建设、民族宗教侨务、国防和军队建设、港澳、对台、外交等方面内容，这些内容也是按照党中央相关精神起草的。中央经济工作会议之后，党中央又召开了一系列重要会议，比如说中央全面深化改革委员会会议、中央财经委员会会议等，这些会议上也都制定了一些重大举措，每次会后起草组都及时学习领会，在《报告》中予以体现。《报告》在征求意见过程中，各方面都一致认为，今年的《报告》切实做到了"三个充分体现"，即充分体现了习近平新时代中国特色社会主义思想，充分体现了党的二十大和二十届二中全会精神、中央经济工作会议精神，充分体现了习近平总书记重要指示批示精神和党中央决策部署。

所谓"下接地气"，就是《报告》把准社会脉搏，充分反映了民心民意、回应了各方面特别是基层、群众、企业的关切，各项政策和举措符合实际、贴近群众、贴近企业。怎么做到这一点的呢？就是广泛听取意见。广泛听取意见，不仅今年的《政府工作报告》这样做了，我们党制定重要文件、重要政策也都是这样做的。因为"从群众中来，到群众中去"，这是中国共产党的群众路线的领导方法和工作方法。习近平总书记对研究制定政策、制定文件提出了明确要求，就是要"开门问策、集思广益"。习近平总书记身体力行，在这方面作出了表率。比如，为准备去年的中央经济工作会议，习近平总书记主持召开一系列座谈会，广泛听取意见，多次到各地考察调研，深入进行研究。这一点大家从新闻报道中、从电视镜头上都可以看到，习近平总书记深入到工厂车间、田间地头，与基层干部和普通群众话家常、听建议，总书记这种倾听民意、感知民情、体察民生的实际行动为我们树立了标杆。党中央作出的重大决策本身就是集思广益的结果，起草好《政府工作报告》，贯彻好党中央的决策部署，也必须开门问策、集思广益。

在起草和修改《政府工作报告》过程中，李强总理多次去基层调研，多次召开座谈会听取各方面的意见，包括召开了三场座谈会，一场是专家、企业家、教科文卫体领域代表的座谈会，一场是各民主党派中央、全国工商联负责人、无党派人士代表座谈会，还去地方召开了由部分省、市、县、乡负责人参加的座谈会，当面听取对《政府工作报告》的意见。国务院其他领导同志也以多种方式听取意见和建议。

在起草《政府工作报告》过程中，起草组充分听取了各地区、各部门和社会各界的意见建议。《报告》稿形成的重要基础就是各地区、各部门提出的工作意见和建议。稿子形成后又印发各地区、各部门、各单位征求意见，今年发出4000多份，从中梳理出1100多条意见建议。社会各界对《政府工作报告》起草高度关注，通过各种方式提出了大量建议。其中，很多的新闻媒体、网络平台、微博、论坛等也都整理了网民的意见。比如，今年中国政府网联合29家网络媒体平台开展了"@国务院 我为政府工作报告提建议"的建言献策活动。截至3月4日，累计收到网民建言超过160万条，比去年增长82%。中国政府网从中精选出1150条有代表性的建言转给起草组，他们做了初步梳理，转给我们的这些意见建议每次都是厚厚的一大本，里面的内容很翔实，有理由、有建议，甚至有的网民还提出了政策建议的可行性分析、出台时机等，想得非常周全。在建言的网民中，有老有少、有男有女，最大的82岁、最小的12岁。有网民对广泛听取意见予以肯定，有网民说"问需于民、问计于民让政府工作报告更接地气、更有底气、更有生趣"。

在征集活动中，还收到了来自40多个国家的网友建言，包括投资人、经济学家、教师、医生等，他们对在中国投资兴业、签证办理、到中国旅游购物等提出了意见建议。从今年来看，提出建言的外国网友数量和涉及国家数量均比前些年大幅增长，这也从一个侧面反映出国际上越来越多人关心中国、看好中国、愿意与中国合作、与中国人民同行。

总体来看，对今年《政府工作报告》提出建议的人数众多，涵盖了各个职业和年龄段人群，具有广泛代表性。

直接参与《政府工作报告》修改的，大体算下来有1万人。这里面包括前面讲的4000多位地方和部门有关负责人、部分全国人大代表和全国政协委员，还有其他有关人士。

对于各方面意见和建议，包括网民建言，我们都是逐条研究，看看能不能吸纳，哪些能全部吸纳，哪些能部分吸纳，还要考虑怎么吸纳，文字上如何表述。在这些建言建议中，哪怕某条意见不能整条接受，也要分析其中有没有合理的成分，有没有值得深入挖掘的点和今后工作的线索与指引。我们就这样逐条研究、反复斟酌讨论，按照能吸收尽量吸收的原则提出起草组的建议，按程序报党中央、国务院批准后写入《报告》。今后几天，我们还要根据人大代表、政协委员的意见建议继续进行修改。

第二，《报告》上下贯通、融为一体。《报告》把党中央的决策部署，把社会各方的诉求、意见建议结合起来、统一起来，转化为政府及其相关部门具体的任务书、施工图和政策清单。大家知道，中央经济工作会议定的是总基调、大盘子、大政策，企业和群众提出的是具体愿望和诉求，这些都需要细化实化为可操作、可落地的具体政策和工作举措。《报告》经过几上几下反复研究论证，形成了一个个具体的工作任务、一项项具体的政策举措，这样就把党中央的决策部署和企业、群众的愿望诉求有机统一起来了。

由于《政府工作报告》涉及到方方面面，需要表述的内容很多，但篇幅又有限，所以我们在尽可能精简文字的同时，每句话都反复推敲修改，尽可能用最简短的语言表达更丰富的内容和含义。在做好这个工作的同时，按照李强总理的要求，今年我们特别注意加强了《政府工作报告》和计划报告、预算报告的统筹衔接。《政府工作报告》主要是讲重点、讲概要。《政府工作报告》现在1.69万字。计划报告和预算报告就是要讲具体、讲翔实。现在计划报告有5.89万字，预算报告1.95万字。三个报告相互补充，形成了一个有机整体，大家在看《政府工作报告》的时候，同时要结合看计划报告、预算报告，这样就会对今年政府总体工作安排有一个全面把握和理解。

第三，《报告》实事求是、务实平实。有的记者朋友在现场听了李强总理所作的《报告》，可能对这一点印象很深刻。今年《报告》遵循报告的文体规范，力求平实朴素，尽可能做到言之有物。讲去年的成绩，注重用事实和数据说话，不作渲染；讲去年工作突出年度特色特点，也没有面面俱到。部署今年工作着重讲新安排、新举措，对需要持续推进的重要工作、需要持续实施的重大战略，尽可能做了精练概括；安排各项政策和工作举措时注重讲干货。大家最感兴趣的、最关心的就是《报告》有没有干货。《报告》力求针对性强，提出的政策举措有用管用，真正以实招、硬招、暖招回应社会各方面的关心关切。语言表达上尽可能通俗简洁，让老百姓能听得懂，能理解。

前面介绍了《政府工作报告》起草的相关情况和特点。最近我看到一些国际上的报道，注意到有些人经常感到很疑惑的是，为什么这些年同样面临复杂严峻的国际环境和各种风险挑战，很多国家经常出现政府提出的发展目标实现情况不及预期或者差得比较远，而中国制定的目标、提出的任务总是能够完成，中国的发展不断取得新的成就、不断创造新的辉煌。这里面的原因很多，其中一个重要原因就是中国共产党和中国政府制定发展目标、提出重要政策，走的是群众路线、发扬的是民主、寻求的是最大公约数，具有坚实的社会基础、民意基础，而不是少数人在那里闭门造车，反映的也不是少数人的意愿、诉求。今年的《政府工作报告》充分体现了党心民心交融、政声民意共鸣，也充分反映了全国人民的意志、愿望和要求。相信《政府工作报告》经过全国人代会审议通过后，一定会变成全国人民共同奋斗的自觉行动，一定能凝聚起推动经济社会发展的强大力量，提出的目标任务也一定能够完成。中国有句话大家耳熟能详，就是人心齐、泰山移。

《政府工作报告》全面系统、内容丰富，理解《报告》要把握好其中的主旨要义。我个人体会，《报告》的灵魂就是习近平新时代中国特色社会主义思想，《报告》的"纲"与"要"就是中央经济工作会议精神，贯穿《报告》的主脉络就是把坚持高质量发展作为新时代的硬道理，整篇《报告》都是围绕经济建设这一中心工作和高质量发展这一首要任务展开的。推动高质量发展，必须完整、准确、全面贯彻新发展理念，把握好蕴含其中的改革、开放、创新这个大逻辑和保障改善民生这个出发点和落脚点。

限于时间，我就简要给各位介绍上述情况，下面我愿就《报告》的起草工作与各位进行交流。谢谢。

陈文俊： 谢谢黄主任，下面欢迎各位提问，提问前请通报自己所在的新闻单位。

中央广播电视总台央视记者： 今年《政府工作报告》回顾了去年的工作和取得的成绩，对于这份成绩单您怎么看？《报告》在回顾去年、总结成绩的时候，经常用到"来之不易"的表述，在您看来去年的不易有什么样的不同，是怎么克服的？谢谢。

黄守宏： 谢谢你的提问。过去一年已经过去，大家都是一起走过来的，对去年的成绩、成就怎么看，见仁见智。总体来讲，我认为去年的成绩单是一份可圈可点、沉甸甸的成绩单，是一份既有显绩又有潜绩的成绩单，是一份既有物质财富也有精神财富的成绩单。

大家可以从这份成绩单中看到，有外在的、有形的、看得见的、可用数据来衡量的成就。比如，我们的经济总量超过126万亿元，经济增速达到5.2%，等等。这些成绩，我们可以进行横向比、纵向比来把握。从纵向比，即与我们过去比，5.2%的增速比上年加快了2.2个百分点，也快于疫情三年4.5%的平均增速；从横向比，在世界主要经济体中我们也是名列前茅，依然是世界经济增长最大的引擎，现在对世界经济增长的贡献率仍保持在 30% 左右。

这份成绩单中，也有不好量化或者难以量化，但我们每个人都能够感知、可以感受到的成就。比如说，新产业、新业态、新模式不断涌现，交通出行更加便利，可选择的商品和服务更为丰富，等等。

这份成绩单中，还有很多内在的、深层次的、静悄悄的成效，比如理念的转变、制度的不断完善、作风的改进、发展方式的加快转变，等等。

看去年的成绩单可以从多个维度、多个层面。中国有句古诗，"横看成岭侧成峰，远近高低各不同"。站在不同的角度，对这个成绩单也有不同的感受。总的来看，去年中国经济发展既有量的增长，也有质的提升，还有无形的积极向好的变化，应该说成绩单的含金量很高。对去年的工作和成绩，习近平总书记在新年贺词中讲得非常深刻：这一年的步伐，我们走得很坚实、很有力量、很见神采、很显底气。

这份成绩单可以说是付出艰辛努力取得的，很不寻常。刚才你提问时讲到，我们提到成绩时经常用"来之不易"这个表述。确实，《报告》中回顾去年工作用的是"成绩来之不易"。在征求意见过程中，不少单位、个人提出修改意见，"来之不易"的"不易"前面要加词，有的加"十分"，有的加"殊为"，有的加"极其"，等等。前面讲到今年的《报告》讲究平实朴素，所以"十分"、"极其"、"殊为"没有写入《报告》，但是去年的情况确实是十分不容易的。在座的各位记者朋友都是亲历者，对此也都深有感触。去年年初，疫情防控实现平稳转段，转段的过程就是一个很复杂的过程，各个方面付出了艰辛的努力，实现平稳转段本身就是巨大的成就。

从经济发展来说，《报告》里讲，去年面临着多重困难挑战交织叠加的局面。可以说，去年工作中遇到的困难是多年少有的，是"几碰头"，既有疫情因素，也有疫后经济恢复的复杂因素。在三年疫情中，我们取得了巨大成就，最大程度保护了人民群众的生命安全和身体健康。但经济运行受到冲击，经济肌体受到损伤，还有长期积累的矛盾和问题不断显现，像房地产、地方债务、中小金融机构等风险隐患凸显。同时，还出现了很多新情况新问题，外需下滑和内需不足碰头，周期性问题和结构性问题并存，等等。这些挑战能应对好其中一项就很不容易，把这些挑战都能够有效应对好、有效处置好就更不容易。综合来讲，去年面临极其复杂严峻的局面，我们能把经济稳住、完成全年经济社会发展目标任务就很不简单。在许多方面，像《报告》中所讲，又出现许多积极向好的变化，这就更为难得。理解、认识去年的成绩单，一定要结合背景、环境和条件。

中国在去年能取得这些来之不易的、可圈可点的成就，靠的是什么？《报告》中指出，根本在于习近平总书记领航掌舵，在于习近平新时代中国特色社会主义思想科学指引，是以习近平同志为核心的党中央坚强领导的结果，是全党全军全国各族人民团结奋斗的结果。这份成绩单再次彰显了"两个确立"的决定性意义，也充分显现了中国经济发展具有强大的韧性、潜力和后劲。

从宏观政策和实际工作角度来看，去年有三个方面的特点值得总结。

一是突出固本培元。《报告》中用了这个词，这是中医上经常讲的一句话。经历三年疫情之后，去年中国经济总体处于"大病初愈"的恢复阶段，同时又面临多重困难和挑战，经济运行的压力加大。在这种情况下，应对的思路有两种。一个是在短期内，为了把增速抬起来，实行"大水漫灌"和强刺激政策，这样做肯定短期内能取得较高的增速，但是会留下后遗症。另一个是采取稳中求进的方式，中医对大病初愈的病人调理身体、调养、恢复元气，也是这样一种方式。经过权衡比较，我们用了固本培元的办法，统筹稳增长和增后劲，采取了一些措施，这些措施既有利于当前，也有利于今后的发展。

二是发挥组合效应。由于去年面临多重挑战，而且每个挑战背后的性质和特点不同，单一的政策很难"一剑封喉"。所以去年我们更加注重政策的组合性、协同性，围绕扩大内需、优化结构、提振信心、防范化解风险等任务，统筹用好财政、货币、就业等各项政策，打出了一套有力有效的政策组合拳，形成了合力。

三是注重精准施策。针对不同的矛盾和问题，采取不同的举措，做到有的放矢、对症下药。比如，去年针对不同经营主体的情况和诉求，我们分别推出了支持国有企业、民营企业、外资企业发展的政策，这里面既有共同的、一致的政策，也有基于不同困难、不同诉求的一些针对性措施。

总的看，去年的成就是可圈可点的，积累的经验也是非常宝贵的。读懂、读透、读好过去一年的成绩单，就会对中国经济过去这些年为什么"行"、为什么"能"、为什么"好",有更深刻的认识和理解,也会对完成今年的发展目标更有信心、底气更足,因为这背后的逻辑、根本的动因都是一致的。我在这个问题上多花点时间给大家介绍,也是出于这样的考虑。谢谢。

美国国际市场新闻社记者: 根据《政府工作报告》,中国将今年经济增长目标定为5%左右,请问为什么定在这个水平?中国政府将采取什么措施确保达到这一目标?

黄守宏: 谢谢你的提问。今年我们把经济增长目标定为5%左右,综合考虑了各方面因素,包括国内国际形势,包括需要与可能,可以说是立足当前、着眼长远而制定的。具体来说,从当前需要看,我们要扩大就业、增加居民收入、防范化解风险,都需要一定的经济增速。今年的就业压力是比较大的,城镇新增就业要达到1200万人以上。根据就业与经济增长的对应关系,或者根据经济增长对就业的拉动效应,大体测算一下,要实现就业目标,需要保持5%左右的经济增速。当然,还考虑了其他方面的需要。

从长远或者从中长期来看,到2035年基本实现社会主义现代化,人均国内生产总值就要达到中等发达国家的水平,这里虽然没有明确的数量要求,但是隐含着对经济增速的要求。根据各方面的测算,从现在到2035年要基本实现社会主义现代化的目标,大体要保持在5%左右的经济增速。从可能来讲,是综合分析了当前我国经济增长的支撑条件和有利因素权衡的。

这些年来,党和政府制定发展目标其实都是这么做的,既考虑到需要也考虑到可能。从需要来讲,目标高一点更好,但是如果没有支撑，达不到也不行。关于提出的增速目标能不能实现，我认为今年实现5%的增速是有条件有支撑的。

这一段时间不光是在中国国内，一些主要国际机构、经济学家等对今年中国经济增速也做了预测，进行了相应讨论，同样是见仁见智。我们说有信心、有能力实现这个目标，是有根据的。在这里，我不从学术和理论上阐述这个问题，仅从基本逻辑、基本常识的角度来谈谈看法。

一是支撑中国经济发展，包括去年实现5.2%的增速，这背后的基本动因是没有改变的，而且很多方面在显著增强。《报告》中讲到，中国经济发展具有诸多优势，包括超大规模市场的需求优势、产业体系完备的供给优势、高素质劳动者众多的人才优势，等等。比如，这些年新动能在快速发展，一年比一年增强。新能源汽车在短短十多年时间从无到有、发展壮大，去年产销量超过900多万辆，占全球比重超过60%。

二是今年以来经济发展的积极因素在增多，制约去年经济发展的一些不利因素在趋于弱化。比如，去年1、2月份，我们还在为实现疫情平稳转段努力，今年疫情的"疤痕"效应在减弱。再如，防范化解房地产、地方债务、中小金融机构等风险方面，去年通过各方面协同努力，取得了积极成效。房地产投资销售总体上有所好转，当然有些情况还在变化。地方债务风险整体得到缓解。中小金融机构改革化险步伐也在加快。在这些重大风险隐患的防范化解方面，我们的任务仍然艰巨，同时也出现了新情况新问题。但不管怎么说，今年和去年相比情况总体是向好的，而不是在恶化。还有一些因素同样如此。我这样讲决不是无视困难和挑战,实际上今年中国经济发展面临的国内外形势依然严峻复杂,《政府工作报告》中用了较长篇幅阐述我们面临的困难和挑战。困难年年都有,日子年年难过年年过,每年过得还不错。拉长周期来看,中国经济这些年从来都是在应对困难和挑战中发展的、前进的、壮大的。

三是去年以来采取的一些重大政策措施的政策效应今年也在持续显现。政策从实施到见效需要一个周期,去年下半年采取的一些政策效应主要会在今年显现。

此外,我们在有效应对前几年的风险挑战,特别是在应对去年多年少见的风险挑战中,积累了丰富的经验。从财政金融状况来看,中国政府负债率不到60%,金融总体稳健,宏观政策还有比较大的空间。为了实现这个目标,《政府工作报告》中提出了很多重大政策。如果将来中国经济遇到超预期的冲击,或者国际环境发生超预期变化,我们政策工具箱里还有储备工具。

《报告》中讲,综合分析研判,今年我国发展面临的环境仍是战略机遇和风险挑战并存,有利条件强于不利因素。去年经济增速能达到5.2%,今年实现5%左右的增速完全是有可能的。当然,很多目标都是要经过努力而实现的,今年实现5%左右的增速需要攻坚克难,需要各方面共同努力。《报告》中强调,只要我们贯彻落实好党中央决策部署,紧紧抓住有利时机、用好有利条件,把各方面干事创业积极性充分调动起来,一定能战胜困难挑战,推动经济持续向好、行稳致远。这就是说,我们有信心有能力实现今年的增长预期目标。谢谢。

人民日报记者：我们注意到今年的《政府工作报告》在保障和改善民生方面提出了不少新的政策举措，大家都很期待。今年老百姓能收到哪些民生礼包？能不能综合说一说。另外，一些地方基层财政比较紧张，这些民生承诺能否最终全部兑现？谢谢。

黄守宏：谢谢你的提问。增进民生福祉是发展的根本目的。今年《报告》聚焦群众关切的问题，提出了不少保障和改善民生的政策举措。在今年政府工作的总体要求中，对增进民生福祉提出了明确要求，相关内容在其他部分都有涉及。

在教育方面，《报告》中提出要改善农村寄宿制学校办学条件。现在全国义务教育阶段寄宿制学生有3000多万人，不少是留守儿童。这些年农村寄宿制学校的条件虽然有了很大改善，但还存在不少薄弱环节。为了让这些孩子读好书、上好学，针对加强这些薄弱环节，《报告》提出了明确要求。

在医疗卫生方面，《报告》中提出今年继续增加基本医疗财政补助，城乡居民医保人均财政补助标准提高30元，达到每人每年670元。《报告》还针对群众反映突出的看病难、报销难等问题，强调落实和完善异地就医结算，强调以患者为中心改善医疗服务，推动检查检验结果互认。

在社会保障方面，《报告》提出今年要在继续提高退休人员基本养老金的同时，将城乡居民基础养老金月最低标准提高20元。这件事我简单作个介绍，现在全国有1.7亿多老年人领取城乡居民养老保险待遇，今年将最低标准提高20元，增长了19.4%，是近年来上调幅度较大的一次。

《报告》中关于民生保障方面的内容还有很多,限于时间这里不一一点了。

刚才你谈到一些地方的财政比较紧张,《政府工作报告》提出的,包括计划报告、预算报告里提出的,政府安排部署的改善民生的措施有没有财力支撑?能不能兑现?针对这个问题,在《政府工作报告》中特别作出了安排。在积极的财政政策中强调,要大力优化支出结构,强化国家重大战略任务和基本民生财力保障。今年中央对地方转移支付要保持必要的力度,预算安排超过10万亿元,同时要推动省级政府下沉财力,确保基层"三保"不出问题。具体的民生支出规模,预算报告中有详细安排,大家可以对照着看。

关于今年改善民生的部署安排,相信经过上下共同努力,一定能够落实到位。《政府工作报告》还提出了很重要的一点,就是要以发展思维看待补民生短板问题。改善民生也是促进经济发展的动力,就业、养老、医疗等民生问题的解决,既能增进民生福祉,同时也能把巨大内需潜力激发出来。我们要解决民生问题,包括"一老一小"、便利孩子入托入园等,就需要增加投资,这又能带动其他方面的支出。之所以说这些民生保障和改善措施能够落实,是因为在制定措施、提出目标任务的时候,已经充分考虑到了其可行性,政府也已经研究制定了一些配套办法和措施。在保障和改善民生方面的一个基本原则是尽力而为、量力而行,政府主要履行好保基本、兜底线的职责,在此基础上尽最大努力提高保障水平。谢谢。

北京青年报记者:关于民生的问题。就业是最大的民生,这两年青年人尤其是高校毕业生就业工作受到广泛关注。今年《政府工作报告》提出城镇新增就业目标是1200万以上，今年就业压力还是比较大的，设定这个目标有什么考虑？这个目标今年能否顺利完成？谢谢。

黄守宏：谢谢你的提问。就业是最大的民生，既是"国之大者"，也是个人的大事，对一个家庭来讲，孩子能就业、就好业，这是最为关心的。

这些年党中央、国务院对就业工作高度重视，采取了一系列措施，今年《报告》中更加突出了就业优先导向，制定了一系列措施。首先，从导向上来讲，今年《报告》中将城镇新增就业预期目标设定为1200万人以上。大家要注意"以上"二字，去年是用"1200万人左右"，今年是"以上"，这就体现了党和政府做好就业工作的力度、决心和鲜明的政策导向。

为了实现就业目标，特别是保障年轻人、高校毕业生就业，《报告》中提出了一系列政策举措，概括起来有以下三个方面。

一是加大政策支持力度。从宏观政策看，《报告》中要求今年加强财政、金融等政策对就业的支持力度，要多出有利于稳预期、稳增长、稳就业的政策。同时，专项促就业政策也加大力度，比如失业保险稳岗返还、稳岗扩岗专项贷款、就业社保补贴等。

二是加大对重点行业企业和重点群体的支持。《报告》中要求加强对就业容量大的行业企业的支持，加大对高校毕业生等重点群体帮扶。同时，对社会上关心的公平就业、权益保障等工作，《报告》也作了安排。

三是加强职业技能培训。现在，我们国家就业总量压力大和结构性矛盾并存，很多行业、很多领域、很多地方，既有有人没活干的问题，也有有活没人干的问题。很多行业和领域都存在人才短缺问题，比如制造业领域人才缺口有3000万人；再比如养老护理人员，潜在的人才需求1000多万，现在只有30多万。家里有老人的，特别是有失能老人的都有深刻体会，找一个好的护理人员很难，找有技能的、有护理经验的更难。还有，医院里的医疗护理人员也缺。我们国家有500多万护士，每年会增加30万人，但是每千人口护士数量只有3.7人，发达国家一般是8—15人。从这些短缺背后，反映出我们的就业潜力很大，关键是要采取措施，使劳动力供给与需求相匹配，包括劳动者的就业技能、专业和能力要适应需求。《报告》中提出要适应先进制造、现代服务、养老照护等领域的人才需求，加强职业技能培训。通过实施这些政策，既能缓解当前就业压力，同时也能够提高劳动者素质，满足经济发展对高技能人才的需求。

总体来看，今年稳就业确实有很大压力，同时也有很大的潜力。只要把这些潜力充分释放出来，今年的就业情况一定会是好的。谢谢。

新加坡联合早报记者：中国总理李强在《政府工作报告》中提到今年财政赤字率安排在3%，请问今年为什么把赤字率定在这个水平？如何解读今年这个赤字率？谢谢。

黄守宏：谢谢你的提问。大家知道，财政赤字率是反映财政政策力度和财政风险水平的重要指标，在国际上有一个所谓

3%赤字率警戒线的说法，当然也不是金科玉律，很多国家在一定时期远远超过3%，有的达到两位数。对中国而言，这些年从支持经济发展、防范财政风险、实现财政可持续这些角度考虑，我们的赤字率一直保持在合理适度的水平。这么多年来，我们只有在应对新冠疫情冲击时的2020年、2021年超过了3%，前些年都是在3%以下。去年年初安排预算的时候，赤字率是按照3%安排的，四季度增发了1万亿元国债，这个国债是计入赤字的，算下来赤字率就提高到了3.8%左右。今年的赤字率按3%安排，实际和去年年初预算水平是一样的。虽然和去年增发1万亿国债之后相比降了一些，但是整体来讲这个水平是适度的。这样安排符合中国经济运行整体向好的客观实际，向外界释放出积极的信号，也有利于控制政府负债率、增强财政可持续，为应对将来可能出现的风险挑战预留政策空间。综合考虑这些因素，今年我们定了3%的赤字率。

我注意到，最近一段时间有关方面专家学者、一些机构在讨论中国的赤字率应该定多少的问题。有的提出应比3%高一点，也有的提出要低一点。财政赤字率要放在总的财政盘子里来看。今年《报告》明确的是"积极的财政政策要适度加力、提质增效"，这是需要多种政策工具有机组合、发挥整体规模效应的。这里既包括赤字，也包括地方政府专项债、国债、税费优惠等其他政策工具。在解读的时候，不能因为赤字率比去年调整预算后降低了，就认为我们积极的财政政策力度是减弱的，应该把整个《报告》中讲的积极财政政策的内容统筹起来衡量和考虑。即使这个赤字率同样是3%，但由于今年国内生产总值这个分母大了，今年赤字规模达到 4.06 万亿元，比去年年初预算增加 1800 亿元。除此之外，地方政府专项债增加了 1000 亿元，达到 3.9 万亿元。再加上今年财政收入会保持恢复增长势头等，算下来财政支出的盘子还是不小的。今年安排的一般公共预算支出扩大到 28.5 万亿元，比去年增加 1.1 万亿元。总体来看，今年的财政政策是适度加力的，关键是要把这些钱花好、用好，用到最重要的地方，就是《政府工作报告》中讲到的要保障好国家重大战略任务、保障好基本民生财力需求。谢谢。

深圳卫视直新闻记者： 去年我国实际使用外资金额下降，我们了解到一些外资企业对于在中国发展的前景、信心有所减弱，请问如何看待这一问题？对于今年吸引外资方面有哪些政策举措？谢谢。

黄守宏： 谢谢你的提问。从数据上看，去年我们实际使用外资金额出现了下降。任何一件事情的发展变化都一样，短期的波动是正常的，是多种因素造成的，其中包括很多偶然性因素、阶段性因素。看待这个问题，重点是看趋势、看走势。

从去年来看，据联合国贸发会议的数据，如果扣除投资中转地增长较快这个因素，全球外国直接投资下降 18%。同时，各国招商引资力度都在加大，招商引资的竞争趋于激烈。去年按人民币计价，中国吸引外资的增速下降 8%，但是从总体规模来讲，横向比、纵向比都是比较好的。纵向比，从我国历史上看，现在是第三高位，比 2021 年、2022 年略低一点。从横向看，我国吸引外资金额在发展中国家居首位，占全球比重保持在 10% 以上，大体是稳定的。

当然，我们吸引外资也面临一些扰动因素，确实有一些值得注意的新情况、新问题。但是有一条，投资者是理性的，是要看中长期回报的。据有关方面统计，最近几年在华投资兴业的外商，直接投资收益率在9%左右，在国际上处于比较高的水平，所以中国在全球依然对外资具有强大吸引力。中国市场大、发展潜力大，很多技术只要拿到中国来，很快就能够推广，包括数字经济方面的一些新技术。中国智能手机用户、网民数量都有10多亿，这些新技术来到中国都能够很快应用。中国的投资潜力、投资机遇是巨大的，外商对中国的投资依然保持高度热情。近期看到一些外国商会调查报告显示，绝大多数在华投资的企业都表示不会减少投资，有很高比例的企业将继续把中国作为全球首选或者前三投资目的地。

关于吸引外资方面采取的政策措施，《政府工作报告》中提出了几个方面：**一是稳步扩大制度型开放。**包括规则、规制、管理、标准等方面的开放。**二是继续放宽外资市场准入。**这些年，外资准入负面清单不断缩减，2013年首张外资准入负面清单有190条，目前全国版缩短到31条、自贸试验区版27条。今年《报告》提出全面取消制造业领域外资准入限制措施，也就是制造业的条目要清零，还要放宽电信、医疗等服务业的准入。同时，对有违内外资公平竞争的政策措施，要进行常态化清理。**三是提升外资服务保障水平。**包括打造"投资中国"品牌，让外籍来华人员工作、学习、旅游更便利等。谢谢。

澎湃新闻记者：我们了解到现在一些民营企业信心不足，对发展前景不乐观，不愿意投资扩产，这进一步影响到民间投资和就业。请问提振民营企业预期和信心方面，今年将采取哪些有效措施呢？

黄守宏：谢谢你的提问。民营经济是中国经济的重要组成部分，也是现代化建设的重要力量。党中央、国务院对民营企业、民营经济发展高度重视，习近平总书记最近这些年发表一系列重要讲话，党中央、国务院去年出台了促进民营企业发展壮大的文件。在《政府工作报告》中提出了以下几个方面的举措。

一是落实和完善各项支持政策。这些年，我们围绕促进民营企业发展，已经出台了不少支持政策。这些政策总体落实情况是好的，但有些还没有落实到位，今年要继续把这些政策落实落细。还围绕企业关切推出一些新举措，比如针对民营企业反映比较突出的拖欠账款问题，《报告》要求健全防范化解拖欠企业账款长效机制。针对民营企业反映的融资难融资贵问题，《报告》提出要提高民营企业贷款占比、扩大发债融资规模，等等。

二是围绕企业关切优化营商环境。《报告》中强调要着力解决民营企业在市场准入、要素获取、公平执法、权益保护等方面存在的突出问题，这些问题也是民营企业反映较多的。同时，还将在深化全国统一大市场建设等方面采取措施，坚决维护公平竞争的市场秩序。

三是支持民营经济创新发展。改革开放以来，很多民营企业敢拼敢闯敢干，在促进增长、增加就业、改善民生等方面发挥了积极作用，展现了优秀的企业家精神，这是一笔很宝贵的财富。《报告》中指出,要弘扬优秀企业家精神,支持企业家专注创新发展,踏踏实实把企业办好。一方面,从政府来讲要营造好的环境,为民营企业搭建舞台;另一方面,民营企业家要积极开拓进取、克服困难挑战。回想改革开放40多年来,民营企业也都是在应对困难中发展的,现在确实面临不少困难和问题,但是想一想,跟40多年前比、跟10年前比、跟5年前比,现在民营企业发展的条件更好、各方面的有利因素更多。市场机制、法治环境、信用体系等,现在跟过去比,不知好了多少。过去在党和政府支持下,民营企业不断发展壮大,创造了辉煌。在今天的环境下,民营企业按照党中央的要求,积极开拓进取,今后一定会取得新的成就、创造新的辉煌。谢谢。

第一财经记者: 去年年底的中央经济工作会议指出,有效需求不足是当前经济需要克服的困难和挑战,今年《政府工作报告》中就着力扩大国内需求作出了部署,下一步扩内需主要从哪些方面发力?谢谢。

黄守宏: 谢谢你的提问。国内需求一直是推动中国经济发展的主要动力,这些年内需对经济增长的贡献率平均超过90%。去年疫情防控平稳转段以后,内需加快恢复,当然现在扩大内需方面也存在一些困难和问题。《政府工作报告》对扩大内需作出了部署安排,主要有三个方面。

一是促进消费稳定增长。 今年将从增加收入、优化供给、减少限制性措施等方面综合施策,激发消费潜能。关于消费的潜能,大家都有感受。去年以来,村超村晚、冰雪旅游、跨界联名都很火,城市里面的街道小店游、乡村慢游成为打卡新热点，国货"潮品"受到消费者欢迎等，说明新型消费有很大潜力，今年要围绕扩大这些新型消费继续发力。这是第一点。第二点是提振大宗消费，包括汽车、家电等，这方面既有新增的，也有更新换代的。第三点是推动服务消费扩容提质。这些年随着经济发展和人民生活水平的提高，对服务的需求在迅速增长，服务消费也呈持续增长态势，今年要继续顺应这个态势采取一些新措施。

二是积极扩大有效投资。一方面，发挥好政府投资的带动效用。从力度上来讲，今年中央预算内投资、地方专项债都比去年有所增加。从投向来看，这些投资主要投向科技创新、节能减排、民生保障等补短板、增后劲的领域。另一方面，稳定扩大民间投资。去年有关部门制定了民间投资促进政策，今年要进一步落实和完善《报告》中提出的一些新举措。

三是促进投资和消费有机结合。今年更加注重统筹扩大内需和深化供给侧结构性改革，形成消费和投资相互促进的良性循环。比如，前不久中央财经委员会会议和国务院常务会议部署了一项重要任务，就是推动大规模设备更新和消费品以旧换新。这件事既有促进消费的意义，也有促进投资的意义，把二者有机结合在一起，是统筹投资和消费、挖掘内需潜力的一个重要方面。此外，积极推进以人为本的新型城镇化。新型城镇化具有综合效益，是投资、消费相结合的内需大平台。去年我国常住人口城镇化率66.2%，与发达国家80%以上相比较，还有一定差距。户籍人口城镇化率还更低一些。从这个意义上看，我国新型城镇化还有很大发展空间、提升空间。城镇化率提高会带来很大的消费需求、投资需求。有关方面测算，一个人进城以后带来的消费需求比农村居民高不少。在推进新型城镇化中，今年要把促进农业转移人口市民化放在突出位置来抓，《政府工作报告》对此作出了部署。谢谢。

红星新闻记者：中央多次重申要增强宏观政策取向一致性，营造稳定、透明、可预期的政策环境。为此，今年政府出台政策要注意哪些方面？谢谢。

黄守宏：谢谢你的提问。巩固和增强经济回升向好态势，需要增强宏观政策取向的一致性。对这个问题，去年中央经济工作会议和今年《政府工作报告》都作出了部署。

首先，要解决认识问题，把思想和行动统一到党中央的要求上来。 各地区各部门都有自己的职责，要切实履行好这些职责，同时在履行职责过程中必须考虑党和国家事业大局。实现今年目标任务、推动高质量发展，这是今年的大局。各方面都有责任服从和服务于这个大局，都要积极想办法，多出有利于稳预期、稳增长、稳就业的政策，谨慎出台收缩性抑制性举措。出台政策一定要把握好时、度、效。认识上统一了、提高了，我们宏观政策取向的一致性就有了坚实的基础。

第二，要建立健全有效的统筹机制，发挥好评估、把关、协调的作用。 有两个层面的统筹，一个层面是国务院各个部门出台政策前，自身要做好综合性、全局性评估，充分考虑是否有利于稳增长和高质量发展的大局。在此基础上，国家发展改革委牵头的政策文件评估机制再进行评估。各部门出台的文件和政策都要经过机制作出评估后，确定对宏观经济稳定和市场预期稳定不会带来明显的抑制效应才能实施。鉴于许多非经济性政策对社会预期、经济运行会产生直接或者间接的影响，中央经济工作会议提出把非经济性政策纳入宏观政策取向一致性评估，强化政策统筹。

第三，各地区各部门制定政策要认真听取和吸纳各方面意见，涉企政策要注重与市场沟通、回应企业关切。去年有关方面建立了政企常态化沟通交流机制，受到了企业欢迎，今年这个机制要进一步坚持和完善。出台政策要精准做好宣传解读，避免市场产生误读误判，有力提振发展信心、改善社会预期。谢谢。

陈文俊：吹风会已经接近100分钟了。现在最后一个提问。

香港中评社记者：好政策贵在落实，《政府工作报告》提出的政策举措不少，怎么保证落实到位？今年在转职能、提效能等政府自身建设方面有哪些打算？谢谢。

黄守宏：谢谢你的提问。确实好政策贵在落实。再好的政策如果不落实就是镜中花、水中月。按照习近平总书记提出的关于四个"抓落实"的要求，国务院建立和完善了一套抓落实的机制，确保今年的各项政策落实到位。这个机制需要上、中、下一起做，打通政策落实中的"最先一公里"、"中梗阻"和"最后一公里"。

首先，压实各方责任。先从国务院部门做起。《政府工作报告》经过全国人代会审议通过后具有法定效力，国务院会把《政府工作报告》里的各种要求、政策分解到国务院各个部门，限期拿出更为细化、实化的具体措施和配套政策，这项工作国务院已经作出安排。起草《政府工作报告》过程中,有关部门已经在行动,对写入《报告》的政策措施,同步研究怎么推动落实落地的问题。有些具体政策、具体措施,两会后将陆续出台。从各地区来讲,要善于把党中央精神、《政府工作报告》的部署和本地实际结合起来,积极谋划用好我们在工作中常讲的"抓手",政策落实也要有"抓手"。

第二,加强各方协同。各地区各部门要树立整体观念。不管是哪个地区、哪个部门,在落实和实施政策上对外、对群众、对企业来说,都是一个整体。哪个部门不落实、哪个地方不落实,都会说是政府不落实,所以在抓落实上必须树立整体观念。要推动中央部门和地方政府之间、部门与部门之间、部门内部之间高效协同,这方面已有一些规则。重大政策的落实,要实行清单化、闭环化管理,从政策设计到执行落实、到结果反馈的全过程,哪个环节有问题就解决哪个环节的问题。

第三,加强政策落实的监督检查。去年以来,新一届国务院对督查工作机制进行了优化和完善,作了很多具体的安排。同时《报告》强调,加强对政策执行情况的跟踪评估,及时进行调整和完善,及时纠正政策落实中存在的各种不到位、不深入等问题。

第四,政策落实要发挥各方面的监督作用,包括新闻媒体、人民群众和企业的监督作用。哪些地方政策没有落实,群众和企业最清楚,大家一起来监督这些政策的落实,就会形成强大合力,确保政策能够落实到位,确保最终效果符合党中央决策意图、顺应人民群众期待,确保完成好今年经济社会发展的目标任务。

关于你提到的转职能、提效能的问题，《政府工作报告》强调要"全面提高行政效能"，包括要加快数字政府建设，以推进"高效办成一件事"为牵引，提高政务服务水平，纠治形式主义、官僚主义，完善督查检查考核等。限于时间，不再多讲了。

总之，党中央、国务院对抓落实的问题高度重视，已经采取措施，并将继续采取措施，确保写入《政府工作报告》的内容、政府作出的承诺，切实得到兑现，不负全国人民期待和厚望。谢谢。

陈文俊： 感谢黄主任，感谢各位媒体朋友的倾听、参与。今天的吹风会就到这里，再见！

后 记

第十四届全国人民代表大会第二次会议听取和审议了国务院总理李强所作的《政府工作报告》（以下简称《报告》）。会议充分肯定国务院过去一年的工作，同意《报告》提出的2024年经济社会发展的总体要求、政策取向和工作任务，决定批准这个《报告》。

为深入学习贯彻习近平新时代中国特色社会主义思想，全面贯彻落实党的二十大和二十届二中全会精神，认真学习贯彻习近平总书记在今年全国两会期间发表的重要讲话精神，帮助广大干部群众学习领会《报告》精神，国务院研究室编写组编写了这本学习问答，用广大干部群众喜闻乐见的问答形式，对《报告》主要内容作了深入浅出、通俗易懂的解读。国务院研究室党组书记、主任，《报告》起草组负责人黄守宏担任编委会主任，并为本书作序。

国务院研究室参加本书内容策划和组稿工作的有包益红、闫嘉韬、刘帅等同志。中国言实出版社参加本书编辑出版工作的有冯文礼、朱艳华、马衍伟、廖厚才、佟贵兆、曹庆臻、陈春科、张海霞、史会美、王建玲、王战星、代青霞、郭江妮、王蕙子、宫媛媛、张国旗、李岩、徐晓晨、刘晓云等同志。

2024年3月